本书受国家社会科学基金"十三五"规划教育学一般项目（BMA170035）的资助

新时代背景下区域教育智库的建设

乌云特娜　金童林　著

中国社会科学出版社

图书在版编目（CIP）数据

新时代背景下区域教育智库的建设 / 乌云特娜，金童林著. —北京：中国社会科学出版社，2023.5
ISBN 978-7-5227-1778-4

Ⅰ.①新… Ⅱ.①乌…②金… Ⅲ.①地方教育—发展—研究—中国 Ⅳ.①G527

中国国家版本馆 CIP 数据核字（2023）第 066903 号

出 版 人	赵剑英	
责任编辑	孔继萍	
责任校对	刘　娟	
责任印制	郝美娜	

出　　版	中国社会科学出版社	
社　　址	北京鼓楼西大街甲 158 号	
邮　　编	100720	
网　　址	http://www.csspw.cn	
发 行 部	010-84083685	
门 市 部	010-84029450	
经　　销	新华书店及其他书店	

印　　刷	北京君升印刷有限公司	
装　　订	廊坊市广阳区广增装订厂	
版　　次	2023 年 5 月第 1 版	
印　　次	2023 年 5 月第 1 次印刷	

开　　本	710×1000　1/16	
印　　张	15.25	
插　　页	2	
字　　数	233 千字	
定　　价	98.00 元	

凡购买中国社会科学出版社图书，如有质量问题请与本社营销中心联系调换
电话：010-84083683
版权所有　侵权必究

前　　言

　　本书是笔者主持的国家社会科学基金"十三五"规划2017年度教育学一般课题的研究成果。

　　随着信息化时代的到来，大数据已渗透到各行各业，由大数据飞速发展带来的社会变革也必然会对教育领域产生重大影响，尤其是给我国区域教育智库的建设与变革提供了强大动力。然而，大数据能够带给区域教育智库何种价值、提供何种支持以及推动何种变革，这些问题还并不清晰。特别是，我国区域教育水平参差不齐，区域教育问题各式各样，而针对各具差异的实际教育难题，大数据会提供何种参考和帮助，这些都需要认真研磨。目前，我国并没有对于区域教育智库进行系统的研究，其研究界定、发展历程、存在形式及发挥功能等均缺乏有效参考。换言之，区域教育智库是随时代变革、发展而赋予人们亟需解决的重大课题。研究该课题有利于我国充分解决区域教育问题，对进一步推进教育现代化以及建设区域教育强国具有决定性的意义，梳理并解决这些内容有助于促进我国区域教育智库朝正确、积极的方向奋进。不过现实情况就是，虽然我国教育智库建设起步较早，但是当前我国关于教育智库的研究仍旧停留在初级发展阶段，一些区域教育智库的发展更加落后。区域教育是整个教育事业的重要组成部分，也是党和国家民族工作的重要内容。加快建设高水平的区域教育智库，是落实党中央重大战略部署、推进教育科学发展以及提升自身生存发展能力的现实需求和必然选择。

　　因此，为了能够对该问题进行深入研究，寻找到新的创新点，课题组成员通过对相关文献和资料进行认真、细致的梳理，并借助于新时代及"一带一路"倡议的大背景，创新性地将"大数据"和"区域教育智库"有机结合，勾勒出我国新时代区域教育智库建设的宏伟蓝图。在内容上，由一开始对于智库的导入式介绍，到引出区域教育智库，系统性地对其进行阐述，再由点及面，扩充到我国区域教育智库的现状、大数据时代下的区域教育智库，以及大数据背景下"一带一路"区域教育智库信息服务体系的相关内容，尽可能保证使用直观明了的语言，配合相关案例说明，传达清晰易懂的内容，以加强本书的可读性。这样做一方面确保各章节之间具有连贯的逻辑性，另一方面也符合人们掌握知识性内容的认知规律，从而达到为人们普及相关知识、明晰现状问题、提供发展建议参考等目的，以助力我国区域教育智库的蓬勃发展。

目 录

第一章 绪论 ……………………………………………………（1）
 第一节 智库的理论发展 …………………………………（2）
 第二节 智库的实践道路 …………………………………（7）

第二章 新时代中国区域智库的内涵及影响 ………………（14）
 第一节 智库的概念 ………………………………………（14）
  一 智库的界定 …………………………………………（14）
  二 智库的分类 …………………………………………（20）
  三 我国智库的历史发展脉络 …………………………（25）
  四 新时代我国智库的影响力 …………………………（30）
 第二节 区域教育智库的界定 ……………………………（38）
  一 区域教育智库的界定 ………………………………（39）
  二 区域教育智库的历程 ………………………………（52）
  三 区域教育智库的存在形式 …………………………（53）
  四 区域教育智库的功能 ………………………………（57）
 第三节 新时代我国区域教育智库的影响 ………………（60）
  一 影响新时代区域教育的战略价值定位 ……………（60）
  二 影响新时代区域教育治理现代化进程 ……………（63）
  三 有助于在世界教育智库中建立新时代我国
    教育智库话语权 ……………………………………（66）
  四 有助于形成新时代区域教育智库的强联盟 ………（67）

第三章　中国区域教育智库的现状 (70)

第一节　中国区域教育智库的发展状况 (70)
- 一　中国区域教育智库的总体地位 (71)
- 二　区域教育智库的发展目标和定位 (74)
- 三　区域教育智库的主要职能 (80)
- 四　区域教育智库的舆论宣传工具 (88)
- 五　区域教育智库的人才培养 (93)

第二节　中国区域教育智库的现实问题 (95)
- 一　区域教育智库发展目标和目标定位的现实问题 (96)
- 二　区域教育智库主要职能的现实问题 (99)
- 三　区域教育智库舆论宣传的现实问题 (103)
- 四　区域教育智库人才培养的现实问题 (104)
- 五　区域教育智库特色领域发展的现实问题 (105)
- 六　其他现实问题 (106)

第三节　中国区域教育智库的对策建议 (107)
- 一　区域教育智库发展目标的对策建议 (108)
- 二　区域教育智库主要职能的对策建议 (111)
- 三　区域教育智库舆论宣传的对策建议 (117)
- 四　区域教育智库人才培养的对策建议 (119)
- 五　区域教育智库特色领域发展的对策建议 (122)
- 六　区域教育智库其他领域的对策建议 (123)

第四章　大数据时代下的区域教育智库 (126)

第一节　大数据时代下的区域教育智库特质 (126)
- 一　解析大数据 (126)
- 二　大数据时代下的区域教育智库特质 (146)

第二节　大数据时代下的区域教育智库责任 (156)
- 一　思维创新 (156)
- 二　提供决策 (157)
- 三　服务社会 (160)
- 四　指导实践 (161)

五　教育改革 …………………………………………… (162)

　　六　优化组织管理 ……………………………………… (163)

　第三节　对大数据时代下区域教育智库未来发展的思考 ……… (164)

　　一　大数据使区域教育智库更完善 …………………… (165)

　　二　大数据使区域教育智库面向国际化 ……………… (165)

　　三　完善现代化教育治理体系 ………………………… (167)

　　四　大数据增强区域教育智库的创新能力 …………… (167)

　　五　大数据提升区域教育工作者的决策能力 ………… (168)

　　六　大数据提升区域教育智库的战略预见能力 ……… (168)

　　七　大数据时代下区域教育智库的运行机制 ………… (170)

第五章　大数据背景下"一带一路"区域教育智库信息服务体系 ……………………………………… (178)

　第一节　"一带一路"与区域教育智库信息服务体系现状 ……… (178)

　　一　"一带一路"的内涵 ……………………………… (178)

　　二　区域教育 …………………………………………… (180)

　　三　"一带一路"与区域教育智库信息服务体系现状 ……… (192)

　第二节　"一带一路"与区域教育智库信息服务

　　　　　体系的意义 ……………………………………… (203)

　　一　面向"一带一路"倡议的智库需求 ……………… (203)

　　二　区域教育智库信息服务体系的意义 ……………… (205)

　第三节　"一带一路"与区域教育智库信息服务

　　　　　体系的建设 ……………………………………… (209)

　　一　区域教育智库信息服务体系建设存在的问题 ……… (209)

　　二　"一带一路"区域教育智库信息服务体系的

　　　　建设路径启示 …………………………………… (216)

　　三　"一带一路"区域教育智库信息服务体系建设的

　　　　未来展望 ………………………………………… (218)

主要参考文献 …………………………………………………… (224)

第一章

绪　　论

随着全球经济快速发展、现代科技迅猛提升、世界形势日益复杂，当前公共政策领域内许多问题均呈现出专业化和不确定性的变化趋势，仅仅依靠传统的直觉判断和经验积累相融合的决策方式已然很难适应新的现实状况，很多问题都需要由专业人士和大众智慧来参与解决，同时，也需要收集来自不同领域、专业的多样声音，在寻找应对方案的过程中，应增强创新性，并在实践中提高应对方案的质量。相对于政府内部决策层，智库是一个相对独立的"第三方"，它们能更少地陷入"身在局中局，不知迷中迷"的困境，且能够从其他视角出发提供针对性、多样性的建议。因为它们往往会经过相对专业的调查研究，所以能够对问题持有更加清晰的认识，所提出的建议也更有参考价值，这既有助于决策者准确、快速地进行判断，也能够链接不同阶层对政策建议的看法，促进彼此之间的沟通，增强对统一观点的认同，减少政策在后期贯彻实施时可能遇到的阻力。

智库，也称为"智囊团""思想库""脑库"等，智库的概念最早起始于美国，是指专门负责为战争做战略决策的机构，主要成员包括军事人员、文职专家等。第二次世界大战结束以后，美国的科研机构发现智库在战争中起到了至关重要的作用，因而将其推广至全国性的其他机构当中，这就导致当时美国的政治、经济、文化、军事等各个领域均出现了智库这一机构，大大地提升了美国整体的综合国力。[①] 因此，智库是指

---

① 钟敏：《重庆高校教育智库建设现状及策略研究》，硕士学位论文，重庆大学，2016年，第2—4页。

一种相对稳定且独立的建言献策的机构。智库不仅蕴藏着关键的政策价值，同时也具备重要的理论价值，是国家治理体系中不可或缺的一部分，以什么样的视角认识智库，对于理解智库的功能和作用，开展和评价智库研究，从而切实有效地发挥智库价值，具有引领性和基础性的作用。[1]科学的理论方法和专门的研究范式能够提炼归纳智库研究的规律，为智库研究提供坚实的认知视角和理论依据，是探索智库内容、开拓相关研究、提高智库生命力的重要前提。而实践研究不仅可以为理论研究提供丰富的素材，同时也是检验智库体制运行情况如何的现实手段。对于中国特色社会主义道路的归纳总结源自于实践，而将实践经验提升至理论层面予以阐释，并冀望得到国际社会的认同，需要理论界和实践者的共同努力。[2]

综观现有智库研究成果，国外智库研究如今比较成熟，国内智库在积累理论基础、实践经验的过程中正在逐步摸索适合当前我国国情下的智库发展模式。特别是在推进国家治理体系和治理能力现代化新形势下，我国智库的研究迎来了新的课题和新的使命。换言之，新型智库势必作为国家治理体系和治理能力现代化的重要内容，承担极其重要的责任和使命。因此，揭示中国智库独具特色的理论和实践研究，能更好地为新型智库的建设与发展提供有力支撑。

第一节　智库的理论发展

智库作为国家软实力的重要组成部分之一，在国家政治、经济、社会发展等领域一直都扮演着重要的角色。近年来，国家更是高度重视，颁布了许多与智库建设、发展相关的政策性文件，对中国特色新型智库的组织形式和管理方式多次做出重要指示。全国范围内的智库建设和智库研究随之也得到了迅猛的发展，学术界对智库的相应关注也愈发增强。许多学者从智库研究现有的成果出发，系统地梳理并分析了当前我国智

---

[1] 杨斌、石彪：《智库双螺旋法在智库研究实践应用中的理论思考》，《中国科学院院刊》2022年第6期。

[2] 朱旭峰：《构建中国特色新型智库研究的理论框架》，《中国行政管理》2014年第5期。

库研究的进展和趋势，结果发现，当前智库研究成果丰富，有效形塑了智库基本知识和理论体系，为推动智库转型和中国特色新型智库建设提供了强有力的理论保障和知识储备。

最初，我国智库理论的兴起主要借鉴国外的经验。国外学者基于现代社会科学的研究方法，在西方智库理论的研究和实践探索中形成了历史路径、实证主义和国际比较等研究范式，提出一系列有关智库发展的重要理论，成为现代国家政治制度和社会治理体系的重要工具，比如戴维·杜鲁门和罗伯特·达尔的多元理论认为公共决策是社会多元利益集团竞争达成平衡的结果，"思想市场"是智库获得影响力的主要竞争场所；米尔斯和戴伊的精英理论认为公共政策的制定由精英操纵而极少受到大众影响，公共政策反映精英而非大众的利益和价值偏好；葛兰西学派的领导权理论认为智库是生产共识思想和维持领导权平衡的场所，智库是资本主义"有机知识分子"网络构建物；约翰·金顿的多源流理论认为一个项目被提上议程是由于在特定时刻汇合在一起的多种因素共同作用（问题源流、政策源流和政治源流三者的连接与交汇）的结果，而并非它们中的一种或另一种因素单独作用的结果。总体而言，各理论持有独特的视角和重点，各派在对智库的研究方法上表现出差异，各自有其不同的关注重点[①]。

不难理解，在推进我国自身智库建设的过程中，拥有一条适合我国智库发展的道路，更有益于智库在各领域中凸显其智力支柱的作用。[②] 西方智库理论的构建及发展均基于西方政治社会体系结构，强调智库的政策属性的同时，也强调智库的社会功能，可是智库研究本身涉及多学科和多领域，智库研究会表现出多元多维度特点，研究方法并没有形成系统的体系。[③] 因此，中国的智库研究需要在总结西方理论的基础上，分析智库研究的特点，结合本国特点，进一步聚焦着力点，探索出适合自己的智库方法。就实际情况而言，国内学者也确实做到了这一点，在介绍

---

① 徐增文：《西方智库发展的主要理论及其对中国的启示》，《社科纵横》2018 年第 11 期；胡潇文：《西方智库理论研究现状评析》，《学术论坛》2017 年第 2 期。

② 何巧源：《中国特色新型智库研究全景——以 2013—2021 年 CSSCI 的论文为例》，《智库理论与实践》2022 年第 2 期。

③ 胡潇文：《西方智库理论研究现状评析》，《学术论坛》2017 年第 2 期。

并引入西方智库理论的时候，也致力于我国智库建设理论研究，无论是科学界定智库的内涵和类别划分，确立不同类型智库的目标、定位、职能等，还是探讨和思考适宜智库发展需要的运行机制，都是为了智库建设实践和理论研究能够得到长足的发展。如今，国内智库研究已积累了丰富的实践经验，也拥有着较为丰硕的理论成果，基本初步建构起我国智库建设和发展所需的理论体系。

国内学者以"智库""思想库""智囊团""脑库"为关注词汇，检索 2010—2015 年期间的期刊论文、博硕士学位论文、报纸文章、会议报告、学术专著 5 种理论研究成果中篇名或题名含有上述 4 个词汇的文献，经过一定的删选和整理，在保证来源文献数据具有较高的可靠性和可用性的基础上，系统分析了中国新型智库理论研究的最新进展和趋势。结果发现：近年来智库研究成果呈逐年增长态势；2010—2015 年的研究力量主要集中于社科院系统和高校系统；研究主题主要分为关于智库的一般研究和总体研究、关于中国特色新型智库的研究两方面；2010—2015 年的发展正处于初始阶段，尚属起步状态，需要借鉴学习国外成熟智库研究。[①] 之后学者检索 1998—2016 年期间的 CSSCI 文献进行同类梳理研究时也发现，中国智库研究的前沿主要表现在智库研究的时代性与发展性突出、智库理论研究与建设实践的结合、智库研究"专业化"趋势显著等方面。[②] 此外，学者用"新型智库""特色智库"从主题、关键词、篇名、摘要方面检索 2013—2021 年期间的 CSSCI 期刊（含扩展版）论文，经过一定的筛选、剔除，对剩余的有效文献进行分析发现，国内"智库热"兴起以来的研究热点可以概括为三方面：新型智库的建设、知识服务功能的研究以及智库与治理的研究。[③] 综上所述，可以看出，起初，我国智库研究较集中于公共决策、中国思想库的内涵功能、智库的运行机制等宏观的整体性内容，之后集中在不同的领域、专业、类型的

[①] 邱均平、汤建民：《中国智库理论研究的最新进展与趋势》，《重庆大学学报（社会科学版）》2016 年第 2 期。

[②] 李悦鸣：《中国智库理论研究的热点主题及前沿解析——基于 CSSCI 数据库的结论》，《情报杂志》2018 年第 8 期。

[③] 何巧源：《中国特色新型智库研究全景——以 2013—2021 年 CSSCI 的论文为例》，《智库理论与实践》2022 年第 2 期。

智库上，对这些重点智库展开针对性研究，并强调协同创新，后来，学者们将目光集中于新时代中国特色新型智库上，将其作为当前重点关注对象，结合党和国家的相关政策来说，这也符合当下要求，新时代中国特色新型智库是习近平新时代中国特色社会主义思想和习近平智库观指引下中国智库建设的必然产物。

有学者认为，中国特色新型智库研究应坚持国际比较和本土研究并重，从宏观体制、中观模式和微观行动三个方面开展理论研究，重点关注中国智库、决策咨询制度和中国政策决策体系之间的内在关联，比较不同类型、不同区域的智库在发展模式上的异同之处，明确中国特色新型智库的组织定位，通过研究完善内部治理结构并提升研究方法和政策分析能力。[①] 具体而言，宏观层面，关注于中国智库发展的体制，强调一个国家的智库发展离不开政治、经济、政策决策体系和传统文化环境，它们之间彼此关联。中观层面，关注于中国智库发展的模式，这与组织类型、地方差异、智库专家个体特质密切相关，基于不同的前提，智库将采取不同的参与模式，而目前这方面的研究比较欠缺，需要展开深入的相关研究。比如尽管我国智库目前已呈现出组织背景多元化的发展趋势，不同智库之间也能够做到取长补短，为不同智库发展发挥各自优势提供了舞台，但是不同组织类型智库的政策参与模式是不同的，其组织发展模式和内在机制存在差异，当前研究未能解决中国特色新型智库的内在机制是什么，如何引导不同类型的智库有效参与到政策咨询之中，面对日益增多的智库如何进行组织管理等问题。中国各个地区之间发展不平衡，无论是智库的数量、资源，还是经济发展水平均存在差异，是故有必要探讨并解释地区因素对智库发展模式的影响，并探究不同地区智库政策参与模式的内在关联，以促进地区之间相互创新、学习，协同进步，助力于不同地区智库的均衡发展。不同个体自身的知识背景、价值观倾向、行为动机等也存在差异，具有不同特质的智库专家、决策者及其他政策参与者的内在因素是否会影响政策参与模式也有必要进行探究。微观层面，关注于中国智库发展的行动，强调中国智库的组织定位、内部治理结构和能力建设三方面。总的来说，"制度—模式—行动"源于

---

① 朱旭峰：《构建中国特色新型智库研究的理论框架》，《中国行政管理》2014 年第 5 期。

对前期研究基础以及近年来参与政府决策咨询的思考，从而提出一个较为全面且具有概括性的智库研究发展理论框架，且指明了相关研究议题，强调中国智库研究理论和方法层面的创新，在聚焦于国际视野的同时，不忘与本土化研究相融合，并将内容拓展至中国特色或中国问题研究这两个更为宏大的理论空间。[①]

有学者提出"多元公共外交"理论框架，当前国内智库研究的理论体系构建主要在国际关系、公共外交、全球治理等学科交叉视域下进行，智库与政府、媒体、企业以及普通公众共同组成多个相互独立的中心，承担不同的角色与功能，并进行多元的舆论互动，而且智库作为多元公共外交体系的思想源泉，也是最具公信力的行为主体，一方面，智库涵盖着各种各样的观点、看法、主张等，这些内容可能会相互碰撞、融合，且智库公共外交的核心是思想的双向对等交流与舆论传播，其影响力通过弥散性的意识形态权力和其在公共政策舆论场的舆论聚散核心地位实现思想向权力的转化而达成；另一方面，智库具备公信力的三大主要维度——专业能力、可信度和友好善意[②]。

还有学者指出，我们需要从整体层面来讨论我国智库的理论框架，也就是说，需要从理论上系统地提出智库建设的总体框架与主体研究内容，从而为分析复杂多样的智库群体提供学理支撑与分析框架。从智库本质出发，探索其在知识生产与知识应用中的功能定位，分层次地明确智库与其他关联主体之间的关系，形成一种既具备普遍价值，又蕴含中国特色的"知识生产应用圈层结构"。具体而言，智库圈层结构理论框架按照知识生产与应用逻辑的紧密程度从内到外将新型智库的理论框架依次划分为三个圈层：本质论，重点分析新型智库建设的根本内涵及特征；结构论，重点辨明与高端智库建设紧密相连的五对关系——知识与权力、制度、政策、学科及行动；策略论，重点从建设路径角度分析如何更好地建设新型智库，即结构论的具体化，是新型智库践行"治术"的重要

---

① 朱旭峰：《构建中国特色新型智库研究的理论框架》，《中国行政管理》2014年第5期。
② 王莉丽：《"多元公共外交"理论框架的建构》，《中国人民大学学报》2018年第2期；王莉丽、戈敏、刘子赢：《智库全球治理能力：理论建构与实践分析》，《社会科学文摘》2022年第6期。

理论依据与方法论基础。与之对应的智库类型为：处于圈层结构近心位置的研究型智库（智库建设的理论基石）、处于圈层结构近心和外围之间的中间型智库（智库建设的主体部分）、处于圈层结构外围位置的应用型智库（智库建设的重点所系），三种类型的智库并无优劣高低之分，只是因其偏向程度不同而产生差异，划分依据也是相对而言的，现实中智库的发展往往是复杂、综合的，因此，不能用"非此即彼"的判断标准进行简单的归类。[①]

当然，智库的相关理论不止这些，还有许多基于不同视角进行阐述的理论，但无论其理论的观点是怎样的，都需牢记用中国理论总结中国经验，用中国话语回答中国问题，这是智库研究应该秉持的原则之一。[②]

第二节 智库的实践道路

早在古代，我国就已经存在与智库具有类似功能的智囊机构，不过，真正科学意义上的智库，是在进入现代社会后才产生的。当下，随着网络时代的来临，这为全世界人民带来了新的发展途径。党的十八大强调，坚持科学决策、民主决策、依法决策，健全决策机制和程序，发挥思想库的作用。从本质上讲，就是强调智库在公共管理与公共决策中起的作用。[③] 因此，智库建设被认为是推动国家治理现代化的战略任务之一，这一内容正全面且快速推进。2013 年 11 月，中共十八届三中全会明确提出要"加强中国特色新型智库建设，建立健全决策咨询制度"[④]，这表明建设中国特色新型智库是推进国家治理体系和治理能力现代化的重要组成部分。2014 年 10 月，习近平在中央全面深化改革领导小组第六次会议上强调，"要从推动科学决策、民主决策，推进国家治理体系和治理能力现代化、增强国家软实力的战略高度，把中国特色新型智库建设作为一项

---

① 周仲高：《智库建设的理论框架与类型划分》，2022 年 3 月 3 日，http：//new s. cssn. cn/zx/bwyc/202203/t20220303_5396516. shtml，2022 年 10 月 2 日。

② 《中国智库：阔步创新发展》，《人民日报》2018 年 8 月 16 日第 17 版。

③ 黄蓉生：《推进中国特色社会主义理论智库建设的现实路径》，《西南大学学报》（社会科学版）2016 年第 1 期。

④ 《中共中央关于全面深化改革若干重大问题的决定》，《人民日报》2013 年 11 月 16 日。

重大而紧迫的任务切实抓好"①，再一次表明中国特色新型智库在国家发展的过程中承担着重要的责任和使命。2015年1月，中共中央办公厅、国务院办公厅印发了《关于加强中国特色新型智库建设的意见》，清晰地指明未来我国新型智库发展的道路和方向，也指出了当时存在的智库建设跟不上、不适应的相关问题，强调需从党和国家事业发展全局的战略高度，把中国特色新型智库建设作为一项重大而紧迫的任务，采取有力措施，切实抓紧抓好，各地区各部门要结合实际认真贯彻执行。② 2017年10月，中共十九大报告进一步重申了"中国特色新型智库"建设的重要性③，鼓励社会各界建立、发展新型智库，强调中国特色新型智库机构需要结合自身优势，充分发挥专业特点、组织亮点、地方焦点，紧紧围绕党和政府重点关注的重大课题，围绕全面建设社会主义现代化国家、全面深化改革、全面依法治国、全面从严治党的战略布局，开展前瞻性政策研究，提出专业化、建设性、切实有用的政策建议，以便决策机构能够及时、高效地了解、掌握到最新消息、有价值信息，进而助力于科学咨询、合理决策。④ 2019年10月，教育部发布《教育部关于加强新时代教育科学研究工作的意见》中提到发展目标是："按照国家教育现代化总体部署，构建更加健全的中国特色教育科研体系，力争用5年左右的时间，重点打造一批新型教育智库和高水平教育教学研究机构，建设一支高素质创新型科研队伍，催生一批优秀教育科研成果。"⑤ 2020年10月，中共十九届五中全会提出创新型国家、教育强国、人才强国等战略规划，认为智力资源是一种宝贵的人力资源，对高端智库建设起到重大作用。⑥

---

① 中国新闻网：《习近平主持召开中央全面深化改革领导小组第六次会议》，2014年10月27日，https：//www.chinanews.com.cn/gn/2014/10-27/67021856.shtml，2022年10月2日。

② 中共中央办公厅、国务院办公厅：《关于加强中国特色新型智库建设的意见》，2015年1月20日，http：//www.gov.cn/xinwen/2015-01/20/content_2807126.htm，2022年10月2日。

③ 习近平：《决胜全面建成小康社会 夺取新时代中国特色社会主义伟大胜利——在中国共产党第十九次全国代表大会上的报告》，《党建》2017年第11期。

④ 陈波：《提高中国特色新型智库建设质量》，《学习时报》2021年1月29日第A1版。

⑤ 中华人民共和国教育部：《教育部关于加强新时代教育科学研究工作的意见》，2019年10月30日，http：//www.moe.gov.cn/srcsite/A02/s7049/201911/t20191107_407332.html，2022年10月2日。

⑥ 王小飞、贺腾飞：《我国新型教育智库建设的现实困境与转型出路》，《中国高教研究》2021年第11期。

2021年5月,习近平总书记在两院院士大会上强调:"要强化两院的国家高端智库职能,发挥战略科学家作用,积极开展咨询评议,服务国家决策。"① 由此可以看出党和国家对我国智库建设一直以来都给予了高度重视,当然,这一系列国家政策的出台也进一步促使国内学者围绕智库展开诸多探讨,使得更多有价值的研究成果得以服务国家、社会及大众。

当今世界面临百年未有之大变局,实现中华民族伟大复兴进入了不可逆转的历史进程,社会依旧处于复杂多变的发展态势。如何把新型智库的责任和使命同推进国家治理体系和治理能力现代化的宏伟任务结合好,贡献新型智库应有的智慧和力量,是当前智库亟须共同探讨的现实与理论问题,这也将成为我国未来引领全球智库建设的风向标。智库是党和政府进行科学民主决策的强有力的智力支撑。相对于传统智库,新型智库的建设方式更加灵活,不仅可以依托于政府、高校及科研所,也可以更多地选择与互联网络平台建设相互融合、交互发展,在智库平台上不仅能够汇聚信息、传播成果、咨询决策,还能够收集各方诉求及反馈意见、对照修改完善,从而形成信息、资源、成果和业务等综合性的运行体系,为公众提供百举百全、卓有成效的服务。智库成果的形式更加多样,除常见的以文字报告形式向单一对象进行汇报外,可以选择将同样的研究成果发布于社会化信息平台、自媒体平台等处向多领域群体进行汇报,报告的内容也可以适当进行调整,针对不同群体采取不一样的呈现形式,选择适合该群体的呈现方式,以提高智库成果的可读性和可接受性。此外,智库的服务对象更加广泛,不但主要为政府决策服务,也为社会群众服务,为其提供及时、客观且准确的信息及咨询。智库研究方法更加先进,除通常使用的案例研究法、问卷调查法、统计分析法、深度访谈法之外,在大数据时代背景下,还包括各种可视化数据统计分析及针对海量数据的大数据方法的使用,以追求更快速、更准确、更精确的研究前沿内容。② 中国特色的新型智库是由一群拥有创新理念、智慧

---

① 央视网:《加快建设科技强国 总书记有最新部署》,2021年5月28日,https://news.cctv.com/2021/05/28/ARTI1VCUc211rQ4tu9u8t0sE210528.shtml,2022年10月2日。

② 王方:《中国特色新型智库的内涵、建设实践及着力点研究》,《智库理论与实践》2021年第1期。

知识的复合型人才组成，立足于我国先进的社会主义制度和优秀的中华文化，始终坚持党的领导，坚持"人民至上"的发展观，积极探究问题解决的最优方案，具有较强的为社会发展、国家治理、国家外交等建言献策的服务意识，且追求对内与对外协调发展的统一。[①]

就现实情况来说，目前有关中国特色新型智库的研究热度虽然呈持续上升的趋势，但是存在"量多质低"的问题。正所谓"百星不如一月"，尽管目前对新型智库建设的探讨已从"无"到"有"，且尝试从不同角度对新型智库进行理论创新、方法创新等，但需要注意，在此过程中，如何避免重复研究及研究成果的扎堆、避免仅从宏观角度进行概述而难以形成具备实际意义的研究成果、避免研究过于"高大上"而忽略一些基层现实难点、避免"坐而论道"、避免重速度而轻创新的现象是当下新型智库发展亟须解决的难题。此外，无论是建设机制、智库人才、研究方法、组织形式，还是支持资金、智库的地域分布等各个层面，中国特色新型智库仍旧面临不少挑战，尚未形成一套相对成熟的运营体系，智库成果的质量和影响力与世界顶尖智库相比，仍旧存在一定差距，尚不能够完全满足当下国家治理体系和治理能力现代化的要求，后续的发展需着重从外部制度环境、内部机制建设以及培养创新性复合型人才入手，不断加强我国的新型智库建设。[②]

教育乃国之大计、党之大计，是民族振兴、社会进步的重要基石，是提高国民素质、促进人民全面发展的根本途径。因此，以办人民满意的教育为目标，从而助力我国教育事业发展，这是教育智库建设作为中国特色新型智库建设的重要内容之一。教育智库在服务国家教育决策、深化教育综合改革和促进教育事业发展中扮演了重要的角色，同时，在承担教育决策的智囊团、教育改革的思想库、教育政策的评论员、教育实践的引导者、教育发展的评估者、高端人才的储备库、教育交流的联

---

① 何巧源：《中国特色新型智库研究全景——以 2013—2021 年 CSSCI 的论文为例》，《智库理论与实践》2022 年第 2 期。

② 王科、桑学成：《中国特色新型智库建设的现实困境与路径构建》，《学海》2021 年第 3 期。

络站、正面舆论的策源地等领域内扮演同样重要的角色。① 此外，教育智库在教育改革发展中起到资政育人的重要作用，一些政策的制定与实施，就是教育智库发展的综合结果。随着教育场域不断向外扩展、终身教育理念被广泛认同、教育利益相关者持续增加，教育问题已然成为综合性的社会问题，牵一发而动全身。

教育智库通过教育科学研究来服务和影响教育领域重大战略问题的破解和教育决策的民主化与科学化。新型教育智库服务于新时代下重大教育战略决策与问题解决，蕴含着近年来我国政府对教育智库作出的新定位，强调其根植于新时代中国特色社会主义实践的土壤中，在全球化新时代、信息网络和融媒体时代、教育事业发展新时代下超越传统教育智库的新意蕴。国内学者认为中国特色新型教育智库主要以服务和影响教育决策为本旨，在加强新型教育智库建设过程中具有以下六个本质特征：其一，主体多元化，既可以是政府、党派，也可以是高校、民间等，还可以由多种主体联合建设，在各层面发挥自身优势以服务国家、社会；其二，研究专业化，教育智库需具备专业的、一流的研究人员，组建一支层次构成合理、知识储备完善、学科领域广泛、科研能力杰出的人才团队，从专业视角出发去探讨有关教育的重大理论问题及现实需求；其三，视野全球化，新型教育智库需做到能够站在全球角度来思考、观察教育问题，并积极主动地参与到国际教育交流讨论与合作之中，以激发自身思考，从而提出更具前瞻性、引领性的教育决策咨询意见；其四，成果创新化，新型教育智库要以重大战略需要为导向，凸显问题意识，研究具备前瞻性、开拓性和创新性；其五，组织多样化，根据划分的类型和研究方向的不同，新型教育智库的组织方式应灵活多样，既可以是常规稳定式，又可以是临时任务驱动式；既可以是"理论指导—政策设计"关系模式下的持久稳固型组织形态、"价值导向—政策决策"关系模式下的定期契约型组织形态，还可以是"问题解决—政策实施"关系模

---

① 申国昌、程功群：《中国特色新型教育智库的角色定位及建设路径》，《华东师范大学学报》（教育科学版）2018年第6期。

式下的短期协作型组织形态[1]；其六，运行协同化，新型教育智库强调开放式、协同创新的运行机制，通过这样跨学科、跨行业、跨地域、跨部门的协同合作，打破各类型人才之间的屏障，形成行之有效的研究合力，以呈现最优的研究成果[2]。

具体细化到区域教育智库，它既具备智库的基本功能，又因区域教育问题、区域教育现实需求而有其独特的存在价值，从而为国家和政府的区域教育发展提供前瞻性的研究成果，为国家和政府决策提供精准的决策基础、研究资料以及宏观政策解决方案。区域教育智库因中国国情特殊，各地区之间具有一定的差异性，因地区的社会文化背景不同，其自身也较为复杂。不过，随区域经济改革的深入发展，许多地方开始重视区域教育现代化的问题，部分地方还制订了符合自身特点的区域教育发展目标，区域治理能力得以不断提升。[3] 加强区域教育智库的建设，是推进国家教育治理现代化的必然要求与重要保障，也是推进区域治理现代化的充分体现。尤其是，在全面深化教育体制改革和办好人民满意的教育的现实需求驱动下，解决教育领域存在的突出问题，特别是区域的教育问题以及解决这些区域出现的教育矛盾，并进一步充分发挥新型区域教育智库的作用就显得至关重要。

区域教育智库不仅具备智库、教育智库的一般特征，还具有其专属的特征属性，具体而言，主要包括独立性、专业性[4]、区域性、教育性、长期性[5]、多样性、创新性、聚集性及现实性等特点。社会科学研究具备三个主要功能，即理论进展、方法论贡献和实用性特点，这对于教育研究而言，也是相同的，其通常具备影响政策、改进教育实践以及发展教

---

[1] 韩玉梅、宋乃庆：《新型教育智库的组织形态和研究路径》，《教育研究》2019年第3期。

[2] 申国昌、程功群：《中国特色新型教育智库的角色定位及建设路径》，《华东师范大学学报》（教育科学版）2018年第6期。

[3] 王小飞：《迈向2035的区域教育现代化新路向》，《吉首大学学报》（社会科学版）2020年第3期。

[4] 庞丽娟：《我国新型教育智库若干重要问题的思考》，《教育研究》2015年第4期。

[5] 李海峰：《民族高校智库建设初探》，硕士学位论文，中央民族大学，2017年，第22—48页。

育学学科知识的功能。[①] 区域教育智库汇集了该领域的众多优秀人才,以权威、全面、科学的理论知识为基础着力解决区域教育问题。一般来讲,区域教育智库具有决策咨询功能、人才培养功能、舆论导向功能、服务社会功能四个主要功能。

现今,我国区域教育智库还处于建设的初级阶段,各种"软实力"都有待提升,在发展目标和目标定位、主要职能、舆论宣传、人才培养、特色领域发展等方面还存在不足之处,表现为:第一,区域教育智库发展不平衡,所占比例少,规模小;缺乏民间区域教育智库的力量;较为重"资政"轻"启民",影响力有限。第二,大多区域教育智库注重理论,轻实践调研,从而导致政策建议的可操作性不强;高校区域教育智库缺乏独立精神,服务性不强。第三,区域教育智库的意见表达渠道较为单一。第四,区域教育智库的团队建设以及人才培养机制缺乏创新性;缺乏高质量人才;人才管理机制缺少创新。第五,区域教育智库的目标定位模糊,发展领域缺乏特色。第六,地方政府对区域教育智库重视程度低,不满足教育决策需求;区域教育智库呈现"小且散"状态,难以发挥科研引领作用。

区域教育智库是中国特色新型教育智库的重要组成部分,加强区域教育智库的建设,充分发挥区域教育智库的作用,不仅可以推进区域治理现代化的历史进程,而且还能保证推进国家教育现代化的要求与保障。在区域教育智库建设的过程中,需要以国家战略目标为导向,理清区域教育智库的目标定位,彰显自身区域优势和区域特点,深化改革区域教育智库在组织、资金、人员和成果等方面的运行机制,从而助推区域教育智库在咨政建言、科学研究、人才培养、引导舆论、服务社会发展等方面的作用。

---

① 刘妍:《国家智库区域教育改革实践:价值、路径和运行机制》,《教育理论与实践》2019年第19期。

第 二 章

新时代中国区域智库的内涵及影响

第一节 智库的概念

智库，这是一个历久弥新的话题，智库集中了团体的智慧，是集体智慧的结晶。对于一个民族、一个国家来说，集体智慧是重要的战略资源；能不能充分地利用智库资源，决定着一个国家的兴盛衰败。广义上的智库是指从事思想、知识或者专业技术的研究，产生的结果主要用于给个人或者团体提供智力服务或决策服务；狭义上的智库是指利用专业技能的优势，进而为政府、个人、团体提供思想和技术等决策服务的群体组织机构。[①] 因此，本章主要介绍新时代智库在中国的发展脉络，主要对智库的界定、智库的分类、智库的历史发展脉络等内容进行说明。

一 智库的界定

（一）智库在西方国家的界定

智库的本真含义到底是什么？智库具体包含人类的哪些智慧劳动？智库是什么时候产生的？这些问题事实上并没有具体的答案，也就是说，目前学术界对智库的界定也没有统一起来，不同的学者对智库的理解和认知不同，其对于智库的界定也就不同，一些学者从智库的本质出发进行定义，一些学者从智库的实用价值出发进行定义，也有一些学者从智库带来的智力产品进行定义。

---

① 王厚全：《智库演化论——历史、功能与动力的三维诠释》，博士学位论文，中共中央党校，2016年，第8—48页。

在西方国家，一些学者普遍认为智库的本质是产生新的思想和知识的过程，智库的最根本目的是影响决策，所以他们从智库的性质、功能、影响力这三个方面进行定义[①]。比如，美国最大的智库——兰德公司，他们明确地将智库定义为通过一系列的研究和分析，进而得到一系列有用的结果，最终帮助公司或者政府做出正确的判断和决策，且智库只能是非营利性的组织。兰德公司也将智库称为"没有学生的大学""思想的工厂"等，由此可以看出，兰德公司对于智库的定义是基于对其性质和功能进行考量后得出的，并没有从智库的影响力这个角度出发。兰德公司认为，只有保持智库是非营利性组织，把握住智库的本质特点，并结合智库的功能，这样才能发挥其最大的效能，并为政府科学有效地建言献策。事实也证明，智库的性质和功能决定着智库的影响力，只有提高智库的水平，影响力才会提升。基于此，加拿大智库学者爱贝尔森（Abelson）从智库的功能角度出发，认为智库的主要功能是创造和产生思想，智库如果不产生新的思想，那么就没有存在的必要性和合理性。智库产生的思想最终要用于政策制定和服务大众，这样才能使集体智慧得到充分的利用。美国学者斯通认为[②]，智库的最终目的不仅仅是服务于政治决策，而且还可以为媒体、企业、机构等组织服务，斯通的定义不仅继承了智库的性质、功能和影响力，而且从这三个角度出发，拓宽了智库的使用范围。此外，他认为智库必须还具备5种特质：第一，智库的建立必须具有慈善的特质，只有建立在慈善目的上的智库，才能为公众服务，智库一旦涉及不正当的商业利益和金钱利益，其性质必然会变化，其服务的根本目的也会改变。第二，智库必须设立在政府部门之外，且与其他的私人团体或者企业利益团体没有瓜葛，智库的中立性是保证智库公平公正工作的前提。第三，智库的定位必须要清晰，智库的定位主要是以学术研究为导向的，且研究的结果与结论要以服务社会和政府为主。第四，智库的职能是建言献策，智库如果不能实现这一功能，那么就是无效的，智库的建言献策只能在政策实施后才能提升影响力，换言之，

[①] 刘倩：《新疆新型智库建设研究》，硕士学位论文，新疆大学，2018年，第2—3页。

[②] 赵加英：《中国特色新型智库核心竞争力研究》，硕士学位论文，南京师范大学，2017年，第2—5页。

智库提供的建言献策是政策实施的前提，政策实施的效果是保证智库公信力的根本途径。第五，智库具备公共的特性，这也是智库的社会属性之一，智库的结果要以服务大众、教育大众为主。

哈特维希·波伊茨通过对西方国家的诸多智库公司逐一研究后，认为智库必须具备3个条件：首先，智库必须与有组织性的利益组织（如政党、政府等）有明显区别，智库可以自治，完全可以不依靠外部力量来治理，且智库必须具备自己的机构和财务机制等；其次，智库的目的是以服务组织和政策为目的，凡是不以服务为目的的智库机构都不属于智库，通常来讲，智库大都以服务政策为目的；最后，智库必须保持中立，没有决策的权力，只能给决策的机构、政府或者个人提供可选择性的决策选项，而不能替个人或者团体进行决定性的决策。[1] 哈特维希·波伊茨认为，智库只有包含了这三个特点，才能称得上是一个完备的智库。但事实上，很多智库并不能同时达到上述的3个特点，比如，西方国家的很多智库机构，带有鲜明的意识形态的立场，违反了智库的中立性原则。与之相同，美国智库学者保罗·迪克森也持同样的观点[2]，他认为智库首先要保持相对的独立性，且这种独立性要基于稳定的公共政策组织，而智库的研究人员必须要使用科学合理的方法对社会问题、政策问题、教育问题、经济问题等进行严谨的研究，甚至进行跨领域、跨学科的研究，从而使研究得出的结论能供决策者使用，并最终服务于公众，提高执政者的行政效率。然而，詹姆斯·梅肯站在政府的角度，对智库进行了新的界定，他认为，智库的存在只能服务于政府机关，世界范围内的各国领导人都需要建立智库，这可以帮助执政者有效地决策，也能为政权的稳固提供保障。

此外，也有一些西方的学者侧重于智库的社会性，进而从社会性的角度来定义智库。比如，学者彼得·凯莱认为，智库属于公共产品，具有社会的属性，智库具有服务于社会的责任和义务，社会也有义务为其提供研究基金的支持。因此，智库是一种社会组织，其他社会组织应当

---

[1] ［美］安德鲁·里奇：《智库、公共政策和专家治策的政治学》，潘羽辉译，上海社会科学院出版社2010年版，第11页。

[2] Paul Dickson, *Think Tanks*, New York: Athenaeum, 1971, pp. 1-3, pp. 26-35.

为其提供资金支持，其生产的思想应当为其他社会机构服务，且智库的研究成果应当以研究报告或者专著的形式发表。美国学者德罗尔认为，智库不仅仅要关注自身的社会性，而且还要考虑自身的功能性，仅仅关注智库的社会性而不考虑功能性，是不完备的。因此，德罗尔认为，智库与其他社会机构最本质的区别在于它的专业性和智慧性，智库是以科学的思考方式来为政策的制定提供思路，并且智库是权力与知识之间沟通的有效桥梁，通过智库的连接将知识与权力搭配起来，知识服务于权力，权力也反作用于知识。因此，智库将其功能性和社会性进行了有效的结合，并发挥了最大的效能。[1] 此外，也有一些学者认为，智库是连接政策实施过程与政策制定过程中的专家角色的媒介，换言之，智库就是"点子工厂"[2]。智库是为了解决特定的社会问题的过程中，由不同领域或相同领域的专家组成的研讨机构，即为了促进不同学者间对同一问题得以解决而探索解决方案而形成的组织机构。智库是为了知识的转化而产生的，比如，以教育政策为导向的教育智库，会明确地将教育问题或者教育矛盾摆在首位，教育智库不可能解决经济矛盾，也不可能解决政治问题。从这方面可以看出，这种智库的界定是以智库的政策为导向的，追求的是智库的实用性。

从上述西方国家的定义我们可以看出，西方国家定义智库主要把握三个方面。第一，智库是一种独立的机构，其不与其他社会机构或者政府机构有联系。第二，智库具有非营利性的特点，智库的结果是集体智慧的结晶，其目的是为公共政策服务，为大众服务，是故每个个体都平等地享有智库成果。第三，智库的研究对象是公共政策，智库的研究结果是以影响公共政策为主要的目的。此外，由于西方国家的政策和环境以及一些科学的标准的划分不同，智库在这些国家所使用的定义、功能以及目的也出现了不尽相同的趋势，总体来讲，西方国家对于智库的界定离不开其独立性、稳定性、非营利性、公共性、对象特定性等特点。

---

[1] 赵加英：《中国特色新型智库核心竞争力研究》，硕士学位论文，南京师范大学，2017年，第2—5页。

[2] Diane Stone and Andrew Denham, eds., *Think Tank Traditions: Policy Research and the Politics of Ideas*, Manchester: Manchester University Press, 2004, pp. 123–156.

(二) 智库在我国的界定

我国学者结合我国的实际国情，也对智库的概念提出了本土化的界定。现将一些主流的观点归纳总结如下：

学者薛澜和朱旭峰基于我国的基本国情，从四个方面来界定智库的概念。第一，从本体上看，智库是一种政策的研究机构，同时又是参与了政策过程的组织，但其又不同于政府机构。其存在的主要目的是对重大的关系民生、国家地位安全、重大利益等的政策问题的研究，并基于此而向政府建言献策的机构，但智库机构不能参与政策的直接制定、颁布、执行、监督等。另外，薛澜和朱旭峰同时也认为，智库也不同于一般的学术机构，一般的学术机构进行的是学术的交流和思想的碰撞，而智库的主要社会职能是通过发表出版物介绍自己的研究成果，从而影响政策的制定。第二，从智库的目标上看，其根本目标是影响政策。智库存在的价值就是围绕政策而展开的，可以这么说，在我国所有的智库机构都要围绕相关的政策制定，都要以人民为中心，要切实解决人民的利益需求。因此，智库存在的目标就是研究现实问题，聚焦重大问题，解决主要矛盾，影响政策的制定和实施。第三，从地位上看，智库具有独立性的特点，这个特点与西方国家总结的特点相一致。智库的独立性表现为独立运作和观点中立。独立运作是指我国智库的运作独立于政府之外，虽然一些政府机构的下设机关具有智库的性质（如各级党政部门的政策研究室等），但其不属于真正意义上的智库机构，因为其参与的是直接的政策制定，而不是决策咨询。智库的观点中立是指智库基于独立意识做出决断的过程，而不受外界环境的干扰而变化。第四，智库具有相对稳定的状态。我国智库的成立是要经过比较严苛的论证、裁定以及审批的。智库的成立不是一个临时的机构，也不是无组织无纪律的机构，而是非常稳定，有着严明的组织纪律、固定的工作地点，有着长期的运作能力的组织机构。一个成熟的智库都要具备这些基本的特质，为了解决某个现实问题而临时成立的研究机构不属于智库。[①]

徐晓虎和陈圻认为，智库是指专门为公共政策和公共决策服务而开

[①] 薛澜、朱旭峰：《"中国思想库"：涵义、分类与研究展望》，《科学学研究》2006年第3期。

展的研究和咨询的社会组织。① 徐晓虎和陈圻是基于智库的社会性和实用性两个方面进行定义的，为政府部门提供决策咨询是智库的实用性，智库的研究对象是公共政策，这表现了智库的社会性。持相同观点的学者王莉丽②，她不仅认为智库的根本目的是以研究公共政策为主，而且还认为智库的设立必须要严格遵守非营利性的特点。同时，结合我国国情，王莉丽认为，智库的服务对象不仅仅是政府机构，更多的是公民大众，我国的智库服务的最终对象是公民大众，政府只不过是考虑人民的切身利益，进行政策的制定而已，而智库则是人民利益的发声筒。钱再见认为，智库的研究核心是政策，智库的目的是为政策制定而提供可持续的咨询报告，智库的性质是非营利性独立的组织机构。③ 郑琦认为，智库是产出思想的专一机构，这些思想是为政策服务的，智库应当是稳定的研究机构。④ 这些学者的观点基本上从智库特点的一点或者几点出发，对智库的含义进行了界定。但这些学者的缺点是没有将智库的特点和标准统一起来。因此，考虑到智库界定的复杂性，中央政府从8个方面对我国的智库机构进行了界定，这为我国建设中国特色新型智库提供了总的方案和目标。2015年，中央政府出台的《关于加强中国特色新型智库建设的意见》中指出：中国特色新型智库是要以战略问题和公共政策研究为导向，要以服务党和政府科学民主依法决策为宗旨的非营利性研究咨询机构⑤，并要求我国的智库必须具备基本的标准：第一，中国特色新型智库必须遵守国家法律法规，要持续稳定的运行，运作必须要有稳定的目标和发展的战略，运作要规范标准。智库不是一种虚拟的机构，是一种实体的研究机构。第二，中国特色新型智库必须要特色鲜明，要长期关注与之相关的研究成果，要借鉴一切最新的科研成果，要关注最新的决策咨询的研究领域。第三，中国特色新型智库必须具有代表性的人物，要有专门的科研人员。第四，中国特色新型智库必须要有基本的保障，

---

① 徐晓虎、陈圻：《智库发展历程及前景展望》，《中国科技论坛》2012年第7期。
② 王莉丽：《旋转门：美国思想库研究》，国家行政学院出版社2010年版，第20页。
③ 钱再见：《基于公共权力的政策过程研究》，南京师范大学出版社2013年版，第51页。
④ 郑琦：《中国民间智库发展研究》，中共中央党校出版社2017年版，第4页。
⑤ 中共中央办公厅、国务院办公厅：《关于加强中国特色新型智库建设的意见》，2015年1月20日，http://www.gov.cn/xinwen/2015-01/20/content_2807126.htm，2022年10月2日。

要有支持研究可持续发展的资金来源。第五，中国特色新型智库必须具备一定的成果转化途径，要具备多层次的学术交流平台，要能持续地与其他决策咨询机构进行相互交流。第六，中国特色新型智库要具备完备的信息采集、数据分析等系统，要能为研究结果的呈现提供保障。第七，中国特色新型智库要设立健全的组织机构，要有完善的组织章程和治理结构等。第八，中国特色新型智库要具备开展国际国内相互交流的合作平台和良好条件。

总体来看，我国学者对于本土化智库的界定，包含的特性基本与西方国家的界定是一致的，这主要包括4个基本条件[①]：第一，从事政策研究。我国的智库基本上都是以政策研究为主，这也是我国智库价值的根本遵循。第二，影响政府的政策抉择为主要目标。我国的智库所提供的各类研究报告和研究结果，都主要服务于政府决策。第三，非营利性。我国智库不是以营利为主，而是推出高质量的思想产品，这一点与西方国家智库的特点完全重合。第四，独立性。智库的独立性在于其独立于政府、企业以及其他利益集团之外。西方国家的智库虽然标榜自己是独立于利益集团之外，但事实上，他们的很多智库都具有政府背景（如兰德公司）、党派背景（如美国进步中心）、军方背景（如大西洋理事会）等。

二　智库的分类

智库的本质是指其可以决定智库的内在结构、内在功能、基本特征、基本组织形态等内在属性，智库的本质决定了智库的分类。

（一）西方国家的分类

西方国家智库以美国为例。据美国宾夕法尼亚大学智库与公民社会研究项目在2016年1月27日于中国北京发布的《全球智库报告2015》的统计结果，美国拥有1835家智库机构，占全球智库总数的26.8%，这些智库机构的数量、质量均优于全球其他国家的智库。美国智库机构可以按照如下几个方面进行分类。

[①] 王海峰：《大数据智库：中国特色新型智库建设途径研究》，硕士学位论文，华东政法大学，2016年，第17—28页。

其一，按照资金资助的方式分类。西方国家智库按照资金资助的方式，可以分为4种类型。第一，政府资助。这类公司主要以兰德公司为代表；第二，社会精英群体资助。这些精英包括学术界、企业界等资助创立，如传统基金会等；第三，官员资助。官员资助创立智库主要以退休官员为代表，如卡特中心等；第四，财阀集团资助。财阀集团主要是指掌握国家经济命脉的资本家、商业大亨等，如卡内基基金会等[1]。

其二，按照智库的性质分类[2]。西方国家按照智库的性质，可以分为3种类型。第一，合约型智库。合约型智库主要是指智库机构与政府有着契约关系，智库为政府遇到的各类执政难题进行调研研究，进而给政府提供切实可行的研究报告，以帮助政府顺利解决难题。这类智库在研究这些难题时，所使用的各类研究方法与一般的学术研究并无差异。但这些合约型智库往往会受到政府的牵制，如果政府支持资金不足，可能会面临破产的风险。第二，学术型智库。学术型智库主要是指研究各类社会问题而存在的组织机构，这些智库并不受各类财阀集团、政府机构等其他利益集团的限制。这类智库存在的价值略高于合约型智库，它们以人类福祉、社会进步、政治清明为己任。这类智库最大的优点是就事论事，不参与政治决策，只给相关的机构提供解决的若干种可能性办法，对每一种切实可行的办法均提供相应的风险指标。第三，政治型智库。这类智库与合约型智库在功能上并无差异，其存在的目的就是给执政者提供可行的政策建议，但这类智库可以参与政策的制定、政策的实行和监督，隶属于政府机构。另外，这类智库并不注重学术类的研究，一切以政府政策为导向。

其三，按照独立性分类[3]。西方国家按照智库的独立性分类，可以分为4种类型。第一，政府型智库。政府型智库与合约型智库是一样的，通常这类智库会与政府签订协议，在双方约定的时间内完成政府制定的

---

[1] 王海峰：《大数据智库：中国特色新型智库建设途径研究》，硕士学位论文，华东政法大学，2016年，第17—28页。

[2] 王海峰：《大数据智库：中国特色新型智库建设途径研究》，硕士学位论文，华东政法大学，2016年，第17—28页。

[3] 王海峰：《大数据智库：中国特色新型智库建设途径研究》，硕士学位论文，华东政法大学，2016年，第17—28页。

某一社会问题的研究，这类智库往往会根据政府的需求及当下的政治形势的变化而寻找研究课题。第二，大学内智库。大学内智库一般存在于高校内，这类智库与政府的关系不大，不受政府制约，相对自由，智库的顶层管理者和设计者可以根据自身的需求和兴趣寻找研究的课题。第三，政党型智库。政党型智库是西方国家智库存在的比较特殊的一类智库形式。虽然其与政府机构关系密切，但其服务的对象却是不同的政党。不同政党的智库研究的类型并不相同，一些智库甚至专门研究与之有竞争关系的政党，从而为自己所服务的政党提供切实可行的反对证据。还有一些学者根据不同政党的主张和倾向，将智库又分为保守派智库、中间派智库和激进派智库三种方式。第四，民间智库。相对于政府型智库而言，管理比较松散，研究方向相对自由，也不属于任何组织机构，也没有固定的资金来源，往往通过募集的方式获得资金支持。

其四，按照规模分类。一般来讲，智库的规模涉及的是智库的工作人员数量、组织体系规模、可周转资金、业务数量等，按照这些规模划分，可以将智库分为大型智库、中型智库和小型智库。

（二）中国的分类

中国的智库经过近几十年的大力发展，已在质量和数量上均取得了喜人的成绩。许多研究者也对我国的智库进行了分类，现对主流的几种分类进行阐述如下。

其一，按照中国特色分类。按照《2013年中国智库报告——影响力排名与政策建议》的调查结果，可以将中国的智库按照特色规律进行分类，共划分为4种类型[①]。第一，党政军智库。这类智库是指通过组织条例或者立法进行设立的智库机构，分布于党、政、军内部，为党和政府以及军队的各级领导人提供决策服务。它们的主要职能是通过一系列的调研，形成综合的研究结果，进而为领导人的决策提供内部参考。因此，这类智库按照等级又可以分为中央智库和地方智库。比如，中央智库有国务院研究室、国务院发展研究中心、国家行政学院等；地方智库包含各个地方的行政学院等。这些智库的存在对我国的经济发展、军事实力

---

① 上海社会科学院智库研究中心：《2013年中国智库报告——影响力排名与政策建议》，《中国科技信息》2014年第12期。

的提升、综合国力的提升等有着至关重要的作用。第二，社科院智库。社科院智库是具有中国特色的智库分类结果。社科院从1957年开始积极承担政策的宣讲、建议、研究等职能，从而在不同地区成立了地方性的社会科学院。这些地方性的社科院逐渐形成了以研究各地区的政策为主的智库结构体系，这对于政策的推动和制定有着积极的意义。同时，地方性的社科院名义上独立于政府机构，事实上，其与政府机构有着千丝万缕的联系，但其服务的对象也不仅仅是政府机构，还包括一些企业、行业协会等。第三，高校智库。高校智库目前是我国智库类型体系中最多的智库机构，主要存在于高校内部，其服务对象也比较广泛，很多高校智库的管理者都是高校的研究人员或者教师等。高校智库的优势是高层次人才汇聚、学科领先性较强、交叉学科较多、研究课题快速便捷、学术氛围浓厚且宽松，这些特点往往会使高校智库更容易产生创新性的想法，也能使一些政策问题轻而易举地得到解决。第四，民间智库。民间智库一般是由民间出资组织建设的小型智库机构，且大多由企业、私人或者民间团体自设，资金来源也一般由民间自行筹资。这些智库的组织形式比较松散，研究内容一般也比较广泛，民间智库最大的特点是研究社会公平与正义，也有不少民间智库为政府提供决策咨询的服务。另外，据《2013年中国智库报告——影响力排名与政策建议》的调查显示[1]，截至2013年，我国党、政、军智库共有85个，其中国家级智库有25个，地方性智库共有60个；社科院智库共有52个，其中，国家级智库1个，省级智库30个，地市级智库21个，民间智库共75个。

其二，按照行政组织特性划分。贠杰认为，中国的智库机构依然是一种行政机构，其划分不应该超出行政机构的划分。因此，他将中国的智库划分为3类[2]。第一，行政型政策研究组织。行政型政策研究组织包括广义和狭义的两种，广义的包括立法部门、行政部门、司法部门等，而狭义的只包括行政部门。因此，从行政层级划分，行政型政策研究组织可以分为中央政策研究组织和地方政策研究组织。中央政策研究组织

---

[1] 上海社会科学院智库研究中心：《2013年中国智库报告——影响力排名与政策建议》，《中国科技信息》2014年第12期。

[2] 贠杰：《中国公共政策研究的现状分析》，《政治学研究》2001年第1期。

是对全国范围内全局性的政策问题进行研究的组织，它们的职责是向最高决策者提供切实可行的政策方案和意见。地方政策研究组织则是向地方政府提供政策方案或者意见的机构，主要包括地方各级党委、政策研究室等。第二，学术型政策研究组织。学术型政策研究组织主要是以学术研究为职能或者主要以教学研究为主的组织。前者如中国科学院、中国社会科学院等，后者以高等院校、党校等为主。学术型政策研究组织的特点是学科广泛、研究人数众多、人才济济、基础资料夯实、跨学科性较强、学科自由、选题广泛、学术思想较为前沿等。因此，学术型政策研究组织成为我国政策研究的中坚力量，这些特点也是这类组织的独特优势，但其主要的劣势在于政策的实践性较弱，有时候会受到经费的限制。第三，产业型政策研究组织。产业型政策研究组织主要是以企业、个人或者公司创办的政策研究机构，属于民间智库类型。如前所述，产业型政策研究组织不受党政机关的约束，服务对象也比较广泛，课题研究也相对自由。从总体上看，我国目前的各类政策研究机构依然以行政型政策研究机构为主，学术型政策研究机构起辅助性作用，产业型政策研究机构起补充作用，但这些政策机构相互之间具有补充性，各有优势和局限。

其三，按照现代智库功能型分类。按照马骏的观点[①]，现代智库的功能可分为学术型、契约研究型、倡导型和政党型4类。第一，学术型智库。顾名思义，学术型智库的主要功能是研究学术，主要以研究工作为主，其研究产品通常是专著或者研究报告，研究经费主要是自筹。第二，契约研究型智库。契约研究型智库通常是以接受委托研究为主的研究组织机构。这类委托包括政府机构、企业公司以及其他的利益团体等。这类智库研究结果通常不会发表（除非委托方愿意），也不会公开发行，而只是提供给委托方。第三，倡导型智库。这类智库重点在于改变决策人对于某些政策的观点，或者希望对某些观点不再转变，比如教育投资、医疗保险、国防设施的投资等。第四，政党型智库。这类智库通常与政党属性挂钩，积极推销与之相关的政策建议，从而试图改变人们对当前政策的看法。

---

① 马骏：《现代智库及其功能分析》，《人民论坛》2012年第14期。

其四，按照法律法规分类。按照薛澜和朱旭峰对与智库有关的法律法规研究，他们将我国存在的智库分为 4 种形式。第一，事业单位法人型智库。事业单位法人是指经过国务院机构编制管理机关和县级以上地方各级人民政府机构编制管理机关核准登记或备案，具备法人条件的事业单位。[1] 这类智库主要从事政策研究，是政府部门的"内脑"。如我国主要的事业单位法人型智库有国务院发展研究中心、社科院及其下属的各个专业的研究所等。第二，企业型智库。企业型智库主要是指专门从事政策研究的一些企业法人，这类智库可以盈利，具有公司的性质，他们会受不同政府机关或其他企业的委托而进行社会问题及政策的研究，并将研究报告交给与之相关的个体或者团体。第三，民办非企业单位法人智库。这类智库机构利用非国有资产举办的，是从事非营利性的服务活动的社会组织机构。第四，大学下属型智库。这些智库隶属于高校，其从事的内容一般包括政策研究、理论研究等，但也要承担相应的教学研究。这些智库没有权利与校外的独立法人签订合同，也无法进行独立的财务核算。国内比较有名的诸如北京大学经济研究中心等。

三　我国智库的历史发展脉络

我国智库的历史发展非常悠久，是一个非常漫长的历史变迁过程。可以说，自从人类形成群居生活后，具有智库功能的组织机构就出现了。这些组织机构的存在和出现使人类的智慧得到了质的飞跃，按照我国智库历史的变迁关系，可以将智库分为史前智库、封建智库及现代智库三种形式[2]。

（一）史前智库

中国史前时期主要是指夏朝以前的时间阶段。在该阶段，人类逐步向文明进化和过渡。在这个时期，智库也形成了雏形。在这个时期，人类部落不断扩大，形成了史前时期的村落社会。村落社会形成后，社会

---

[1] 薛澜、朱旭峰：《"中国思想库"：涵义、分类与研究展望》，《科学学研究》2006 年第 3 期。

[2] 王厚全：《智库演化论——历史、功能与动力的三维诠释》，博士学位论文，中共中央党校，2016 年，第 8—48 页。

问题也就逐渐增多，人类之间的矛盾也就逐渐呈现，各部落之间各种战争和冲突经常发生。因而，如何对部落进行高效的管理，这就催生智库雏形的出现。史前时期，为解决部落之间的矛盾、人与人之间的矛盾，这就导致部落的人类共同推举一个大家都信服的长者来解决，这类长者可以由英雄、尊者来担任（如皇帝轩辕氏、炎帝神农氏等），这类长者便起到了防范外部威胁、传播知识、政策制定等作用，也是现代智库的雏形。史前智库具有如下特点[①]：

其一，组织形态单一，界定模糊。史前智库主要以长者、智者、尊者、英雄或者德高望重的人来担当，其组织形态单一，思想能力有限，很少有以组织的形式共同来完成这一角色的转换。换言之，在这个时期担任智库的人员，权力高度集中，几乎没有人能与之共同分享权力，组织形式也十分单一，财富也比较集中。

其二，知识储备较少。史前时期，由于科技不发达，人类对大自然的了解依然基于经验的判断和长者的描述。因此，这些智者的知识储备较少，并且很多知识依然带有唯心主义的色彩，很多经验性的知识由于无法上升到理论的层面，严重制约了智库的进一步发展。

其三，功能作用简单，基础性较强。史前智库主要作用在于抵御外敌、减少各类自然灾害、保证自身生存等，只要能基本满足这些用途，这类智者一般都能得到人类的认可，因而其基础性较强、功能单一。后来，随着文明的进步，具有专业技术的人才也登上了历史的舞台，如专属祭祀、天文、军事、制造的各类人才。这些人才也逐渐成为专业的智者，也因此而获得了较多的财富和权力，相对而言，那些不具有这些能力的人类则获得了相对较少的财富和权力，这就催生了阶级等级的出现、财富分化的现象，进而导致智库的进一步发展和完善。

（二）封建智库

随着文明的进步，人类在政治、经济、文化、知识方面取得了一定的成就，社会阶级已经明确分层，大部分财富掌握在少数人手里，人类文明也逐步从奴隶社会步入封建社会。在封建社会初期，智库的发展依

[①] 王厚全：《智库演化论——历史、功能与动力的三维诠释》，博士学位论文，中共中央党校，2016年，第8—48页。

然以智者、尊者、英雄以及掌握专业技术的人才担任。但随着人类知识储存量的增加，这些智者所掌握的知识显然已无法解释人类遇到的各类问题和费解的现象。同时，我国也有了文字流传（如我国的文字起源早于殷商时期，殷商时，我国已具有了成熟的文字系统），这使得史前人类的经验得以保存和阅读，进一步丰富了人类掌握的自然知识。这些文明的进步促使人类意识到要解决一些难题，必须需要众人的智慧和商讨，仅仅靠一个智者的智慧是无法解决这些问题的。

经历了奴隶社会的变迁，我国历代统治者认识到集体的智慧对于政治统治和国家安全稳定有着至关重要的作用，集体的智慧逐步地改变了国家的智力模式。如商朝伊尹辅佐商汤王，维护了商朝的稳定和繁荣。战国时的"四公子"，都养了上千门客，这些门客后来都成为各国的重要谋士。这些智囊团都具有相同的目标，志同道合，因此建立起了具有特色的社会组织，从而广泛地探讨社会时政、经济政策等，这也是现代智库发展的完善阶段。古代时期的经院智库（经院智库：东西方进入古代文明时期至奴隶社会和封建社会时期，为统治阶级决策服务的组织机构。）和现代智库的目的几乎是一致的，只不过这类智库存在很少，一部分设在政府机构，另一部分由士大夫等特权阶级组织设立，民间一般不具有这些智库。政府机构的智库侧重于解决全局性、长远性的政治军事问题，这些智囊的组成人员一般都是王侯将相。士大夫特权阶级设立的智库一般是帮助士大夫阶级巩固特权，或者为国家政策的建设提供服务，这些智库的存在一定程度上促进了社会的进步和发展，如"稷下学宫""鸿都门学""翰林院""东林党"等。封建时期的智库呈现出如下特点[①]：

其一，组织形态由单独个体向群体演变。由于生产力的改变和进步，史前时期的社会矛盾逐步演化到封建时期的阶级矛盾，人类对于矛盾解决的需求有所提升。面对这一矛盾的转化和复杂性的提高，需要解决这些矛盾的对象不再限于个人的力量，而是趋向于群体决策和群体的力量。可能为了解决同一个矛盾，需要群体决策的力量来共同解决，这就促使

---

① 王厚全：《智库演化论——历史、功能与动力的三维诠释》，博士学位论文，中共中央党校，2016年，第8—48页。

大规模的门客幕僚集团的形成。现在看来，这些门客幕僚都是智囊团，属于智库演化的必经阶段，也是由单独个人的智库阶段向共同协作的群体集团转变的必然过程，这在推动社会进步和文明发展中发挥着极大的作用。

其二，官方色彩浓厚。史前阶段的智库主要服务于大众，那时的社会阶级矛盾并不严重。而进入封建时期，社会阶级矛盾突出，社会阶层也逐步固化，这时候的智库集团一般隶属于官僚阶级。智库也是为官僚阶级和政治统一服务，这类智库成员大多以王公大臣为主，也有部分有理想抱负的知识分子，总体来看，这些智库的成员总体上属于社会精英人员，他们进入智库的目的大多是为了施展自己的政治抱负，有些智库成员最终也成为统治阶级的一分子，这时期的智库具有浓厚的官方色彩。

其三，权贵垄断。我国封建时期的智库主要的目的是政权稳定，有利于权贵方便管理人民。因此，这时候的智库具有的更显著的特点就是知识被权贵所垄断。对封建时期的法律颁布、经济政策、教育政策等均是由权贵阶级选拔出来的知识分子所讲解，这些知识分子必须为权贵服务，普通百姓只有被动接受，成为思想的奴隶。比如，封建时期被称为帝王之学的奇门遁甲，普通老百姓是不能学习的，这只能是帝王或者非常享有声望的权贵才能有机会习得。

其四，功能简单。封建智库的功能就是为了政权稳固而设立的。威胁政权稳固的因素有内部的，也有外部的，内部的如农民起义，外部的如外族入侵、军事冲突等。

（三）现代智库

我国现代意义上的智库，是中华人民共和国成立之后的发展成果，其形成与发展也只有短短几十年的时间。

第一，萌芽阶段。这个阶段主要从新中国成立到改革开放前。在这个阶段中，我国的一些研究机构便承担了智库的一些功能，但部分功能并不足以成为真正意义上的智库。

第二，智库体系的初步建立阶段。改革开放初期，我国政府大力支持社科系统的蓬勃发展，这就催生了大量的政策分析研究机构，许多研究人员承担了"智囊团""政策顾问""思想库"的角色，这些角色都为改革开放政策的制定出谋划策。在政府的大力支持下，我国智库的发展步入了快车道,大批知识分子开始为国家、为人民的福祉出谋划策,由此推动了现代意义上智库的大发展。在中央层面,我国成立了重要的智库分析机构,如社科院、国务院发展研究中心等;在地方层面,成立了地方社科院及其下属机构。这些机构的成立都进一步推动了我国智库的高质量发展。

第三,智库体系的多元发展阶段。20世纪80年代,随着改革开放的深入,仅有的官方智库明显满足不了政策研究的需求,在这个时候,很多知识分子投入民间智库的成立与建设之中,迄今为止,这些民间智库在推动国家进步和民生发展的道路上起到重要的作用。例如,1991年成立的中国(海南)改革发展研究院;1992年成立的零点研究咨询室等。

第四,现代智库体系基本形成阶段。这个阶段主要集中在20世纪90年代到21世纪初期,这个阶段的主要标志是大学智库开始大力建设,特别是20世纪90年代中后期,我国大学智库如雨后春笋般建立,这些智库小则可以为地方政府、企业、公司建言献策,大则可以为我国全局性的规划发展提供咨询报告。比如,1999年,清华大学创办国情研究中心,2000年,复旦大学成立中国社会主义经济研究中心等,这些智库为地区的发展起到了关键性的推动作用。

第五,现代智库体系发展阶段[①]。这个阶段主要集中在2003年至2012年,这个阶段是我国现代智库体系的发展与丰满阶段,这个阶段解决了我国现代智库定位与目标的矛盾。在这个阶段,我国智库的发展是以地方社科院及其下属机构以明确智库建设的定位为目标。地方智库的建设以服务政策为目标,以助力中国特色社会主义建设为己任。同时,在这个时期,民间智库的数量也一直在增加,一些专业性的智库也逐步出现,专业分工性也一并加强,如21世纪教育研究院、中国能源经济研究院、生态战略研究所,等等。

第六,新时代智库体系的创新发展阶段。这个阶段从2013年开始至今,都是以中国特色新型智库创新与发展为主题。特别是党的十八大以来,中国的改革进入攻坚阶段,我国的一些矛盾更加突出,这时候进行

---

① 上海社会科学院智库研究中心:《2013年中国智库报告——影响力排名与政策建议》,《中国科技信息》2014年第12期。

深化改革不仅需要"顶层设计",而且还需要民间智库的辅助补充,以提供多元化的思考决策,从而保证大多数人民的利益。这就对智库的建言献策的水平又提出更高要求。党的十八届三中全会提出,要加强建设中国特色新型智库,建立健全决策咨询制度,这又为新时代智库的发展提供了契机。[1] 上述的六个阶段对于我国未来智库体系的建设具有重要意义,也能进一步提升新时代我国智库在国际中的影响力。

四 新时代我国智库的影响力

(一)新时代我国智库影响力概况

根据《2018年中国智库报告——影响力排名与政策建议》显示,改革开放40多年来,我国智库进入了高质量发展阶段。这40多年我国智库的发展大体上以10年为一个台阶,第一个10年的目标是解放思想引领下当代中国智库的兴起;第二个10年的目标是社会主义市场经济体制改革阶段中国智库的探索;第三个10年的目标是决策咨询体制变化下中国智库的快速发展;第四个10年的目标是中国特色新型智库建设上升为国家战略[2]。经过40年的发展,中国智库逐渐走进世界舞台的中央,其发挥的影响力越来越广。影响力是新时代智库的价值所在,这些影响力主要包括决策影响力、学术影响力、社会影响力、国际影响力等。提升智库的影响力就是提升新时代我国智库的综合水平,这也是衡量我国综合国力的一个重要指标。下面就对新时代我国智库影响力排名进行阐述。

根据《2018年中国智库报告——影响力排名与政策建议》显示,新时代我国的综合影响力智库相比于2017年有所提升,前15名综合影响力智库分别是[3]:中国社会科学院、国务院发展研究中心、中国科学院、中国工程院、中国宏观经济研究院、中国国际经济交流中心、中共中央党校(国家行政学院)、中国现代国际关系研究院、北京大学国家发展研究

---

[1] 《中共中央关于全面深化改革若干重大问题的决定(2013年11月12日中国共产党第十八届中央委员会第三次全体会议通过)》,《求是》2013年第22期。

[2] 上海社会科学院智库研究中心:《2018年中国智库报告——影响力排名与政策建议》,上海社会科学院出版社2019年版,第3—15页。

[3] 上海社会科学院智库研究中心:《2018年中国智库报告——影响力排名与政策建议》,上海社会科学院出版社2019年版,第28—30页。

院、中国国际问题研究院、中国人民解放军军事科学院、商务部国际贸易经济合作研究院、上海国际问题研究院、中国社会科学院国家全球战略智库、中国（深圳）综合开发研究院。

新时代我国智库分项影响力包括决策影响力、学术影响力、社会影响力、国际影响力等，具体排名如下（每项取前15名）[①]：

（1）决策影响力：国务院发展研究中心、中国社会科学院、中国科学院、中国宏观经济研究院、中国工程院、中国国际经济交流中心、中共中央党校（国家行政学院）、中国现代国际关系研究院、中国人民解放军军事科学院、中国社会科学院国家全球战略智库、中国人民解放军国防大学、中国国际问题研究院、国家信息中心、中国（深圳）综合开发研究院、上海国际问题研究院等。

（2）学术影响力：中国社会科学院、中国科学院、国务院发展研究中心、中国工程院、北京大学国家发展研究院、中共中央党史和文献研究院、中国人民解放军军事科学院、中国财政科学研究院、中国国际问题研究院、中共中央党校（国家行政学院）、中国宏观经济研究院、中国人民解放军国防大学、中国国际经济交流中心、中国现代国际关系研究院、中国人民大学国家发展与战略研究院等。

（3）社会影响力：国务院发展研究中心、中国社会科学院、中国科学院、中共中央党校（国家行政学院）、北京大学国家发展研究院、中国工程院、全球化智库（CCG）、中国宏观经济研究院、清华大学国情研究院、中国人民大学重阳金融研究院、中国国际经济交流中心、中国（深圳）综合开发研究院、阿里研究院、盘古智库、瞭望智库等。

（4）国际影响力：中国社会科学院、国务院发展研究中心、中国现代国际关系研究院、中国科学院、中国国际问题研究院、中国国际经济交流中心、中国社会科学院国家全球战略智库、上海国际问题研究院、北京大学国际战略研究院、商务部国际贸易经济合作研究院、当代世界研究中心、全球化智库（CCG）、中国宏观经济研究院、中国工程院、北京大学国家发展研究院等。

---

① 上海社会科学院智库研究中心：《2018年中国智库报告——影响力排名与政策建议》，上海社会科学院出版社2019年版，第31页。

根据《2018年中国智库报告——影响力排名与政策建议》中新时代我国智库系统影响力包括部委直属事业单位智库、地方党校智库、地方政研智库、地方社科院、高校智库、高校智库（特色）、社会智库和企业智库8类。具体的排名如下（每类取前10名）[①]：

（1）部委直属事业单位智库：中国宏观经济研究院、中国现代国际关系研究院、中国国际问题研究院、商务部国际贸易经济合作研究院、中国社会科学院国家全球战略智库、国家信息中心、中国财政科学研究院、新华社世界问题研究中心、中国社会科学院国家金融与发展实验室、当代世界研究中心等。

（2）地方党校智库：中共上海市委党校（行政学院）、中共北京市委党校（行政学院）、中共广东省委党校（行政学院）、中共浙江省委党校（行政学院）、中共江苏省委党校（行政学院）、中共江西省委党校（行政学院）、中共山东省委党校（行政学院）、中共山西省委党校（行政学院）、中共四川省委党校（行政学院）、中共河南省委党校（行政学院）等。

（3）地方政研智库：上海国际问题研究院、上海市人民政府发展研究中心、深圳市人民政府发展研究中心、浙江省人民政府发展研究中心、广东省人民政府发展研究中心、上海市发展改革研究院、福建省人民政府发展研究中心、北京市经济信息中心、安徽省人民政府发展研究中心、北京市经济与社会发展研究所等。

（4）地方社科院：广东省社会科学院、江苏省社会科学院、四川省社会科学院、山东省社会科学院、湖南省社会科学院、湖北省社会科学院、北京市社会科学院、黑龙江省社会科学院、重庆市社会科学院（发展研究中心）、天津市社会科学院等。

（5）高校智库：北京大学国家发展研究院、中国人民大学国家发展与战略研究院、复旦大学中国研究院、北京大学国际战略研究院、中山大学粤港澳发展研究院、清华大学国情研究院、复旦大学复旦发展研究院、武汉大学国际法研究所、清华大学当代国际关系研究院、华南理工大学公共政策研究院等。

[①] 上海社会科学院智库研究中心：《2018年中国智库报告——影响力排名与政策建议》，上海社会科学院出版社2019年版，第35页。

（6）高校智库（特色）：浙江大学区域协调发展研究中心、南京大学长江产业经济研究院、厦门大学台湾研究所、浙江师范大学非洲研究院、华东师范大学中国现代城市研究中心、广东外语外贸大学广东国际战略研究院、广西大学中国—东盟研究院、上海外国语大学中国国际舆情研究中心、上海财经大学上海国际金融中心研究院、华中师范大学中国农村研究院等。

（7）社会智库：中国国际经济交流中心、中国（深圳）综合开发研究院、中国国际战略学会、中国（海南）改革发展研究院、全球化智库（CCG）、中国人民大学重阳金融研究院、中国经济五十人论坛、中国经济体制改革研究会、盘古智库、东中西部区域发展和改革研究院等。

（8）企业智库：中国石油经济技术研究院、阿里研究院、瞭望智库、赛迪方略、腾讯研究院、中国国际工程咨询公司、零点有数（原零点研究咨询集团）、电力规划设计总院、国网能源研究院有限公司、福卡智库等。

根据《2018年中国智库报告——影响力排名与政策建议》，新时代我国智库专业影响力包括经济类、政法类、社会类、文化类、教育类、科技类、生态类和国际类8类。具体的排名如下（每类取前10名）[①]：

（1）经济类：中国宏观经济研究院、北京大学国家发展研究院、中国国际经济交流中心、中国财政科学研究院、商务部国际贸易经济合作研究院、中国社会科学院财经战略研究院、中国社会科学院国家金融与发展实验室、中国经济五十人论坛、中国人民银行金融研究所、清华大学中国与世界经济研究中心等。

（2）政法类：国务院法制办政府法治研究中心、司法部预防犯罪研究所、中央纪委监察部廉政理论研究中心、武汉大学国际法研究所、国家知识产权局产权发展研究中心、北京市信访矛盾分析研究中心、北京师范大学刑事法律科学研究院、上海交通大学国家海洋战略与权益研究基地、中国政法大学法治政府研究院、北京大学法制与发展研究院等。

（3）社会类：中国社会科学院社会发展战略研究院、北京大学国家

---

① 上海社会科学院智库研究中心：《2018年中国智库报告——影响力排名与政策建议》，上海社会科学院出版社2019年版，第40页。

发展研究院、新华社舆情研究中心、中国人口与发展研究中心、中国人民大学国家发展与战略研究院、中国（海南）改革发展研究院、上海大学基层治理创新研究中心、北京师范大学中国社会管理研究院、复旦大学人口与发展政策研究中心、暨南大学经济与社会研究院政策研究中心等。

（4）文化类：中国艺术研究院、中国社会科学院中国文化研究中心、武汉大学国家文化创新研究中心、中国国际文化交流中心、北京大学文化产业研究院、湖南大学中国文化软实力研究中心、文化部艺术发展中心、上海交通大学文化产业创新与发展研究基地、中国人民大学文化产业研究院、北京外国语大学国际中国文化研究院等。

（5）教育类：国家教育发展研究中心、中国教育科学研究院、教育部教育发展研究中心、教育部高等学校社会科学发展研究中心、北京师范大学中国教育与社会发展研究院、华东师范大学国家教育宏观政策研究院、上海教育科学研究院、21世纪教育研究院、北京教育科学研究院、长江教育研究院等。

（6）科技类：中国科学院科技战略咨询研究院、中国科学技术发展战略研究院、电子科技情报研究所、中国科学技术信息研究所、中国科学技术协会、中国石油经济技术研究院、国家智能交通系统工程技术研究中心、电力规划设计总院、中国工程科技创新战略研究院、中国信息通信研究院、上海科学技术情报研究所等。

（7）生态类：生态环境部环境规划院、生态环境部环境与经济政策研究中心、中国环境科学研究院、国家应对气候变化战略研究和国际合作中心、中国科学院生态环境研究中心、国家海洋局海洋发展战略研究所、水利部发展研究中心、国家电网能源研究院有限公司、厦门大学中国能源经济研究中心、北京理工大学能源与环境政策研究中心等。

（8）国际类：中国现代国际关系研究院、中国国际问题研究院、上海国际问题研究院、中国社会科学院国家全球战略智库、北京大学国际战略研究院、新华社世界问题研究中心、中国国际战略学会、当代世界研究中心、清华大学当代国际关系研究院、复旦大学美国研究中心等。

根据《2018年中国智库报告——影响力排名与政策建议》，新时代我国智库研究议题影响力包括"一带一路"议题、区域协调发展（京津冀、

长三角、粤港澳)议题和中美贸易争端议题共3类。具体的排名如下(每类取前10名)①:

(1)"一带一路"议题:国务院发展研究中心、中国现代国际关系研究院、商务部国际贸易经济合作研究院、国家发改委国际合作中心、中国国际问题研究院、中国国际经济交流中心、当代世界研究中心、中国宏观经济研究院、国家开发银行研究院、"一带一路"百人论坛等。

(2)区域协调发展(京津冀、长三角、粤港澳)议题:广东省社会科学院、上海市发展改革研究院、北京市社会科学院、中山大学粤港澳发展研究院、江苏省社会科学院、中国(深圳)综合开发研究院、东中西部区域发展和改革研究院、南京大学长江产业经济研究院、浙江清华长三角研究院、上海张江平台经济研究院等。

(3)中美贸易争端议题:中国国际经济交流中心、商务部国际贸易经济合作研究院、国务院发展研究中心、北京大学国家发展研究院、中国国际问题研究院、中国宏观经济研究院、中国社会科学院国家全球战略智库、中国人民大学国家发展与战略研究院、中国(深圳)综合开发研究院、中国南海研究院等。

根据《2018年中国智库报告——影响力排名与政策建议》②,新时代我国智库最佳项目(活动)题名,最佳微信智库平台是上海科学学研究所(微信名:三思派);最佳智库论坛有中国军事科学学会和中国国际战略学会联合举办的第八届北京香山论坛(论坛主题:打造平等互信、合作共赢的新型安全伙伴关系)、中国浦东干部学院和光明日报社联合举办的中国特色新型智库建设高层论坛2018(论坛主题:新时代中国特色新型智库的新使命);最佳智库联盟是2015年4月8日由中央对外联络部牵头成立的"一带一路"智库合作联盟;最佳智库期刊是由中国科学院文献情报中心和南京大学主办的《智库理论与实践》和东中西部区域发展和改革研究院主办的《中国智库》《国家智库》;最佳智库决策咨询报告

---

① 上海社会科学院智库研究中心:《2018年中国智库报告——影响力排名与政策建议》,上海社会科学院出版社2019年版,第44—45页。

② 上海社会科学院智库研究中心:《2018年中国智库报告——影响力排名与政策建议》,上海社会科学院出版社2019年版,第45页。

是由中国社会科学院世界经济与政治研究所提供的《2017年世界经济形势分析与预测》和中国财政科学研究院提供的《降成本：2017年的调查与分析》。

根据《2018年中国智库报告——影响力排名与政策建议》[①]显示，自2015年7月1日后成立的"中国特色新型智库"有23个，分别是（按成立时间先后）：复旦大学长江经济带研究院（高校智库）、江苏紫金传媒智库（社会智库）、远望智库（社会智库）、天津大学中国绿色发展研究院（高校智库）、西部资源环境与区域发展智库（科研院所智库）、中国社会科学院京津冀协同发展智库（隶属于中国社科院）、中国经济趋势研究院（经济日报）（媒体智库）、全国"一带一路"沿线城市智库联盟（智库联盟）、华东政法大学中国法治战略研究中心（高校智库）、上海交通大学中国城市治理研究院（高校智库）、成都金沙智库研究会（社会智库）、上海司法智库学会（地方政研智库）、中国国际发展知识中心（隶属于国发中心）、中国社会科学院雄安发展研究智库（隶属于中国社科院）、粤港澳大湾区研究院（地方政研智库）、复旦大学"一带一路"及全球治理研究院（高校智库）、上海华夏经济发展研究院（社会智库）、同济大学国家创新发展研究院（高校智库）、中国社会科学院"一带一路"国际智库（隶属于中国社科院）、人民日报区域协同发展智库（媒体智库）、美国研究智库联盟（智库联盟）、上海全球城市研究院（平台型智库）、东方智库（媒体智库）及中国宏观经济智库联盟（智库联盟）。

（二）新时代我国智库影响力特点分析

与之前我国智库的发展态势相比，新时代我国智库整体影响力基本没呈现较大的变化幅度，但对于时事政治热点议题（"一带一路"、区域协调发展和中美贸易争端议题）却呈现上升的趋势，这体现了智库的与时俱进的性质。此外，新时代我国智库的整体特点变化还具有如下几点[②]：

---

① 上海社会科学院智库研究中心：《2018年中国智库报告——影响力排名与政策建议》，上海社会科学院出版社2019年版，第47页。

② 上海社会科学院智库研究中心：《2018年中国智库报告——影响力排名与政策建议》，上海社会科学院出版社2019年版，第51页。

第一，智库的发展建设与政府决策的深度广度在加强。这个特点主要体现在中央和地方政府对于智库的大力支持上。比如，2018年10月25日，习近平主席向第八届香山论坛致贺信，表达了中国和世界各国增进战略互信、加强安全合作的真诚意愿，彰显了中国坚定不移走和平发展道路、共筑人类命运共同体的坚定决心。再如2018年10月15日上海市委书记李强考察了上海市社科联合会、上海社科院，并与这些智库的有关专家代表进行了座谈交流。此外，新时代我国智库的发展还体现在各省级重点智库、专业智库、特色智库等相继建立，并形成了一套完善的规章制度，并且一些地方政府与国家级的智库还建立了合作，如中国科学院与江西省共同建立了"中国科学院江西产业技术创新与育成中心"等。

第二，我国智库在国际交流中，履职公共外交。为更好地应对中美贸易摩擦，新时代我国智库承担起了研究先锋的责任，比如，由中国社会科学院美国研究所等19家国内智库发起并成立了"美国研究智库联盟"，从各方面深度研究美国的经济形势、政治变化、中美关系等，并基于此展开了一系列的国际合作交流等。另外，为深度研究"一带一路"建设的重难点，新时代我国智库也对此进行了全方位的研究，比如，国家开发银行与联合国开发计划署联合发布《"一带一路"经济发展报告》，这为未来"一带一路"沿途国家的投资和发展提供了技术性的支持。为了使新时代我国智库有更进一步的提升，国内的一些智库与国际知名智库机构加强了联系和对话，从而使我国智库水平的深度或者是广度都得到了一定程度的提升。比如，2018年10月11日—10月12日，我国上海国际问题研究院与欧洲外交关系委员会联合在德国柏林举办中欧论坛，论坛聚焦了国际的政治、经济、文化等相关议题。

第三，我国智库在竞争与合作中的影响力逐步加强。随着网络时代的来临，新时代我国智库也凭借新媒体的东风，搭上了高质量发展的快车。凭借新媒体超强的传播速度，我国智库的最新研究成果可以在很短的时间内让广大的人民群众了解。当然，传统的一些媒介（如出版社）也加强了与智库的联系，如中国新闻出版研究院联合龙源数字传媒集团发起成立"数字文化城市研究中心"。此外，为进一步增强智库间研究成果的相互交流和协同发展，智库与智库之间相互支持，合作举办论坛，相互结盟,联合研究,这使得我国智库的发展得到更进一步的提升,并使学术资源得到了有效地整合,避免了学术研究资源的浪费,实现了优势互补,比如,河南省社会科学院与河南省人民政府发展研究中心等联合举办了第8届中原智库论坛等。同时,为更有效地研究国家政策和国际政策,新时代我国智库围绕"一带一路""粤港澳大湾区""创新驱动""精准扶贫""乡村振兴""环境治理"等国家战略进行相互合作,这些智库成为我国政策研究的中坚力量。比如,中国国际经济交流中心与华大基因等智库机构联盟签署《"一带一路"生命科技促进联盟合作共识》;再如中国工程院主办"加强智慧农业科技创新,服务国家乡村振兴战略"为议题的咨询研究项目,这为我国乡村振兴提供了研究的样板等。

第四,我国智库的研究成果专业化水平逐步提升。新时代,我国智库的专业化水平有了急剧的提升,出版了一系列高质量具有前瞻性的著作和研究报告,这为我国政府政策的制定提供了切实可行的依据。比如,国务院发展研究中心编撰并出版发行了《国务院发展研究中心研究丛书2018》共14册。另外,随着智库专业性的提升,我国智库的评价体系也呈多元化的发展趋势,这对我国智库的影响力的提升具有重要的参考意义,比如,浙江工业大学全球智库研究中心发布的《中国大学智库发展报告(2017)》结果指出:中国大学智库的评价应遵从契合度、活跃度和贡献度三维评价体系;中国社会科学院认为中国智库成果与人才的评价应当遵从咨政建言、学术成果和科研创新三个评价体系等。这些研究成果在一定程度上标志着新时代我国智库的专业化水平的进一步提升,这对未来在国际舞台上出现中国智库的声音、扩大国际影响力、增强国际智库话语权都具有重要意义。

第二节 区域教育智库的界定

智库是各领域的专家学者针对开发性相关研究,基于其研究成果和创新思维从而提出优化性设计的智囊机构。教育智库是由从专业化的角度能够更加客观、科学地为教育领域重大相关问题及决策提供服务的专业人员组成的咨询机构,以教育专家为主、跨学科专家为辅,在教育相关事业方面发挥着巨大力量，建立教育智库是提升我国教育治理水平的重要保障。① 区域教育智库是由相关教育研究专家针对我国不同区域的教育规律及其特点组成的一个服务型组织，为不同区域的教育活动提供有意义的建议或咨询。由此，可以看出，智库中的一个重要类别是教育智库，区域教育智库又是教育智库的进一步细化分类，区域教育智库是中国特色新型教育智库的重要组成部分。在党和国家工作全局中，区域教育工作占据着特殊重要的地位，为地区的长期稳定、经济政治等方面发展平稳提供有力的策略、技术及人才的支持。② 加强区域教育智库的建设，不仅可以稳固不同区域治理现代化进程的发展，而且能够推进区域地区教育茁壮成长。③ 因此，明晰区域教育智库的界定、历程、形式和功能，对于在了解、认识的基础上提出更加有针对性的措施去解决区域地区有关教育的相关问题具有一定价值。

一　区域教育智库的界定

（一）区域教育智库的内涵

区域教育，也叫民族教育，在本书中使用区域教育。目前，关于区域教育的定义莫衷一是。有研究者认为，区域教育是一个多民族国家对人口较少的区域实施的教育。《教育大词典》中关于区域教育的定义是："区域教育是我国少数民族教育的简称，也就是对除汉族以外的55个少数民族实施的教育。"④ 也有研究者认为，区域教育需要分为广义的和狭义的两种，广义的区域教育是指一个国家集体的文化遗产，这些文化遗产中包含了该民族最优秀的文化基因和文化遗产；狭义的区域教育是指对国家的一些少数民族成员实施复合性的教育，即针对不同的民族，实

---

① 郭伟：《针对同一个话题，中国教育学会副会长又和我们谈了什么？》，2018年11月23日，https://www.sohu.com/a/277369821_608848，2022年10月2日。
② 金志远：《"中蒙俄经济走廊"建设中内蒙古高校区域教育智库创建的思考》，《民族教育研究》2018年第4期。
③ 乌云特娜、金童林：《中国特色民族教育智库建设：特质、责任及实践路径》，《教育科学》2020年第5期。
④ 顾明远主编：《教育大辞典》（民族教育卷），上海教育出版社1992年版。

施的教育也就不一样,也就是多元的文化教育。① 因而,区域教育是指一个多民族国家对人口较少的民族区域实施的以学校为主、以科学文化知识的传授和本民族优秀的传统文化继承发展为基本内容的教育。

区域教育智库与民族、教育、民族教育、智库、教育智库等概念相关,究其概念结构之根本,可以将区域教育智库视为这些词语组合后的合成词,通过对这些词语的理解,进而深入地理解"区域教育智库"。

研究学者对"区域"一词的界定仍然存在争议与分歧,不过好在虽然已有"区域"概念数量众多、种类繁多、观点也各不相同,但是基本上可以根据其关注点的不同划分为两大类型②:"客观标准派"和"主观认定派",前者强调区域形成过程中存在的客观性因素,例如地域、宗教、语言、制度、血缘等,后者则着眼于区域认同、情感等内在精神方面的相关因素。也有学者从文化、政治角度去理解民族这一概念,认为广义的"区域"指的是西方的"族群",即泛指有共性的一类人群,可能是地理位置、血缘或是文化上的相近;狭义的"区域"指的是"国族",拥有共同的血统、经历史传承下来的领土、文化、宗教、政治制度等,且无论这些共同点是客观存在的还是理想存在的,这些人都会自认为其属于同一个社会共同体。③ 从"区域"一词在我国的使用情况来看,又可将区域划分为两类:一是包括汉族在内的 56 个民族;二是具有"国族"意义的。④ 综上所述,可以将区域大致定义为经历史演变,在地域、文化、语言、血缘、制度等方面与其他人群不同且能够认同自己国家的相对稳定的社会共同体。

"教育"一词时刻围绕在我们身边,但若要说出其定义,却又众说纷纭。学者们对于教育的定义各抒己见,有人认为教育是有目的地培养人;教育即生活;教育是那些能够培养、教授人们社会生活经验的活动,或是两人交流过程中意识的互通,还有人认为那些能够影响人的身心发展,

---

① 青格乐:《扎鲁特旗民族教育政策实施及对策研究》,硕士学位论文,内蒙古农业大学,2019 年,第 7—8 页。
② 郝亚明:《试论民族概念界定的困境与转向》,《民族研究》2011 年第 2 期。
③ 牛新春:《对"民族"概念的一些思考》,《现代国际关系》2019 年第 11 期。
④ 陈坤:《"民族团结"概念释义》,《西华师范大学学报》(哲学社会科学版)2017 年第 5 期。

从而影响个体社会性发展的社会实践活动都可被看作教育。目前，对于教育概念的解释主要有两种形式：一是通过其本身的形式逻辑框架进行界定，二是通过不同语境下研究者对其的认知进行意义阐释。[1] 刘庆昌阐述自己对教育概念的认识时，划分了三个阶段：全盘接受权威界定教育概念，认为教育是一种影响；从"教育性"角度重新看待，有了自己的观点，认为教育是一种干预；通过对"教育性"含义的追溯，认为教育是一种意念。[2] 无论从哪种角度认识教育，都与其自身的认知、经历、体验有所关联，就普遍性理解，可以将教育看作是通过交流交谈、实践活动等手段培养人更好地适应社会生活的动态活动。

从不同视角出发，研究者们的侧重点不同，对于"区域教育"这一概念的界定也不相同。中国区域教育指的是中国所有区域已经实施过的或正在实施的教育，常有人将区域教育等同于少数民族教育，区域教育作为少数区域教育的简称，但严格来说，区域教育的范围要比少数民族的教育更大一些，因为其还包括汉族教育。广义上，区域教育即各民族的教育，不过，如今大家普遍都认可区域教育这一观点，这里就不再进行严格的区分。从地域角度而言，区域教育即我国不同区域的教育。从教育对象而言，区域教育是将少数区域成员作为教育对象，具有区域特色和区域内容，采用区域的形式进行的教育。从意义角度而言[3]，区域教育是能够提升区域地区人员文化素养、繁荣区域地区的经济政治的教育。简单来说，区域教育可以被看作能够影响区域成员身心发展的教育。

目前还没有对区域教育智库进行规范性统一定义，基于对智库、教育智库的概念界定的理解，可以将其看作是教育智库下属的一种重要智库类别。智库（think tank）一词在《新牛津英语词典》中的解释为"就一些具体的政治或经济问题提出建议和办法的专家团体"，教育智库则主要是围绕教育决策行为提供有价值的、科学的、客观的建议的组织机构，两者均由专业人员组成、目的在于为需要决策的事件提供合理的建议、

---

[1] 李润洲：《教育定义多元的话语澄明》，《教育发展研究》2015 年第 8 期。
[2] 刘庆昌：《教育概念的个人认识史》，《当代教育与文化》2020 年第 3 期。
[3] 金志远：《民族教育定义辨析及判断标准》，《内蒙古师大学报》（哲学社会科学版）2000 年第 4 期。

属于公共性非营利组织。但教育智库的外延比智库的外延小，因而具有智库所没有的特殊属性，比如相对独立性，处于相对稳定的、独立于政府决策机制的咨询决策机构，有独立的话语权，不会因为政府领导的个人意见而任意修改。我国的教育智库大多隶属于政府教育部门，或者与决策事件有着直接或间接的隶属关系，没有做到相对独立。区域教育智库以区域教育及区域经济社会发展为研究内容，凭借一系列相关专家学者的智慧碰撞、新技术设备的硬件支持，从事策略的提出、优化以及相关课题研究，为地区教育相关问题提供有价值的建议。[①] 充分发挥区域教育智库的力量可以使得国家教育战略及教育改革方面得到可靠的决策咨询支持，促进教育走向更加现代化、科学化的发展道路，满足教育要求。相对于其他类别的智库而言，区域教育智库专注于区域教育相关问题，而对于其他教育问题则不予以献策建言。从狭义角度而言，可以将区域教育智库看作是为解决不同区域有关教育问题而设立的智慧聚集组织。

（二）区域教育智库的特点

区域教育智库具备智库、教育智库的一般特征，也有其独特的特征属性，具体而言，主要分为以下几点。

1. 区域教育智库的独立性

区域教育智库不同于社会其他组织和社会利益团体，相对而言较为独立，有其独特的研究领域、研究对象、研究范围、研究内容、研究方法等，能够在一定程度上秉承学术研究应具备的独立自主、实事求是原则，保持决策咨询时能够对区域教育问题进行独立、科学、客观的诊断、论证、预测等，从事于区域教育问题而不受政治权力的限制，可以自由地阐述自己对此领域的看法、观点。从理性角度出发，真正面对事物本身，不受其他问题的限制，从而独立地思考、判断、讨论。

这种独立性贯穿在区域教育智库的整个研究过程中，区域教育智库研究的选题、研究的领域、研究的社会价值、研究的内容等方面都是可以自主选择的，这种自主选择可以保证区域教育智库研究的独立性。在

---

① 乌仁高娃：《"一带一路"倡议下民族教育智库建设现状及发展研究》，《现代职业教育》2020年第45期。

国外，教育智库的管理不隶属于任何一个部门，它们有自己的董事会，有自己的法人管理，也设立了自己的管理机构，这是其明显的特征，从而也保证了教育智库研究结论的客观公正性，其得出的理论也更具有推广的价值。同样地，国内的教育智库也模仿了国外的教育智库的设立方式，如 21 世纪教育研究院，这是一个非官方的、以教育公共政策为主的民办非营利性组织，主要依靠民间的力量来研究各类教育领域出现的难题，从而推动整体的教育改革。事实上，区域教育智库完全可以模仿这种方式进行建设，这些力量可以来自民间，主要研究区域地区的一些教育难题，从而推动区域教育的发展。

2. 区域教育智库的专业性

人各有所长，术业有专攻，针对区域教育相关问题，需要由专业的研究者构成，能够将理论和实践相结合，运用其知识结构、专业背景、实践经验，从基础性学术研究、问题导向研究等角度解决区域教育相关问题，要有未雨绸缪的先行性计划，以便于应对可能发生的潜在问题。无论是个人意识、精神层面，还是问题解决层面，都要具备专业性[①]，在大是大非问题面前时刻保持着高度的敏感性，能够敏锐地根据与区域教育工作相关的国家层面的重大方针、决策调整决策咨询建议；研究人员坚持严谨对待科学、客观解决问题、不务空名的专业态度，依靠其扎实的学识和一流水平的专业水准，集合多人的智慧结晶去解决问题；解决问题时选用科学的研究方法、严格的操作流程、有针对性的研究内容，基于组织机构研究人员的深度思考、深化讨论形成的具有较高水平的决策建议、信息反馈等结果。

区域教育智库具有很强的专业性特点，不同教育领域的教育智库不具有互通性，不同的教育领域的智库只供其解决相对应的教育问题，也就是说，高等教育的智库只能解决高等教育过程中出现的问题，初等教育智库只供解决初等教育出现的问题，职业教育智库只供解决职业教育出现的问题。区域教育智库较强的专业性的特点，具体表现在如下几个方面：

首先，研究人员的专业化。给区域教育智库提供建议或者研究的人

[①] 庞丽娟：《我国新型教育智库若干重要问题的思考》，《教育研究》2015 年第 4 期。

员，必须具有很强的教育背景和知识储备，与教育领域无关的人员不能给教育智库的建设提供决定性的意见。这些研究人员的专业化，主要体现在他们所具备的学识水平、研究能力以及研究范围。一个合格的教育智库的研究人员，必须具有很强的教育知识，他们还要综合其他政治、经济、文化、社会等社科领域的知识，站在较高的角度对区域教育智库的建设提供高屋建瓴的意见和建议，并针对区域教育出现的不同问题提出可行的研究方案，以持之以恒的毅力和科学严谨的态度进行学术研究。此外，不同的区域教育领域的教育者也要对相通的其他教育领域的知识有所了解，这样才能有效地将初等教育、中等教育以及高等教育进行有机的结合，从而对学生在不同的教育阶段出现的不同问题进行有针对性的解决。

其次，区域教育智库的研究内容必须专业化。区域教育智库的研究内容，必须是在大量的调研之后形成的对一些会影响教育的针对性问题进行的研究，而不是一些对付在教育表面却不伤及教育根基的问题进行的研究。因此，区域教育智库的研究必须具有高度的专业化，这种专业化还表现在对一些实验设计、研究伦理、研究方法等方面的专业化。区域教育智库要解决的问题必须要经过反复论证，通过严格且科学的操作进行研究，得出的结论也必须可行且具有战略性的意义。此外，区域教育智库的研究也并不同于一般的哲学研究，只做深入的思考而不去实际的调研。我们在深入思考的过程中要进行实地调查，做到理论与实际有机结合，而并非只坐在板凳上思考教育智库该如何研究，严重脱离了教育实际的思考是站不住脚的，经不住客观实际的打磨。我们在严谨地进行教育智库的研究之后，给有关部门提供建设性意见的同时，也要结合其他社科领域的知识以及公共管理的政策等，不要仅仅站在专业化的角度进行解释，要做到"问题从实际生活来，到生活中去"的结合，即用浅显易懂的原理进行解释。

最后，区域教育智库的研究过程必须专业化。我们在建设区域教育智库的过程中，研究人员和研究内容很容易做到专业化。而最容易出现问题的是研究过程的专业化，一旦研究过程不严谨，则会导致研究的结果出现偏差，进而造成研究者在给专业部门提供有效的意见的时候会出现差错。区域教育智库的研究过程的专业化，必须要保证做到以下两点。

一方面，研究过程中的主试必须经过专业的训练或者由研究人员亲自担任。经过专业培训后的主试或由研究人员担任的主试均可以有效地避免在研究过程中可能出现的各类细小的错误，能有效地降低随机误差，进而增强结果的解释力度。另一方面，研究流程的专业化，一些非专业化的研究人员，会随意将研究流程进行简化，进而减少工作量。这是一种不可取的操作，一些教育类的研究，实验流程虽然繁琐复杂，但不能取消，一旦取消，则会导致研究结果出现偏差甚至错误。再而，研究结果的数据统计，也要由专业人员进行指导，很多教育研究者对统计学并不擅长，在数据处理的过程中会出现许多错误，诸如统计方法用错、违反统计假设等等，这些错误都会在一定程度上影响研究的结论，这对区域教育智库的建设是有百害而无一利的。因此，区域教育智库研究过程的专业化训练是不可缺少的，这也是其非常显著的一个特点。此外，基于大数据的背景，研究人员可以从宏观的角度给区域教育智库提一些专业性的意见，从大数据反映的事实来看，这些专业性的意见往往具有针对性，能从问题的本质角度来反映客观事实，从而有助于区域教育问题的顺利解决。

3. 区域教育智库的区域性

区域教育智库不同于其他教育智库，其最本质的特点就是具有区域性。区域教育智库不能用于解决区域外教育出现的教育问题，只能适用于本区域教育过程中出现的教育问题，这也是区域教育智库的另一个特殊属性。一般来讲，区域教育智库的区域性具有如下几个特点：

首先，区域教育智库是为解决区域教育问题而设立的。设立区域教育智库的目标十分清晰，就是为着力解决本区域出现的或者可能将要出现的教育问题，具有明确的区域需求和区域教育发展的指向，承载着本区域教育发展问题的走向。本区域教育过程中出现的问题，则需要从本区域的教育智库中寻求答案或者解决方案。

然后，区域教育智库不仅能提升本区域的教育综合水平，也能促进本区域经济的快速发展。区域教育智库解决的区域教育问题，不仅可以有效地指导区域教育出现的问题，而且可以将研究成果进行教育转化，形成强大的经济手段，从而推动区域地区经济的发展。区域教育智库一方面能够有效地解决区域教育发展出现的现实问题，另一方面又能促进区域经济的发展，是一举两得的事情。

最后，区域教育智库可以为其他区域的教育智库的建设提供参考模板。我国少数民族有 55 个，一些地区甚至形成了少数民族的聚居区。针对这些比较复杂的少数民族聚居区，政府没有足够的能力去建设不同的区域教育智库，只能建设一个能适应于该地区不同少数民族的统一的智库模板。而这种模板就来自少数民族人数较多的地区，比如蒙古族、维吾尔族、壮族等，这些少数民族在建立了自己的区域教育智库模板之后，可以为那些人数更少且不同少数民族聚居的地区提供教育智库的建设模板，这些地区可以参考该模板形成自身的模板，进而指导不同区域的教育问题。这些地区的少数民族在教育过程中出现任何教育问题时，可以通过这种统一的模板来寻求相对应的解决策略，或者对这些策略进行民族化的改进，进而形成可以指导其自身的最佳方案。

4. 区域教育智库的教育性

区域教育智库的目的是解决教育问题，因此，区域教育智库的最根本的特点是其教育性。由于不同类型的教育的最终目的都是培养完善独立的个体，这就决定了区域教育智库的最终目的和根本特点之间的相通性。同时，区域教育智库的教育性也是区别于其他智库的根本性特点之一。不同类型的教育单位，都承担着为国家的未来、民族的未来培养储备人才的重任。因此，区域教育智库的最根本特点是要对不同的个体都具有教育意义。这种教育意义体现在两个方面，一方面，必须把握好教育智库的内容，教育智库要能为学生提供有效的教育方案，提高学生的批判性思维和逻辑思维能力，拓宽学生对知识的理解和准备程度；另一方面，教育智库的建设必须着力解决一些学生存在的中长期性的教育问题，区域教育智库的建设必须放眼未来，要把握好眼前的教育利益与长远的教育利益之间的辩证关系，使教育智库得到长足的发展。

5. 区域教育智库建设的长期性

区域教育智库首先具有长期性的特点，这种特点具有以下两方面的含义。

一方面，区域教育智库建设的政策研究具有长期性的特点[①]。首先，要在一定的调查基础上得出综合性的预判。没有调查，就没有发言权，只有通过认真细致的调查，在调查的基础上，研究者分析出区域教育出了哪些问题，哪些问题需要立马解决，哪些问题需要长期性解决，哪些问题不需要解决，针对不同类型的问题，我们则需要建立不同类型的教育智库，这些问题是基于一定的客观现实调查得出来的整合性的结论，需要耗费大量的人力物力财力和时间。因此，区域教育智库的政策研究具有长期性的特点，而一旦区域教育智库建设成功，就是具有战略性和划时代性的意义，利在当代，功在千秋。此外，教育智库的研究也要基于教育市场的研究，预测区域教育的发展及揭示区域教育的本质是区域教育智库建设的核心。从区域教育智库的研究人员来看，区域教育智库的研究人员多为不同的教育领域的顶尖专家和学者，他们大都具备了厚实的基础知识并具备了一定的研究能力，他们在教育智库研究的过程中不仅注重的是区域教育，而且还结合当下的社会实际、公共政策、法律法规等社会科学知识进行综合的研判，并对不同的教育研究进行长时间的追踪调查。有些调查甚至长达几年或十几年，从而使调查得出的结论更具有科学性、发展性，更具有理论指导意义。因此，区域教育智库的建设具有长期性的特点。

另一方面，区域教育智库带来的便利具有长期性的特点。虽然区域教育智库的建设耗费时间比较持久，政策的制定与实施也比较持久，但经过研究者长时间的调查和研究而形成的结论，是比较稳定可行的，对于未来区域教育问题的预测和研判能提供较好的理论指导。在不同的区域教育问题中，我们所建设成的区域教育智库，在不同的教育领域能有效地指导和解决不同的教育问题。因此，建设成功的区域教育智库能带给我们更多的效益，能让教育者避免很多棘手的教育问题，许多复杂的现实问题都能在教育智库中找到相对应的原型，通过对智库中原型的研判，我们可以很快找到问题解决的最佳方案，这在一定程度上节约了教育管理者的大量时间和精力，从而使研究者腾出更多的时间去解决其他

---

① 李海峰：《民族高校智库建设初探》，硕士学位论文，中央民族大学，2017年，第22—48页。

教育问题，有效地提高了教育管理者的工作效率，从而在根本上提高了民族教育的质量。

6. 区域教育智库的多样性

区域教育智库的多样性涵盖以下两个方面。一是区域教育智库组织的多样性。[①] 我国的区域学校比较复杂，样式也比较繁多，比如包括全日制普通本科、专科院校、高职、成人高校、中等职业学校、技师学校、普通初高中、小学、幼儿园、特殊学校等，这些学校里面不仅有汉族的学生，也有少数民族的学生。因此，这些学校的教学覆盖面比较广，要建设相对应的教育智库，也就相对比较困难，不仅要照顾汉族学生，而且更多地要考虑到少数民族同胞的利益。不同的学校，我们所要建立的智库形式也并不一样，学校与学校之间的收集教育数据信息的多少、分析数据的方法、得出的研究结论并不一定可以相互取代、相互沟通，因而这些智库的建立还要考虑学校差异和民族差异这一影响因素。因此，我们在建设区域教育智库的过程中，务必考虑到区域教育智库的多样性。区域教育智库的建立并不是针对某一院校、也不是针对某一特定的小地区而建立的，而是针对整个区域建立的形式多样的智库系统。在区域教育智库里包含的不仅仅是基于不同学校层面的意见和内容，而且还有基于整个区域的发展而提出的具有建设性的策略和规划等。此外，区域教育地区还要考虑到家庭教育智库，这是目前很多研究者都没有考虑到的问题，家庭教育在儿童成长的过程中至关重要，没有良好的家庭教育，学校教育即使再优质，儿童的发展也是不全面的，因而在区域教育智库的建设和发展过程中，务必还要考虑如何建立家庭教育智库，从而使区域教育智库的建设更加完善、发展更加全面。二是区域教育智库的组织方式要多样化。区域教育智库的组织方式可以是一般稳定的组织方式，也可以是基于所研究的问题而临时设立的。一般稳定的方式是对重大的民族教育问题进行深入、透彻的研究，这一过程需要长期的研究投入，需要研究人员投入大量的时间和精力才可以完成，而临时设立的组织方式是基于研究的临时任务所决定的，这些问题可以是在长期研究的重大

[①] 关晓斌、伍聪：《大数据背景下的高校新型智库信息支持平台构建研究》，《高教探索》2017年第2期。

问题中的一个小问题，也可以是在研究过程中出现的新的研究点，研究者可以根据研究任务的难易程度设立不同的组织方式，也可以基于不同的研究任务临时设立一些具有流动性的人才队伍，这些人才队伍可以在这个研究问题完毕之后再解散，也可以重组，进行下一个临时任务的研究。研究者通过这样的组织方式，既能保证区域教育智库组织方式的多样化，也有助于区域教育智库更快更高效地建立与发展，同时也有助于激发区域教育智库的研究活力。

7. 区域教育智库的理论创新性

区域教育智库的理论创新性是区域教育智库的基本属性，区域教育智库的重点是关注民族教育发展过程中出现的重大问题，并针对这些重大问题进行反复论证，进而得出科学有效的结论，提出比较具有普适意义的理论特质，坚持理论创新性同时也是区域教育智库更为重要的任务和功能。研究者务必以严谨扎实的学术作风，以科学严谨的研究流程进行区域教育的学术研究，从而在科学严谨的基础上得出真实可靠的结论，这也是区域教育智库的价值所在。因此，区域教育智库首先关注的是民族教育过程中出现的教育问题，且这些问题是影响后续少数区域教育持续发展的重大现实问题，这些问题是区域教育过程中的研究重点、难点、热点的问题。研究者在研究的过程中必须要及时抓住这些基本问题，在严谨的论证基础上展开研究，进而形成客观的理论，从而为未来的教育发展过程中可能出现的具有相似性的区域教育问题做出相应的理论指导。同时，研究者不仅要关注当下的区域教育过程中出现的问题，而且还要进行一定的前瞻性的教育研究，统筹好学术性和研究性、现实性和前沿性的辩证关系，对所产生的教育理论能联系实际情况，能解决实际问题，并能在一定的程度上预测未来可能出现的教育问题，从而做好风险规避，为国家、区域的教育决策提供有价值的信息及有深度的理论成果。此外，区域教育智库要为区域教育问题建言献策，因此其研究成果必须具有创新性，而且还要保证这些成果具有前瞻性、开拓性、预测性。区域教育智库的建设和发展务必要以重大战略为导向，凸显问题意识，必须要在各个环节保证创新性，诸如研究内容、研究取向、研究流程、研究范式等等，保证了这些方面的创新性，研究所得出的结果和结论也一定是具有创新性和开拓性的，创新性的理论成果在未来的教育实践推广中也是行之有效的，也能保证一劳永逸地解决区域教育的难题。

另外，区域教育智库的理论创新性还体现在其实践引领的价值上。理论创新、引领实践是区域教育智库的重要功能之一。研究者在相对科学的研究结果的基础上提出一定的理论，这些理论是站在专业化的角度上的，用这些专业化的理论来指导实践，具有很强的实践意义。因此，研究者应当首先深入区域的基层教育单位进行调研，了解基层不同教育单位的教育现状、教育特点以及可能出现的教育问题等，进而获得这些精准的教育信息，对信息进行处理分析并及时发现存在的教育问题，做到有针对性的教育指导。此外，在引领实践的过程中，区域教育智库并不是高高在上的，而是要做到从善如流，跟基层教师多接触，善于聆听各方教育的呼声和意见，要听取不同的专家的意见、基层教师的意见、学生以及学生家长的意见等。研究者要对教育实践进行客观全面精准的把握和分析，要对不同的问题实施不同的实践指导，更好地运用教育理论来结合实际，具体问题具体分析，探究不同问题出现的前因后果，在运用教育理论引领实践的过程中，注意不同的教育单位可能得出的效果并不一致，比如基于小学调查得出的理论成果在运用到大学的时候就需要慎重考虑了。因此，在运用教育理论指导实践的过程中一定要注意民族教育理论的适用范围，要考虑教育理论的生态学效度，进而更高效地指导教育实践工作有效开展。

8. 区域教育智库的聚集性

智库常被比喻为"思想库""智囊团"，这表明智库是智慧、思想的集合，其实除了点子的聚集之外，还有相关资源、研究人才的聚集[①]，在各方面共同支撑下，才能使得智库具有较强的综合性、研究的范围较为广泛、研究的氛围良好，促使智库的发展可以日益壮大。区域教育智库同样具备这一特点，解决区域教育问题需要恰到好处的点子，既能针对性地解决问题中的突出重点，也能顾及到问题中的难点，又不缺失对问题中热点的关注，点子要尽可能全面、新颖、有效，透过问题看到事物的本质，一语道破，同时要注意点子的严谨性，任何一种方案的提出，

---

① 杨敏：《新型教育智库：特征、功能与建设策略》，《当代教育论坛》2015 年第 6 期。

都要持有为大众负责的认真态度；解决区域教育问题需要众多技术、资源，丰富全面的资源材料能为研究者提供坚实的基本保障，研究者在众多较为权威的、前沿的、有价值的研究内容中查找与决策相关的资料，经过筛选、假设、验证等步骤，最终基于坚固、扎实的研究资源，提出较为充分全面的建议；解决区域教育问题需要汇聚相关领域的专家学者，点子谁提出、资源谁来用，最后还是落在了人的身上，专业人员运用其专业背景、知识结构、实践经验、已有研究资料、研究数据等提出决策建议，智库使优秀人才得以聚集，众人思想的碰撞可增加优秀方案出现的几率。

9. 区域教育智库的现实性

民族问题一直以来都被视作关系到党和国家命运的重大问题，在整个社会发展的过程中，其具备着长期性、重要性、复杂性、普遍性和敏感性的特点。[①] 解决区域问题不能是一蹴而就的，需长期努力；解决区域问题不能"纸上谈兵"，要结合实际情况、实践经验，就当下客观现实提出针对性建议；解决区域问题不能是含糊不清、模模糊糊，必须本着认真负责的态度以己所能，尽己之力。近年来，从事区域教育研究的相关专家学者遇到了一系列的问题如许多学术期刊拒收民族教育的有关文章、民族教育研究方向研究生招生遇到了困难等，区域教育研究不知何时开始成为一个敏感性研究领域，谈之色变。久而久之，不少学者们迫于此种现象，也就放弃了对区域教育研究的相关选题，选择了一些较为稳妥的研究方向，这使得区域教育研究止步不前，与之相关的专业人员稀缺。[②] 这样的现实情况提示着我们，区域教育智库的存在具有相当大的现实意义，虽然已有部分学者关注中华民族多元一体格局理论研究、中华民族共同体意识研究、双语教育研究等，且为党和政府的相关决策提供了重要参考，但这方面的研究实践工作者还是不多，且没有形成较为完善、强大的组织，因而亟待区域教育智库提供问题诊断、决策服务等，区域教育智库的建设具有现实价值。

---

① 明伟：《民族问题的特点》，《中国民族教育》2006年第6期。
② 万明钢：《新时代民族教育研究学者的使命与担当》，《民族高等教育研究》2019年第6期。

二 区域教育智库的历程

按照刘东的观点,中国智库的发展可归结为两个时期、六个阶段。两个时期指的是1949年中华人民共和国成立之前和新中国成立之后。可以将第一个时期看作是智库建设的萌芽期,第二个时期看作是智库建设的成长发展时期。在第二个时期,中国智库被具体划分为五个阶段:官方兴起期(1949年中华人民共和国成立至改革开放)、多元交融期(20世纪80年代左右)、智库体系基本形成期(20世纪90年代至21世纪初期)、战略转型及寻求合作期(21世纪初期至党的十八大,即2012年)、中国特色新型智库建设期(2013年至今)。[①] 2013年4月,习近平同志首次提出建设"中国特色新型智库"的目标,把智库发展视作国家软实力的重要组成部分,且提升至国家战略的高度。2013年9月和10月习近平同志提出"新丝绸之路经济带"和"21世纪海上丝绸之路"合作倡议,简称"一带一路"(The Belt and Road,B & R)。近年来,习近平同志在多次会议中谈到了智库建设的重要性,强调智库建设在推动"一带一路"建设进程中发挥重要力量。[②] 党的十八届三中全会通过的《中共中央关于全面深化改革若干重大问题的决定》中明确指出,加强中国特色新型智库建设,建立健全决策咨询制度。2015年10月,丝绸之路(敦煌)国际文化博览会筹委会文化传承创新高端学术研讨会上46所高校达成了《敦煌共识》,意在联合各校力量共建"一带一路"高校国际联盟智库,推动"一带一路"沿线国家及地区大学在文化、教育、科技等方面的全面综合发展,通过交流和合作,共同构建"一带一路"高校教育共同体。[③] 截至2020年11月,我国已与138个国家、31个国际组织签署了201份共建

[①] 刘东:《中国智库建设中的意识形态安全研究》,博士学位论文,大连理工大学,2017年,第67—72页。

[②] 人民网—中国共产党新闻网:《习近平为何特别强调"新型智库建设"》,2014年10月29日,http://theory.people.com.cn/n/2014/1029/c14898 0 - 25928251.html?from = groupmessage & isappinstalled =0,2022年10月2日。

[③] 王丹蕾:《中外46所高校成立"一带一路"高校联盟》,2015年10月17日,http://m.cnr.cn/news/20151017/t20151017_520179123.html,2022年10月2日。

"一带一路"的合作文件。① 智库、教育智库一直在发展、完善的道路上，我国的智库建设已形成多种类型并存的局面，无论是智库的存在形式，或是智库涉及的领域均丰富多彩，共同推动着智库建设茁壮成长。

我国区域教育体系的建设大致可以分为五个阶段：一是新中国成立之前的"零星式"摸索时期，二是新中国成立之后的初步建立并逐步发展时期（1949—1965 年），三是曲折变化时期（1966—1976 年），四是恢复重建时期（1977—1999 年），五是完善发展及提升质量时期（2000 年至今）。② 近年来，国家颁布了一系列政策文件，强调区域教育的发展，重视区域教育相关活动的顺利开展，对于区域教育质量的提升高度关注。

综上所述，区域教育智库的出现应该是在 1978 年之后，因为 1978 年后智库逐步开始有序的发展，且对民族教育的研究也被重新恢复，故将 1978 年至 20 世纪初看作是区域教育智库的第一个发展阶段——初步摸索时期。2013 年可以看作是一个节点，因为 2013 年国家将智库的发展作为国家软实力的重要组成部分，即对智库的建设给予高度关注，故将 20 世纪初至 2013 年看作是区域教育智库的第二个发展阶段——缓慢成长时期。2013 年之后，随着"一带一路"等事件的发生，国家对于智库、教育智库、区域教育智库愈发重视，故将 2013 年至今看作是区域教育智库的第三个发展阶段——迅猛发展时期。

三　区域教育智库的存在形式

区域教育智库以何种形式存在，学者们依照不同的划分标准，持有不同的观点。根据机构属性可以将区域教育智库划分为官方区域教育智库、半官方区域教育智库、高校区域教育智库和民间区域教育智库四种③，现对其进行详细阐述如下。

---

① 《我国已与 138 个国家、31 个国际组织签署 201 份共建"一带一路"合作文件》，《人民日报》2020 年 11 月 18 日第 2 版。

② 万明钢、海路：《新中国成立 70 年少数民族教育发展的回顾、反思与展望——万明钢教授专访》，《民族教育研究》2019 年第 4 期。

③ 吴宗哲：《中国特色新型智库建设问题研究》，硕士学位论文，大连理工大学，2015 年，第 6—8 页；王海峰：《大数据智库：中国特色新型智库建设途径研究》，硕士学位论文，华东政法大学，2016 年，第 17—28 页。

(一) 官方、半官方区域教育智库

官方区域教育智库主要的组织机构为各级党委、军队、政府部门下属的与民族教育问题相关的政策决定机构，归属于国家机构体制之内，属于行政机构，为政府提供决策咨询建议。其研究内容主要集中于现实问题和政策问题，开展研究活动的费用由国家财政拨款，研究主要任务在于为政府决策服务、促进社会经济发展。相对于其他类别的区域教育智库而言，官方区域教育智库具有稳定的资金来源，接触到的资源、信息更为前沿，研究人员来源也更为稳定且研究人员具有坚实的制度保障，在与决策高层交流中较其他区域教育智库而言其占据优先地位，研究结果的应用性较强[1]。不过官方区域教育智库受其机构属性的限制，其在财政、政治上无法完全独立，决策建议等研究结果会受到高层领导意见的干预。

一般来说，官方区域教育智库主要通过两种途径影响政府的决策：一是直接参与；二是间接影响。[2] 直接参与指的是通过正式的、非正式的渠道提出针对有关问题的思想意见，从而影响政府决策层面的政策制定。间接影响指的是通过公众舆论引导，将其观点、看法输入到社会中，引发社会公众的思考、反响，产生较为强烈的集中讨论，进而引起政府的关注，从而间接影响政府的决策；或是对政府制定政策的执行情况进行诊断评估，做反馈整理，为政府完善政策提供参考性建议。区域教育智库既要保证政府决策的科学、民主，又要保证能够为公众服务，被民众所信服。

半官方区域教育智库的基本特点与官方区域教育智库相同：官方区域教育智库附属于政府机构，半官方区域教育智库从属于政府机构，两者均受国家政府机关领导；人员、资源、财政较为稳定；研究领域较为全面、细致。当然也存在政府和企业联合举办的半官方区域教育智库。由于半官方区域教育智库也属于体制内的组织机构，存在与政府合作的

---

[1] 栗宁远：《我国官方智库影响力提升对策研究》，硕士学位论文，黑龙江大学，2018年，第14—23页；吴宗哲：《中国特色新型智库建设问题研究》，硕士学位论文，大连理工大学，2015年，第6—8页。

[2] 栗宁远：《我国官方智库影响力提升对策研究》，硕士学位论文，黑龙江大学，2018年，第14—23页。

关系，所以在一定程度上会受到政府决策层意志的限制。总体而言，半官方区域教育智库独立性较官方区域教育智库而言较强，且其兼具官方区域教育智库和民间区域教育智库两者的优点，可以从多方面广泛吸纳各领域专家学者加入其中，加强决策的专业性、实践性[①]。

（二）高校区域教育智库

高校区域教育智库隶属于高等院校的政策决议研究机构，具有良好的学术氛围和高质量的科研团队，财政来源包括国家支持、社会辅助、高校拨款、个人捐赠等，由高等教育院校内专家、教授、访问学者、研究员等组成，通过承接政府下发的研究课题，产出研究结果、参与决策讨论等方式影响政府有关区域教育政策、法规、战略等决策[②]。高校汇聚着多学科技术人才，理论基础坚实，学术影响力较高，科研能力较强，知识储备量深厚，研究理念较为重视创新性，而且由于高校区域教育智库设置于高校之下，所以较少受行政组织的影响，提出的措施等较为客观、独立、科学，研究成果有时可能并不符合政府或大众所期望，但报告时仍会向公众提供真实性情况反馈。不过由于高校本身还承担着教育教学工作，研究者自身的精力、时间有限，所以可能在区域教育智库上存在着分配不均衡现象，无论是资源分配、技术分配还是人员的分配。

人在教育之中成长，受教育的场所不外乎是家庭、学校、社会，对于大多数人而言，能够较为系统地接受教育的场所只有学校。而高校的作用又较其他阶段的学校有所不同，我们中的多数人普遍在上大学之前接受的都是严格、统一规范式的教育，目的在于培养学生掌握各学科的基础知识、拥有良好与自觉的学习习惯、具备独立思考的能力、拥有愿意学习新知识的兴趣、热爱学习的态度等等，但高校不同，基本是学生自主学习、探索，对学生自身的要求更高，虽然两者的根本目的都在于努力培养有理想、有道德、有文化、有纪律的"四有"青年。高校是多数人由学生转变为工作者的"最后一站"，能否"加把劲"使得更多人符

[①] 余晖：《半官方教育智库如何服务政府决策——香港教育统筹委员会的经验及启示》，《现代教育管理》2015 年第 12 期。

[②] 吴宗哲：《中国特色新型智库建设问题研究》，硕士学位论文，大连理工大学，2015 年，第 6—8 页。

合"四有"青年的标准对国家、社会而言意义重大。高校区域教育智库承担着通过专业知识推动社会发展、进步的责任,尤其是民族教育问题本身较为复杂,故而其存在显得更为重要,无论是决策咨询、人才培养、舆论导向还是社会服务,只要高校区域教育智库建设得好,一定会影响更多人,使更多人能从中受益。

(三) 民间区域教育智库

民间区域教育智库是由企业、民间团体或者个体组成的,致力于为人民的公共利益服务,研究人员的专业领域较为多样化,依靠为公众提供咨询服务、接受企业资助和公共捐赠等方式作为其财政来源,较官方、半官方区域教育智库而言,在区域教育智库中所占比例较小[①]。民间区域教育智库不受行政机构所管理,故其独立性较强,做研究报告时无需过多考虑领导层面的意愿,能够真正表达民意、反映现实情况,但其获得政府方面前沿消息的途径较少、资金来源较不稳定、吸引研究人员来此工作的福利条件不够充足,公众对此的信服度较官方、半官方区域教育智库而言较低。

民间区域教育智库重视对公共政策的分析、解读、研究,既关注政策制定理论层面意义,又关注政策下达后的实际应用价值,在政策的制定到具体的实行之间充当"中间人",连接政府决策表达含义及民众真实需求。民间区域教育智库的主要作用是为人民发声,汇聚群众的想法,合理地向民族教育决策机构提出咨询建议,使得群众的内心需求被决策机构所明了。民间区域教育智库只是通过间接途径向上级部门传达群众需求,并不直接参与决策的制定与执行,即仅充当"参谋者"的身份。就目前来说,民间区域教育智库的发展比较缓慢,其资金、资源、研究人员的数量、质量还不够丰富,而且存在区域之间发展不平衡、研究人员建设民间区域教育智库积极性不高、学科领域不够广泛、专业人才引入不充分、对于公众的影响力不够大等问题。不过,任何一项事业的发展都是先难后易的,随着不断地了解、探索、试错,找到适合民间的发展道路,完善智库体系,才能真正建立好民间区域教育智库。

---

① 负金兵:《民间教育智库建设:发展机遇与现实出路》,《西北成人教育学院学报》2017年第5期。

四 区域教育智库的功能

区域教育智库存在的价值在于其能为公众提供服务，以满足人民群众对于民族教育的需求，而这种服务可以理解为其具有的功能，即能做什么。区域教育智库汇集了该领域的众多优秀人才，以权威、全面、科学的理论知识为基础着力解决民族教育问题。区域教育智库作为民族教育的特殊产物，其具有的功能性也是区别于其他教育智库的最本真的特点。一般来讲，区域教育智库主要具有决策咨询功能、人才培养功能、舆论导向功能、服务社会功能四个功能，现对其详细阐述如下。

（一）决策咨询功能

区域教育智库建设的一个重要目的就是进行区域政策和区域教育问题的研究，研究的结论能帮助政府优化决策，从而实现区域教育的利益最大化。随着社会经济发展的加速，部分区域教育问题不单单是靠政府单独来解决，而是需要政府和教育机构经过一个长时间的观察和多方位的研判，才能提出一些建设性的意见和建议。在这种情况下，区域教育智库就起到了比较重要的作用。《关于加强中国特色新型智库建设的意见》指出："智库应当以服务党和政府为宗旨，以政策研究咨询为主攻方向。"[1] 该意见既体现了党和政府推进科学民主、依法治国的决心，也明确了智库的决策建言的咨询功能。区域教育智库的建设，也在该意见所涵盖的范围内，其主要目的就是聚焦民族教育的亟须，聚焦重大的区域教育问题，探索区域教育的发生和发展规律，谋划区域教育发展的伟大蓝图，将教育决策作为区域教育智库建设的根本使命，从而使得区域教育智库在区域教育的过程中起到中流砥柱的作用[2]。而且，区域教育智库应当承担起研究者、咨询者、实践者、建言者等不同角色的重任，在科学、深入、高效研究的基础上，为区域教育决策和区域教育改革以及区

---

[1] 《中共中央关于全面深化改革若干重大问题的决定（2013 年 11 月 12 日中国共产党第十八届中央委员会第三次全体会议通过）》，《求是》2013 年第 22 期。

[2] 申国昌、程功群：《中国特色新型教育智库的角色定位及建设路径》，《华东师范大学学报》（教育科学版）2018 年第 6 期。

域教育的发展提供一些积极且具有建设性的意见。也就是说，区域教育智库不仅可以提供一些专业性的解释意见，而且还能提供最优化方案，使各方的利益得到最大化。

此外，由于区域教育问题本身很复杂，所以政府在出台有关民族教育方面的相关政策和决议时，区域教育智库应担当起审查完善的作用，将"抽象化"、不易被大众所理解的说法转换成人民群众较为明白的内容，且保证传达过程中不会扭曲政策、决议的原本含义，还要注意准备实行决策时具体的"可行性""落地式"方案，运用已有的资料、技术、数据提前进行模拟，保证内容的可落实性。

（二）人才培养功能

区域教育智库的核心是培养区域教育的人才。人才是区域教育智库发展和生存的关键性因素，区域教育智库如果没有及时地注入人才，就好像人的身体如果没有新鲜的血液，是不会存活长久的。区域教育智库的人才不仅要来自区域地区的高水平人才，而且还要自觉地培养所需要的人才类型，为区域教育智库未来的发展培养坚实的后备军[1]。因此，区域教育智库要注重人才的培养机制，注重加强青年人才的教育，从而为未来区域教育的发展做出一定的贡献。同时，需要注意的是，不同的区域教育单位所承担着的人才培养目标不同，初等教育着力于培养学生的德智体美劳，而高等教育着重塑造学生的学习能力和道德能力。因此，区域地区需要一批理论水平高、政治觉悟强、研究能力突出的爱国爱党爱民族的民族区域干部，基于此，区域教育智库则体现出了其具有的先天独到的优势。经过长时间的研究和完善，区域教育智库可以培养一批具有上述优势的后备人才和优秀干部，他们会结合当地的区域形势、国家政策、区域教育需求等实际情况，并根据丰富的理论知识和实践经验，提供一些建设性的建议和方案，从而推动区域的教育、经济和社会的发展。

另外，区域教育智库要格外注重人才的创新性思维的培养。我们处于信息时代，信息量极大丰富，知识、技术变化速度极快，区域教育智

---

[1] 申国昌、程功群：《中国特色新型教育智库的角色定位及建设路径》，《华东师范大学学报》（教育科学版）2018年第6期。

库跟上时代发展节奏的同时,也需要加快步伐走在时代的前列,在客观分析现象、积累经验之后,预测性地对某些问题进行预防措施准备。没有最好的方案,只有更好的计划,创新性思维的培养,可以使得区域教育智库相关专家学者在面对一些问题时,打破原有之固局,从新角度、新路径,选用新方式去解决"老"问题,问题能够被更好地处理,人民群众能够获得更大的利益。

(三)舆论导向功能

舆论指的是在个体的存在关系互相联系的环境条件下,大多数人对某一话题持有的态度、看法。舆论会影响人们的思考方向、关注重点,从而影响人们潜在的选择性行为。积极舆论能够对社会发展起到正向引导作用,推动社会进步;消极舆论则对社会发展起到负向阻碍的作用,使得社会发展停滞,甚至退后。一定的区域教育政策和法规在出台的时候往往会通过一定的媒体进行宣传,比如电视、网络、著作、论文、会议报告等等,这些媒体的宣传往往会渲染到区域教育智库。区域教育智库存在的价值就是为人民服务,想民之所想,解民之所惑,望民之所望,急民之所急,围绕区域教育问题针对大众需求提出可行化方案,同时注意避免方案的提出与落实到民众具体身上时所产生的落差、误解,因而,区域教育智库起着引导社会舆论、启迪民众智慧的作用。由于区域教育智库研究和建设的主要人员是一些具有权威性的专家和学者,他们的社会影响力非常强。这些专家和学者往往会通过不同的渠道去向大众解释区域教育智库的含义、特点及作用,并对此进行相关专业知识的教育和讲座,提升公众对区域教育智库的接受能力和认知能力,提高大众对区域教育智库的理解,并从一定程度上改善大众对于区域教育智库的接受能力,从而从客观上推动社会舆论,引导社会主流的价值观和思想走向。[1]

总之,区域教育智库作为正面舆论的策源地,应当主动地关注政治问题和教育问题。通过对教育问题的深入研究而形成一些新的思想、新的观点和新的理论,相关的专家学者应当用最浅显易懂的话语将决策和

---

[1] 张瑞芳:《地方高校教育智库运行机制研究——以 X 教育研究机构为例》,硕士学位论文,西华师范大学,2017 年,第 51—54 页。

建议解释清楚，做好群众的舆论"代言人"，让群众明辨是非，理性看待教育问题，并让群众更好地理解当前国家做出的关于区域教育政策问题，从而科学地引导社会舆论。

（四）服务社会功能

区域教育智库的另一个功能性特点在于其服务社会的功能。人民幸福、民族复兴是共产党人最高的价值理想，对于区域教育智库而言，其也将这一奋斗目标当作建设宗旨，服务人民、服务社会、服务国家。相对于一般的研究结论而言，区域教育智库已经形成了较为清晰的民族教育理论体系，能对区域教育进行多方位的阐述以及系统的分析。这些理论可以清晰地指导区域教育智库进行实践，能对切实的区域教育问题起到理论指导的作用，直接或者间接地促进了区域教育的发展和创新，满足了人民多样化、多层次的需求。

第三节　新时代我国区域教育智库的影响

区域教育智库是相关的教育专家组成的，通过对区域教育的本质规律和特征进行科学研究，并最终为区域的教育活动提供有价值的咨询、决策、建议和建言的服务组织[①]。明晰区域教育智库产生的长远影响，有助于充分解决区域教育问题，对进一步推进教育现代化以及建设区域教育强国有着决定性的意义。具体来讲，新时代我国区域教育智库的影响包括四个方面：其一，影响新时代区域教育的战略价值定位；其二，影响新时代区域教育治理现代化进程；其三，有助于在世界教育智库中建立新时代我国教育智库话语权；其四，有助于形成新时代区域教育智库的强联盟。下文就对这四个方面进行具体的阐述。

一　影响新时代区域教育的战略价值定位

"百年大计，教育为本"，教育是一个国家兴盛的根本，对于教育的顶层设计，则是国家走向繁荣昌盛的基石。我国区域教育最基本的一个

---

① 乌云特娜、金童林：《中国特色民族教育智库建设：特质、责任及实践路径》，《教育科学》2020年第5期。

国情是区域发展的不平衡性,这种不平衡体现在多方面,如不同区域间教育发展的不平衡性,不同区域的基础教育发展的不平衡性等等,这些教育不平衡的问题也是目前区域教育智库亟须解决的问题,这些问题如得不到妥善解决,会进一步影响我国教育水平的提升,对于深化新时代我国民族地区基础教育改革,指导区域教育实践都具有消极的"掣肘"作用。因此,对这些区域教育问题的分析和研判,对于新时代我国区域教育未来发展的战略定位有着决定性的意义。具体来讲,新时代我国区域教育智库的战略价值,主要表现在如下两个方面。

第一,区域战略价值定位①。我国少数民族的行政区域主要包括内蒙古自治区、新疆维吾尔自治区、广西壮族自治区、宁夏回族自治区、西藏自治区以及一些其他自治州县等,这些区域的基础教育发展的情况不尽相同,基础教育水平也具有一定的差异,部分地区依然存在教育不公平的现象。基础教育是培养人才和国民素质提升的奠基工程,也是中华民族伟大复兴的基石,区域的基础教育问题尤其重要。因此,区域基础教育问题是新时代区域教育智库首先需要解决的问题。就这些问题来讲,区域教育智库应当首先以教育公平的课题为主要研究内容,促进不同省市及自治区地区之间的教育公平,使每个少数民族同胞都得到相同的教育。对于较落后区域的基础教育,我国的区域教育智库应当在最短的时间内拿出来如何提高这些地区教育水平的可行性方案,切实解决基础教育发展不平衡不充分的问题,弥补民族地区与发达地区的基础教育差距,提升人民群众的教育获得感,并将这些地区列为"基础教育优先区"。同时,对于新时代不同区域基础教育的发展,区域教育智库在提供咨询报告的时候,不能"一刀切",也不能只有一种思路,应当在调查的基础上对不同的区域,提供不同的基础教育发展策略,而且不能只提供一种发展策略,要多提供几种可能性,供政策制定者进行选择。此外,还要进一步提供选取不同的发展策略时,对当地经济有何影响,是促进还是抑制,还是没有影响等等,比较好的区域教育的发展策略与当地经济的关系是不仅能适应当地的经济发展,而且还能进一步地推动当地的经济发

---

① 刘丽群、李汉学:《区域性推进高中阶段教育普及的战略定位与攻坚策略》,《中国教育学刊》2020年第10期。

展，改善当地的教育生态水平，从而让基础教育落后区无论在教育质量上还是在受教育的数量上，都得到进一步的发展和提升，这样才能使我国整体教育水平有着质的提升，这也是我国区域教育智库战略定位的价值与意义所在。

第二，目标战略价值定位。区域教育智库在研究区域的教育问题时，务必要清晰研究这些问题带来的战略价值所在以及未来对民族地区教育的发展有着何种意义。同时，新时代区域教育智库在建设之初也一定要清楚智库的战略定位，要解决什么样的区域教育问题，怎么样去解决区域教育问题，未来区域教育要发展到何种程度，等等。就这些问题而言，区域教育智库的目标战略定位具体表现在两个方面：

其一，国内目标战略定位。就目前来看，新时代区域教育智库的战略定位一定要与我国教育水平的大环境相同，必须要有明确的教育目标，即要以中华民族的伟大复兴为己任，要以实现伟大的中国梦为奋斗目标，要以提升区域教育水平和质量为根本目标。在保证这些基本的战略定位目标基础上，新时代我国区域教育智库还要进一步地对这些目标分批分步骤有计划地实施，这些目标不是一蹴而就的，也不是实现不了的。此外，在这些总体目标的基础上，新时代我国区域教育智库还要承担其他一些区域教育问题的研究，这些教育问题对于我国区域教育智库的发展也具有至关重要的意义。这些问题研究的目标与总体目标并不相悖，二者相辅相成、相互促进，区域教育智库在研究课题的过程中对于二者都不可偏废。因此，确保新时代我国区域教育智库的目标战略定位的顺利实施，对于发展我国区域教育智库的建设以及区域教育智库整体影响力的提升有着关键性的作用。

其二，国际目标战略定位。就目前来看，全球化已成为不可抗拒的事实，这是大势。在未来国际舞台上，各个国家、民族之间的融合性会进一步增强，互惠合作的可能性会进一步增多，当然，矛盾也会更加尖锐突出，特别地，对于教育问题的不同看法，各个国家间、民族间、宗教间都会出现不同程度的矛盾。因此，新时代我国区域教育智库要顺势而为，进一步研究其他国家民族教育的水平、政策、方针，同时也要研究不同宗教的教育政策等，要做到对一些国际教育形势的准确研判分析，提早拿出预案，规避风险。同时，新时代我国区域教育智库的思路需要进一步转变,由原来的"出现问题—解决问题"的思路转变为"预判风险—提前防范"的新思路,从而充分发挥新时代我国区域教育智库在国际教育智库中的引领作用,进一步扩大我国区域教育智库在世界教育智库之林的战略影响力[①]。

二 影响新时代区域教育治理现代化进程

2019 年 2 月,中共中央、国务院印发了《中国教育现代化 2035》,明确将推进教育治理体系和治理能力现代化作为推进我国教育现代化的十大战略任务之一[②]。教育治理现代化已经成为我国新时代未来教育事业改革和发展的重要内容。新时代区域教育治理现代化,就是要"通过区域教育领域的体制机制改革,调动不同利益主体的积极性和创造性,激发区域教育的活力,促进区域教育的公平,提高区域教育的质量,促进区域教育事业健康持续发展,不断满足少数民族同胞日益增长的物质教育需求"[③]。区域教育治理现代化需要政府、市场、社会、学校、公民共同构成,这些要素缺一不可,从而形成一种公共教育的现代化治理格局。新时代区域教育的现代化,对于不同区域教育水平的提升和质量的提高具有决定性的意义。新时代区域教育智库在民族教育治理现代化过程中不仅提供智力支持,而且是政策研究的先锋。新时代区域教育治理现代化能不能成功,关键要看新时代区域教育智库能不能拿出行之有效的建设方案。

新时代区域教育治理现代化的核心就是与时俱进,跟随时代前进的步伐,拿出具有现代化前景的建设方案。在这里,需要厘清的是教育现代化过程中不同单位的教育责任,这些机构主要有三种,即区域教育智库、区域教育政策制定单位及区域教育机构。区域教育智库不仅承担区域教育治理现代化研究的重任,而且还承担提供区域教育治理现代化政策的重任。区域教育政策制定单位承担着对区域教育智库提供的区域教

---

① 王保华、胡羽:《教育智库转型:战略定位与发展理路》,《中国高等教育》2020 年第 11 期。

② 杨东平:《2035:迈向教育治理现代化》,人民出版社 2019 年版,第 13—14 页。

③ 方芳:《区域基础教育治理现代化的路径探索与改革展望》,《天津市教科院学报》2020 年第 6 期。

育现代化咨询报告的评估及可行性和收益分析,是区域教育现代化政策的发布者;区域教育机构则是区域教育现代化治理政策的践行者和实践者。我们也由此看出,新时代区域教育智库在影响区域教育现代化实践过程中的作用是至关重要的,因此,要让新时代区域教育治理快速现代化,就要迫切地进行区域教育智库的改革。通过区域教育改革,就可以让区域教育智库搭上现代化治理的快车,从而使区域教育治理现代化更快更稳地实行开来。具体来讲,新时代区域教育智库在提供切实可行的教育治理现代化咨询报告中,我们必须要做好如下的转型[①]:

其一,新时代区域教育智库研究内容的转型。以往区域教育智库研究内容主要以区域教育政策、现实的区域教育问题等为主,而加入到区域教育治理现代化这一影响因素时,区域教育智库的研究则发生重要变化。新时代区域教育智库必须明晰哪些是研究的主要矛盾,哪些是研究的次要矛盾。新时代区域教育治理现代化是国家教育转型的重中之重,因此,这是比较主要的矛盾,至少区域教育智库在研究的过程中要与重大的区域教育问题并肩研究,也就是说,区域教育智库在研究重大的区域教育问题时,还需要进一步地研究如何快速地进行区域教育治理的现代化,如何从理论角度提升区域教育治理现代化等。

其二,新时代区域教育智库方法的转型。以往的区域教育智库的研究方法通常以文献法、问卷法、实验法等为主,但随着时代的进步,信息时代的来临,这些方法显然不能满足区域教育治理现代化有关研究内容的需求,因此必须要结合时代的发展,拓宽各类研究方法,提升研究效率和水平。比如,新时代区域教育研究完全可以借助现在已经非常成熟的大数据、云计算、5G 等方法[②],这些新方法的使用不仅会使研究效率得到进一步提升,而且研究所得出的结论更为科学精准,有助于新时代区域教育治理现代化进程的飞速发展。

其三,新时代区域教育智库成果的快速投入。以往区域教育智库的

---

① 周洪宇:《加强教育科学研究 助力教育治理体系现代化》,《教育研究》2019 年第 11 期。

② 周洪宇:《加强教育科学研究 助力教育治理体系现代化》,《教育研究》2019 年第 11 期。

研究成果比较侧重于理论研究，而对于实践性的研究较少。随着区域教育治理现代化的提出，新时代区域教育智库不仅仅要研究区域教育治理现代化的理论，而且还应该加快将那些基于研究得出的理论付诸于应用和实践中。实践是检验真理的唯一标准。因此，新时代区域教育智库在研究得出可信的理论后，要立即展开对该理论的实践研究，从而在最短的时间内证明理论的可行性，进而提升新时代区域教育治理现代化的效率和进程，而且新时代区域教育智库还要进一步完善产学研一体化的布局和建设，从而使一些实践性的研究成果在最短的时间内获得较好的收益。

其四，完善新时代区域教育智库的协同创新机制。在新时代区域教育现代化治理的过程中，完善区域教育智库的协同创新机制是重中之重。以往区域教育智库的创新比较单一，研究所得出的成果形式也比较单一，这就导致一些研究成果适应不了时代的发展，研究结果相对于时代的发展出现了滞后效应。而且随着国内外现代化和全球化趋势的加剧，单一形式的研究成果往往满足不了新时代教育现代化的问题需求，也解决不了交叉学科研究问题的矛盾。因此，新时代区域教育智库的组织形式需要进一步转型，要推进交叉学科、跨学科间的交流，完善创新协同发展机制，从而使研究成果的生态学效度更高，可以解决多个跨学科的教育治理现代化问题，从而提升新时代区域教育治理现代化水平。

其五，新时代区域教育智库研究人员的转型[①]。以往区域教育智库的研究人员的职责只是做研究调查和提供研究报告。事实上，这对于一些区域教育政策的制定是不利的，因为区域教育智库的研究人员对自己的研究是最熟悉的，也是最了解的，试想，如果让区域教育智库的研究员成为政策的制定者，这种效果是不是应该比其他的非专业人员来制定政策的效果会好一点？因此，我们建议，是否可以考虑区域教育智库人员的转型，推动党政机关与区域教育智库间人员的有效、有序流动，从而使新时代民族教育现代化治理政策更飞速地推进，使民族教育治理进一步提升水平。

---

① 周洪宇：《教育智库应把握好自己的定位与追求》，《中国青年报》2017年3月8日第10版。

三　有助于在世界教育智库中建立新时代我国教育智库话语权

中共十九大报告中明确指出了加快构建中国特色哲学社会科学,加强中国特色新型智库建设。区域教育智库的建设也属于中国特色新型智库建设中的一部分,建设中国特色区域教育智库有助于新时代我国教育智库话语体系的建立,也有助于我国本土化的研究。新时代区域教育智库话语权在世界上的建立还需要考虑两个方面:

其一,打造本土化区域教育智库研究体系。新时代本土化区域教育智库体系是结合我国民族教育研究的现实情况,深刻挖掘我国区域特定的文化符号,研究强大的中国文化基因。文化基因是我国特色区域教育智库的血脉,文化符号是我国特色区域教育智库的肌肉。[1] 目前,我国正处于百年未有之大变局之中,我们不仅要进一步提升我国综合实力,而且还要提升我国的文化软实力。文化软实力是大国崛起的基本条件,也是大国外交的隐形手段。而文化软实力的提升就需要文化的创新,文化的创新既要继承并发扬优秀的民族文化传统,又要能与时代保持与时俱进,二者缺一不可。[2] 我国有56个优秀民族的文化传统,这些文化传统的创新共同形成了我国的文化软实力。因此,我们要进一步加强区域教育智库体系的建设,构建中国区域教育智库独特的价值理念、文化基因和文化特色,形成鲜明的本土化的区域教育智库体系。除此之外,我国区域教育智库的研究,还要以研究本土化的区域教育为己任,要结合区域教育的国情,扎根民族教育的实际,研究要有宏伟的蓝图,要有完备且可执行的研究计划,进而分阶段、分步骤地提高我国区域教育智库的影响力,最终形成完善的区域教育智库体系,进而在世界教育智库体系中出现中国声音,传播中国区域教育文化价值观,切实提高中国区域教育智库建设的话语权。

其二,注重学习一切先进智库建设的经验。先进智库建设的经验为

---

[1] 乌云特娜、金童林:《中国特色民族教育智库建设:特质、责任及实践路径》,《教育科学》2020年第5期。

[2] 付睿、周洪宇:《习近平推进创新重要论述与新时代教育智库转型发展》,《世界教育信息》2021年第1期。

新时代我国区域教育智库的建设提供了捷径，我们务必要注重学习这些经验。比如，俄罗斯教育智库建设的指导思想就是"兼收并蓄"，其包容一切多元文化，对不同的声音有着较高的容忍水平，因此俄罗斯民族教育的实践也一直走在世界的前列。因此，我们要注重学习这些先进的智库建设经验，但学习的同时，我们一定要把握好度，我们用这些先进经验指导新时代我国区域教育智库建设时，既不能"全盘西化"，也不能"全盘肯定"，更不能"全盘否定"，而是要博采众长，取其精华，去其糟粕，并立足于中国的文化基因，依靠我们国家独特的文化传统、独特的历史命运，坚持与社会主义制度相结合，打造出让政府部门"用得上、信得过、靠得住、离不开"的中国特色区域教育智库体系。① 此外，新时代我国教育智库的发展还要结合各区域的文化特色，如蒙古族的草原文化特色，进而形成多元文化协同发展的格局，建立起大范围、多样性、有影响力的高端区域教育智库，从而为新时代中国特色区域教育智库体系的建设提供质的保障。② 经过这样的学习和实践，我国区域教育智库的建设必将会迎来飞速的发展，新的话语权也将会随之建立，影响力也会随之提升，在不久未来的世界区域教育智库体系中，我国区域教育智库也会有着举足轻重的一席之地。

四 有助于形成新时代区域教育智库的强联盟

智库联盟是指不同的智库机构基于相似的研究理念而结合起来的盟友关系。智库的联盟会使更强的集体智慧凝聚在一起，从而使一些相对棘手的社会问题更容易得到解决。智库联盟一般可以分为行业智库联盟、区域智库联盟、国际智库联盟等等，同样地，新时代我国区域教育智库也完全可以形成联盟，从而助推我国区域教育的质量和水平。当然，新时代我国区域教育智库的联盟不仅仅是官方智库与官方智库之间的联盟，也可以是官方智库与民间智库、民间智库与企业智库、官方智库与企业智库间的联盟等等，还可以是就同一议题而形成的联盟，如"一带一路"

---

① 李凌：《理解中国特色新型智库发展的 3 个维度》，《智库理论与实践》2019 年第 1 期。
② 乌云特娜、金童林：《中国特色民族教育智库建设：特质、责任及实践路径》，《教育科学》2020 年第 5 期。

智库联盟、"中国梦"智库联盟等等。新时代区域教育智库的联盟不仅可以避免研究资源的浪费和研究内容的重复，而且还可以集中力量解决大问题，从而使发展水平缓慢的区域教育智库的建设水平得到进一步提升，也能使政府部门行政效率得到提升。但如何才能使新时代我国区域教育智库形成强大的研究合力，进一步促成区域教育智库的联盟呢？本研究认为，需要从如下几个方面把握[①]：

其一，智库联盟要有相同的研究目标。新时代我国区域教育智库的联盟首先要以习近平新时代中国特色社会主义思想为指导，以服务国家政策为主要任务；然后确定智库联盟的一些基本内容，如：总体目标是建设一批具有国际知名度的高端智库？最后确定未来的发展方向是融合性、区域性及专业性发展。基于这些定位，智库联盟要反复展开研究讨论，实现多学科交叉深度融合的研究攻关，从而使区域教育的重大现实问题得到顺利解决。总之，智库联盟应立足基本的民族教育实际国情，要以问题需求为导向，并结合不同智库的研究特色，完善研究的创新机制，保证智库联盟的协同均衡发展，从而使研究结论具有开创性，解决民族地区同胞的教育现实问题。

其二，完善智库联盟的多维评价机制。对智库联盟的评价，不能拿以往的标准来进行单一性的评价，要形成完整的多维评价体系机制。这个多维性可以考虑从评价主体入手，比如让同行的智库机构进行评价、自评、政府评价、企事业单位评价等等，着重加入第三方机构的评价，而且要形成完备的评价指标体系。另外，评价智库联盟的时候，不能只靠"名次"，也不能只靠影响力，还不能完全依靠背景，要根据智库联盟研究的实际内容和领域，加入发展性的评价，比如说，从短期来看，智库联盟可能研究的是冷门内容，但从长远来看，智库联盟研究的却是事关民族地区教育的百年大计，类似这种智库联盟机构以及这种研究，对其评价决不能以短视的眼光而判以"死刑"。

其三，形成完备的竞争淘汰机制。新时代区域教育智库形成联盟后，绝不是一成不变的，绝不是形成联盟机构后不去履行责任和义务的，绝

---

① 鞠昕蓉：《高校智库联盟成员选择的影响因素及运作机制研究》，硕士学位论文，吉林大学，2020年，第57—63页。

不是为完成任务而走的形式主义，绝不是为骗取国家科研经费而形成联盟。因此，智库联盟必须要有研究活力，必须要建立起完备的竞争淘汰机制。对于入围之前的智库，要从多方面进行评估，比如研究能力、创新能力、人才储备等，评估合格后的智库，要公平有序地竞争，在各方面均达标之后方可考虑纳入联盟范围；对于入围的智库，相关部门还要进一步对其明晰考核内容、考核范围、考核周期等，要签订一系列的考核协议，明确完不成目标后要承担的责任等；特别是，对于不能发挥作用的休眠智库，要实行末位淘汰机制和相关的惩罚机制。这样才能保证智库联盟形成强大的研究合力，打造出良好的智库竞争体系，进一步促进智库资源的优化整合。[①]

[①] 鞠昕蓉：《高校智库联盟成员选择的影响因素及运作机制研究》，硕士学位论文，吉林大学，2020年，第57—63页。

第三章

中国区域教育智库的现状

第一节 中国区域教育智库的发展状况

"加强中国特色新型智库建设,建立健全决策咨询制度"是党的十八届三中全会通过的《中共中央关于全面深化改革若干重大问题的决定》中明确提出的。① 作为智库建设的重要环节,教育智库的建设对于中国特色新型智库建设至关重要。教育智库是"促进教育决策科学化、民主化的重要支撑","教育治理体系和治理能力现代化的迫切需要","深化教育综合改革、办好人民满意教育的客观需求"②,也是推动中国实现教育强国、教育现代化建设目标的重要举措之一,可以为实现具有中国特色、世界水平的现代教育、建设教育强国服务。③ 尽管我国教育智库建设起步较早,但当前我国关于教育智库的研究还停留在初级发展阶段,一些区域教育智库的发展更加落后。区域教育是整个教育事业的重要组成部分,也是党和国家民族工作的重要内容,既关系到少数民族群众的根本利益,也关系到民族团结和国家的统一。加快建设高水平的区域教育智库,是落实中央重大战略部署、推进教育科学发展以及提升自身生存发展能力的现实需求和必然选择。基于此,笔者通过对相关文献和资料的梳理,先阐述了我国区域教育智库的总体地位,再进一步综述我国主要的区域

---

① 《中共中央关于全面深化改革若干重大问题的决定》,《人民日报》2013年11月16日。
② 田慧生:《加强新型教育智库建设,提升服务能力和水平》,《教育研究》2015年第4期。
③ 周洪宇、付睿:《以习近平智库论述为指导 加强教育智库建设》,《国家教育行政学院学报》2018年第4期。

教育智库的发展目标和定位、工作职能、舆论宣传工具、人才培养以及特色领域，以此能够发现我国区域教育智库建设中存在的问题，并进一步找到对应的改进策略。

一　中国区域教育智库的总体地位

《中国教育智库评价 SFAI 研究报告（2019 年版）》基于教育智库的结构、功能、成果和影响力四个要素，形成了中国教育智库评价体系（SFAI）分析模型，并搭建"中国教育智库评估平台"（China Education Think Tank Evaluation，简称 CETTE）吸引了全国教育系统科研机构、专业教育智库等 60 余家单位填报数据。最终经过汇总分析，形成了中国 40 家教育智库入选核心榜单，26 家入选来源榜单。① 从数量来看，区域教育智库的数量少之又少。虽然还有一部分教育智库没有列入其中，但是这份数据仍然能显示出中国区域教育智库在力量上的弱小。

表 2-1　　　　　　　　入选 CETTE 核心榜单教育智库

（按各类教育智库名称拼音字母排列，排名不分先后）

智库类型	智库名称
政府直属教育智库	国家教育发展研究中心
	中国教育科学研究院
地方教科院所智库	北京教育科学研究院
	成都市教育科学研究院
	江苏省教育科学研究院
	上海市教育科学研究院
	浙江省教育科学研究院
国际共建教育智库	北京师范大学联合国教科文组织国际农村教育研究与培训中心
	海南省教育研究培训院联合国教科文组织联系学校国际中心
	南方科技大学联合国教科文组织高等教育创新中心
	上海师范大学联合国教科文组织教师教育中心（上海师范大学国际与比较教育研究院）

---

① 周洪宇、刘大伟：《中国教育智库评价 SFAI 研究报告（2019 年版）》，中国社会科学出版社 2019 年版，第 53—56 页。

续表

智库类型	智库名称
双一流高校教育智库	北京大学中国教育财政科学研究所
	北京师范大学中国教育与社会发展研究院
	北京师范大学中国基础教育质量监测协同创新中心
	北京师范大学国际与比较教育研究院
	北京师范大学首都教育经济研究院
	东北师范大学中国农村教育发展研究院
	华东师范大学国家教育宏观政策研究院
	华东师范大学课程与教学研究所
	华中师范大学教育智库与教育治理研究评价中心
	南京大学高等教育研究与评价中心
	南京师范大学道德教育研究所
	清华大学教育研究院
	厦门大学教育研究院
	西南大学西南民族教育与心理研究中心
	浙江大学中国科教战略研究院
地方高校教育智库	广州大学教育政策研究中心
	海南师范大学海南教育改革与发展研究院
	淮北师范大学安徽省高校管理大数据研究中心
	江苏教育现代化研究院
	江苏大学教育政策研究所
	南京晓庄学院南京教育智库
	天津科技大学天津市教育发展研究中心
	云南师范大学云南教育决策咨询智库
	中南民族大学少数民族教育政策与法规研究所
社会/企业教育智库	21世纪教育研究院
	长江教育研究院
	平方创想教育科技（北京）有限公司
	新教育研究院
	中华教育改进社

资料来源：《中国教育智库评价 SFAI 研究报告（2019年版）》。

表 2-2　　　　　　　　入选 CETTE 来源教育智库

（按各类教育智库名称拼音字母排列，排名不分先后）

智库类型	智库名称
地方教科院所智库	重庆市教育科学研究院
	广东省教育研究院
	广州市教育研究院
	南京市教育科学研究所
	山东省教育科学研究院
	深圳市教育科学研究院
双一流高校教育智库	复旦大学心理研究中心
	河南大学教育改革与发展研究中心
	华中师范大学湖北省教育政策研究中心
	宁波大学海洋教育研究中心
	陕西师范大学教育法治研究中心
	同济大学教育政策研究中心
	中南大学高等教育研究所
地方高校教育智库	东莞理工学院高等教育研究所
	湖北大学信息化与基础教育均衡发展协同创新中心
	湖北第二师范学院湖北教师教育研究中心
	凯里学院黔东南基础教育研究中心
	南京晓庄学院南京未成年人心理健康研究院
	山东英才学院民办高等教育研究院
	天津职业技术师范大学职业教育教师研究院
	唐山师范学院京津冀高等教育发展研究中心
	武汉工程大学高等教育研究所
	云南师范大学语文教育研究所
社会/企业教育智库	北京佳一教育研究中心
	北京云舒写教育科技有限公司
	奕阳教育研究院

资料来源：《中国教育智库评价 SFAI 研究报告（2019 年版）》。

从教育智库的质量上来看，区域教育智库仍然具有较大的发展空间。《中国教育智库评价 SFAI 研究报告（2019 年版）》显示，入选 CETTE 核心榜单和来源榜单中没有民族地方的教科院所类智库,且研究区域教育的高校类教育智库也屈指可数,由此可见,区域教育智库的影响力仍旧不足。

基于《中国教育智库评价 SFAI 研究报告(2018 年版)》《中国教育智库评价 SFAI 研究报告(2019 年版)》的显示以及对区域各地方教科院所智库的调研,本章节选取了 11 家具有代表性的区域教育智库,分别是内蒙古自治区教育科学研究所、西藏自治区教育科学研究院、新疆维吾尔自治区教育科学研究院、宁夏回族自治区教育科学研究所、云南省教育科学研究院、广西教育研究院、广西师范大学广西民族教育发展研究中心、广西现代东盟教育研究院、西南大学西南民族教育与心理研究中心、西北师范大学西北少数民族教育发展研究中心以及中南民族大学少数民族教育政策与法规研究所。下面将详细论述 11 家区域教育智库的发展目标和定位、主要工作职能、舆论宣传工具、人才培养以及特色领域,进而体现我国区域教育智库的发展现状。

二 区域教育智库的发展目标和定位

"组织并非因天意而落入某个环境,通常是其创造者根据对吸引力的分析,选择了开展运营的领地。"[①] 众所周知,教育智库的核心功能是为教育领域进行决策咨询,这就要求区域教育智库要遵循实用性的发展定位,以区域教育问题为中心,以其现实需求为导向,为国家和政府的区域教育发展提供前瞻性的研究成果,及时为国家和政府决策提供精准的决策基础、研究资料以及宏观政策解决方案。这不仅仅能反映区域教育智库的水平和实力,还能从一定程度上反映出社会对区域教育智库的期望及其自身的发展理念,区域教育智库中的领导管理层也会审慎地设定和表述区域教育智库的发展目标和定位,选择某种价值理念支撑其发展。因此,考察和分析各区域教育智库的发展目标和定位,分析区域教育智库的总体实力、厘清区域教育智库的发展规划和潜藏的发展理念是否与国家的区域教育智库建设要求相匹配等方面的工作都具有重要的价值和意义。

---

① 王莉丽:《美国智库的"旋转门"机制》,《国际问题研究》2010 年第 2 期。

（一）各区域教育智库的发展目标和定位

1. 内蒙古自治区教育科学研究所

内蒙古自治区教育科学研究所是自治区教育厅直属事业单位，承担着对自治区教育改革和发展重大教育问题研究咨询和决策服务；向广大群众普及教育科研知识，组织、协调、统筹、指导自治区的教育科研工作；组织自治区教育学术活动和教育信息交流活动；推广自治区教育教学改革成果，评审、鉴定自治区教育科研优秀成果；承担自治区教育行政人员和教师现代教育思想与现代教育管理的培训；承担自治区教育科学规划课题的立项、指导、过程与结题等管理工作；承担《内蒙古教育》（蒙文版）等刊物的编辑、出版与发行任务。

2. 西藏自治区教育科学研究院

西藏自治区教育科学研究院隶属于自治区教委，为全面贯彻教育方针和全面提高教育质量服务，为西藏教育的改革和发展提供有力的理论指导和有效的决策依据。西藏自治区教育科学研究院本着科学的精神，探索西藏教育的特点及规律；立足西藏，放眼世界，研究和回答西藏教育改革、发展中的理论和实践问题；宣传党的教育方针、政策，总结、交流西藏教育的全面改革、发展的成就、经验和信息，并结合该院实际情况，将教育科研工作重点放在素质教育、双语教育和均衡发展三个方面，同时开展教育如何为西藏长治久安和跨越式发展服务、普通高中新课程改革、双语教学体系的构建等项目的研究工作。

3. 新疆维吾尔自治区教育科学研究院

新疆维吾尔自治区教育科学研究院是新疆维吾尔自治区教育厅直属事业单位，承担着国家和自治区下达的重大教育理论与实践课题、教育厅安排的教育教学实践课题、教科研人员自助申请立项的各类课题、管理自治区教育科学规划课题和中小学以校为本的小课题研究；指导地州、县市两级教学研究室教科研工作，组织开展自治区基础教育课程改革工作、自治区中小学教学质量提升工程、全区中小学教师以及教研员的专业培训和各类教研活动、教育厅直属中小学教学工作和教育厅批准的教育改革实验学校的教学研究工作；组织基础教育的各类考试命题、中小学教学质量检测和地州、县市两级教科研机构的评价；承担着自治区中等职业教育研究工作和基础教育地方课程、职业教育课程和国家课程相关课程资源开发等。

4. 宁夏回族自治区教育科学研究所

宁夏回族自治区教育科学研究所主要研究宁夏基础教育、职业技术教育、成人教育等方面的问题，为科学决策服务；承担着宁夏各项的教育教学科研课题研究；承担着对中小学教材教法的研究、课堂教学方法的改革指导以及对教材实验的指导。①

5. 云南省教育科学研究院

云南省教育科学研究院是云南省教育厅直接领导下的事业单位，承担着全省教育科学研究工作的系统规划和领导管理；承担着研究教育基本理论，为教育教学实践服务；研究全省教育改革和发展的历史、现状、规律及教育改革中的重大理论问题和实践问题，为云南省教育决策服务；研究云南省基础教育、民族教育、职业技术教育、成人教育、高等教育的特点、改革与发展；对全省基础教育学科教学业务进行管理和指导，进行教学质量的监控与评价及教材建设和管理，组织编写、审查、审定全省各类学校乡土教材；负责全省教育科研课题的申报、立项及管理，开展教育教学改革实验、交流、评定，推广教学改革经验及教研成果。

6. 广西教育研究院

广西教育研究院是自治区教育厅从事教育科学研究的事业单位，相当于县（处）级。广西教育研究院以马克思列宁主义、毛泽东思想、邓小平理论、"三个代表"重要思想、科学发展观以及习近平新时代中国特色社会主义思想为指导，研究广西教育发展的历史和现状，特别是研究广西教育改革和发展的重大理论问题和实际问题，为广西教育改革和发展进行决策服务。

7. 广西师范大学广西民族教育发展研究中心

广西师范大学广西民族教育发展研究中心是以广西民族大学教育科学学院为依托，是国家教育部成立民族教育发展中心后全国第一个地方性民族教育研究中心。该中心秉持"以课题研究为纽带，出成果与人才并重"思路，借助广西教育科学重点研究基地、广西民族团结教育师资

---

① 田继忠、支爱玲：《宁夏教育科研现状、问题与对策》，《宁夏教育科研》2009年第4期。

培训基地、广西教师教育基地等学科平台，充分发挥学校的民族学学科群、东盟学学科群等学科优势，以及毗邻东盟的地缘优势，围绕学校的"民族性、区域性、国际性"特色，注重将民族教育理论研究与实践研究相结合，综合运用教育学、民族学等学科理论和方法，重点着眼于广西民族教育、西南地区跨境民族教育、东盟民族教育等领域研究，力争在这些重点研究领域取得一批在国内外有一定影响的高水平研究成果，打造广西民族教育研究新高地。

8. 广西现代东盟教育研究院

广西现代东盟教育研究院由广西壮族自治区民政厅批准成立，是广西特色智库联盟成员单位，该院秉承"以实际行动，服务广西—东盟教育事业发展"的宗旨，主要承担着自治区教育研究、咨询、培训、交流、合作、策划以及经政府批准开展成果评比推广；承担着向自治区群众进行社会教育、社会科学的普及以及社会工作培训与服务；承接政府职能转移以及购买服务。

9. 西南大学西南民族教育与心理研究中心

西南大学西南民族教育与心理研究中心是教育部和重庆市普通高校人文社科重点研究基地，是教育部民族教育司和民族教育发展中心设于西南大学的民族教育发展与少数民族高层次人才培养研究重点基地。中心长期坚持"一花五叶"的工作思路：立足西南民族教育发展实际，从多文化、多发展类型出发，针对学术研究对象的独特性，以田野考察"一花"为核心，以科学研究、人才培养、信息资料建设、学术交流、咨询服务（五叶）为依托，积极建设科学研究、高层次人才培养和社会服务的科研平台，努力将研究成果有效转化为国家决策咨询政策、人才培养课程和社会服务学术资源。

10. 西北师范大学西北少数民族教育发展研究中心

西北师范大学西北少数民族教育发展研究中心是教育部人文社会科学全国百所重点研究基地之一。该中心坚持"为西部农村教育服务、为民族教育服务、为基础教育服务"的宗旨，坚持"立足西部、面向全国、放眼世界"的学术视野，在保持中心"国家通用语言文字普及下的双语教育政策变革研究、铸牢中华民族共同体意识研究、民族教育政策研究、民族地区高等教育发展研究"等领域国内领先地位的基础上，以创建中国特色的民族教育学派为中长期目标，努力向民族教育研究国家先进水平和一流水平看齐。结合教育部基地管理办法的新要求，西北少数民族教育发展研究中心将由传统的"五个中心"（科学研究中心、人才培养中心、信息资源中心、学术交流中心、咨询服务中心）向新时代条件下的战略定位（构建中国特色哲学社会科学的重要力量；"双一流"建设的重要支撑；中国特色高校智库的重要储备；社会主义意识形态的重要阵地；学科建设、学术研究、话语构建的"国家队"）转型。

11. 中南民族大学少数民族教育政策与法规研究所

中南民族大学少数民族教育政策与法规研究所是教育部民族教育发展中心依托中南民族大学教育学院建立的，承担着中国特色民族教育政策与法规研究、少数民族受教育权与民族教育优惠政策研究、民族基础教育政策与法规研究以及民族高等教育政策与法规研究等工作，也是研究所与民族地区政府和学校的合作纽带，承担着科学调研、人才培养和学术合作任务。

根据本研究团队对各区域教育智库发展目标和定位信息的采集结果，研究者为方便后续对各区域教育智库发展目标和定位信息的分析，初步整理了各区域教育智库发展目标和定位信息的关键词（详见表2-3）。

表2-3　　区域教育智库发展目标和定位信息关键词统计表

名称	省份	类型	主题词
内蒙古自治区教育科学研究所	内蒙古	政府	服务地方　咨政建言　指导实践　引导舆论
西藏自治区教育科学研究院	西藏	政府	服务地方　咨政建言　指导实践　繁荣科研
新疆维吾尔自治区教育科学研究院	新疆	政府	服务地方　咨政建言　指导实践
宁夏回族自治区教育科学研究所	宁夏	政府	服务地方　咨政建言　指导实践
云南省教育科学研究院	云南	政府	服务地方　咨政建言　人才培养　繁荣科研　引导舆论

续表

名称	省份	类型	主题词
广西教育研究院	广西	政府	服务地方　咨政建言　创新理论 指导服务　繁荣科研
广西师范大学广西民族教育发展研究中心	广西	高校	服务地方　咨政建言　繁荣科研
广西现代东盟教育研究院	广西	政府	服务地方　咨政建言　指导实践
西南大学西南民族教育与心理研究中心	重庆	高校	服务地方　咨政建言　繁荣科研
西北师范大学西北少数民族教育发展研究中心	甘肃	高校	服务地方　咨政建言　繁荣科研
中南民族大学少数民族教育政策与法规研究所	湖北	高校	服务地方　咨政建言　指导实践

（二）对各区域教育智库发展目标和定位信息的现状分析

通过对各区域教育智库发展目标和定位信息的描述以及所提取的主题词来看，共有服务地方、咨政建言、繁荣科研、指导实践、创新理论、人才培养、引导舆论七类。各区域教育智库所处地域居住着不同的民族，面临着不同区域教育背景和民族教育问题，从而导致各区域教育智库所提出的发展目标和定位信息也各不相同。通常来说，教育智库发展目标以及定位属于一级指标中的决策影响力，各区域教育智库提出的发展目标以及定位一旦偏离自身的民族教育实力和社会的主流期望，反而会对自身的形象产生负面的影响。现实中，也确实存在个别教育智库由于好高骛远、追名逐利等原因提出了脱离实际、违背现实规律等不适切的发展目标和定位而影响其自身发展的现象。

通过对以上各区域教育智库发展目标和定位信息的详细论述，从数量来看，云南省教育科学研究院和广西教育研究院的发展目标数量最多，设置的发展目标最为广泛。其次是内蒙古自治区教育科学研究所和西藏自治区教育科学研究院有 4 个发展目标，其余区域教育智库都有 3 个发展目标。各区域教育智库设置的发展目标数量均适当，但各区域教育智库的发展目标侧重点不同，以至于有些区域教育智库中的发展目标和定位信息不清晰。

三 区域教育智库的主要职能

通常情况下,要了解某些单位或机构的概况时,首先要知道这个单位的主要职能,即这个单位或机构所能发挥的作用。单位或机构的主要职能,不仅显现着该单位或机构的主要任务和科研方向,同时也反映出该单位的发展层次和目标定位。将主要职能与发展目标定位相对比,可从中看出各区域教育智库的定位是否合理。

(一)各区域教育智库的主要职能

1. 内蒙古自治区教育科学研究所

内蒙古自治区教育科学研究所下设办公室、基础教育研究室、高等教育研究室、职业教育研究室、民族教育研究室、科研管理办公室、教师教育研究室和体卫艺教育研究室。

内蒙古自治区教育科学研究所的主要职能是开展自治区教育改革和发展的理论与研究,为教育行政决策和学校教育改革与发展服务,指导盟市旗县教育科研机构和学校科研工作,发布教育科研信息,组织全区性教育科研学术活动,编辑内蒙古教育科研动态[1]。

2. 西藏自治区教育科学研究院

西藏自治区教育科学研究院下设《西藏教育》杂志藏文版和汉文版两个编辑部、文科教研室、理科教研室、西藏自治区教育学会。

西藏自治区教育科学研究院的主要职能是研究基础教育、区域教育、文科教育、理科教育等的特点,对全自治区的学科业务进行管理和指导,对教育教学质量进行监控;负责自治区教育科研课题的申报、立项和管理,组织自治区各级各类学校进行教育实验、就留、评定,并向广大群众推广教育研究成果。

3. 新疆维吾尔自治区教育科学研究院

新疆维吾尔自治区教育科学研究院下设党政办公室、课程教材教学研究中心、教育科学研究中心、基础教育命题与评价中心、德育美育健康教育研究中心、教育信息资源中心、职业教育研究中心。此外,新疆

---

[1] 《内蒙古自治区教育科学研究所》,《内蒙古教育》2011年第13期。

基础教育质量监测中心、新疆教育学会和新疆教育科学规划领导小组办公室3个机构挂设新疆维吾尔自治区教育科学研究院。

新疆维吾尔自治区教育科学研究院的主要职能是研究课程设置、课程内容、课堂教学组织形式、教学手段、教学方法及课程资源开发等问题，参与指导基层学校的教学研究工作；结合自治区教育改革与发展需要，进行宏观教育政策研究，同时承担自治区教育厅和教科院安排的研究工作；组织开展有关基础教育和职业教育的课题研究，与自治区相关部门开展协作研究；承担自治区教科研人员的业务培训与政策咨询；协助管理教科院内部立项的教育科学研究课题；协助自治区教育厅组织对基础教育教学和职业教育质量、科研工作、办学水平、办学效益的监测工作；参与制定教育评估政策，负责教育质量监测工作，组织开展教育评估研究和专业培训；负责德育相关学科教研、科研及其服务、指导工作；负责网络平台工作，收集和上传教科研信息，展示区内外教科研成果和教改经验。

4. 宁夏回族自治区教育科学研究所

宁夏回族自治区教育科学研究所的主要职能是负责全区义务教育的宏观指导协调，指导普通高中教育、学前教育和特殊教育工作。拟订基础教育改革发展政策措施和评估标准，推进基础教育考试评价制度改革。拟订基础教育教学基本要求和教学基本文件，承担基础教育课程建设和教辅材料管理及中小学生学籍管理等工作。指导基础教育学校德育、科普教育、校外教育和初中以下学段创新素养教育。负责基础教育信息化教学、图书馆和实验室设备管理工作。组织实施基础教育国家课程教材计划，组织审定基础教育地方课程教材。承担职业教育与成人教育的统筹规划、综合协调和宏观管理工作。拟订职业教育改革发展政策措施并组织实施。负责职业教育专业设置和教学基本要求有关工作。统筹管理职业学校考试招生、学籍管理工作，指导职业学校教育教学改革、教材建设、教师培养培训和实训基地建设等工作。指导中等职业学校德育教育、教育信息化和产教融合等工作。负责终身教育有关工作。协助拟订将职业培训纳入公共服务的政策措施，指导继续教育和远程教育工作①。

5. 云南省教育科学研究院

云南省教育科学研究院的主要职能是对全省教育科学研究工作进行系统规划和领导，研究教育理论、教育思想、教育经济、比较教育、教育评价等方面的理论研究和实践，研究云南省教育改革和发展的历史、现状、规律、趋势及教育改革中的重大理论问题和实际问题，为云南省教育决策服务，研究基础教育、民族教育、职业教育、成人教育和高等教育的特点，在此基础上提出改革和发展的策略、建议或意见；对全省基础教育的学科业务进行管理和指导，组织教育教学质量的检查和评估，对教育教学质量进行监控；承担全省考试命题工作，并进行考试改革的研究；组织全省的教育教学研究，对教材进行规划和管理，开展教材教法培训；负责全省教育科研课题的申报、立项及管理，组织全省各级各类学校进行教育改革实验、交流、评定、推广教改成果；组织编写、审定全省各级各类学校的乡土教材、补充教材和教学参考资料，完成所承担的全国教材编写任务；指导协调全省各州（市）、县教科所（教研室）及其他教育科学机构的教育科研工作；完成教育部、省委、省政府及省教育厅下达的有关教育工作及各项研究任务；协助云南省教育学会、云南省中小学教材审定委员会和云南省教育科学规划领导小组做好相应工作，承担云南省教育学会秘书处、云南省中小学教材审定委员会办公室和云南省教育科学规划领导小组办公室的日常事务及管理工作；研究、指导和帮助边疆地区、贫困山区、少数民族地区提高基础教育教学质量。

6. 广西教育研究院

广西教育研究院下设办公室、基础教育研究所、职业教育研究所、高等教育研究所、教育人力资源研究所、教学研究与指导中心。

广西教育研究院的主要职能是负责研究国际、国内各类教育事业先进的发展理论和实践；承担国家和省级重大科研项目，指导全区教育科研、教育评估工作，为各级政府及教育行政部门的科学决策提供依据，推动教育决策科学化民主化；制定并组织实施全区教育科学研究、教育

---

① 田继忠：《历史回顾与未来发展——宁夏教育科学研究所十年发展历程与教育科学研究前瞻》，《宁夏教育科研》2014 年第 4 期。

评估规划；协助开展各类教育的教研教改实验，总结完善和推广先进教学经验和实验成果，负责教育综合改革实验区建设；收集整理和发布国内外教育的最新信息，开展与境内外教育科研机构的合作与交流；组织对学科教学的质量评估；根据中小学课程及教学改革需要，研究教育思想、课程与教学理论，研究制订课程实施目标，开发与建设课程资源，组织课程的实施、评价与管理等，承担着全区中小学教师的教材教法和课程标准的培训任务；承担广西教育科学规划领导小组办公室的日常管理工作，制订广西教育科学规划课题指南，组织广西教育科学规划课题的申请、评定、立项、过程管理、结题鉴定及成果推广，按照全国教育科学规划领导小组办公室的要求，负责组织全国课题的申报、管理、验收等；管理广西教育学会等学术团体，编辑、出版有关教育教学刊物以及承办自治区教育厅交办的其他事项。

7. 广西师范大学广西民族教育发展研究中心

广西师范大学广西民族教育发展研究中心的主要职能是承担着组织开展广西民族地区基础教育、边境教育、区域双语教育、区域团结教育、区域预科教育等区域教育的理论研究；指导各市教育科学研究所、各县教育研究室教育教学改革工作，指导各级各类学校教育教学工作，协助广西教育厅开展广西区域教育调查研究、区域教育改革试验、教学交流、教学评估等教学活动；承接国家和教育厅委托的研究任务，组织实施广西教育科学规划课题，指导广西教育学会工作。

8. 广西现代东盟教育研究院

广西现代东盟教育研究院的主要职能是协调院内各支部、各部门的日常事务工作，协助教育部组织对基础教育教学质量、科研工作、办学水平、办学效益的监测工作，组织开展对民族教育的评估研究和专业培训；负责幼儿、青少年相关的学科教研、科研及其服务、指导工作，承担家庭教育、地方课程有关学科的教研、科研和教育教学资料开发工作；承担社会科学的研究和向人民群众的推广工作，组织社会科学普及活动和相关的学术交流活动。

9. 西南大学西南民族教育与心理研究中心

西南大学西南民族教育与心理研究中心下设主任办公室、副主任办公室、主任助理办公室、综合办公室、资料室、科研办公室、培养办公室、少数民族高层次人才培养研究所、民族教育与区域发展研究所和民族教育人才创新培养与管理研究所。

西南大学西南民族教育与心理研究中心的主要职能是长期致力于西南民族教育与心理研究，对国家民族教育重大战略与政策、民族地区留守儿童教育与心理、民族地区教育扶贫、民族团结进步与国家通用语言文字教育、民族文化传承与教育等方面进行了系统研究，先后承担欧盟、国家各部委、民族地区政府等各级各类重大研究项目，为国家民族教育事业发展做出了积极贡献。

10. 西北师范大学西北少数民族教育发展研究中心

西北师范大学西北少数民族教育发展研究中心下设办公室、资料室、民族文化与教育政策研究所、民族地区高等教育研究所、民族地区理科教育研究所、民族地区学前教育研究所和民族学校课程教学研究所。

西北师范大学西北少数民族教育发展研究中心的主要职能是负责中心的日常事务工作，综合协调中心内各部门工作；研究民族教育课程的设置、内容、教学组织形式、教学手段、教学方法及课程资源开发等问题，承担民族教育决策咨询、研究与服务。

11. 中南民族大学少数民族教育政策与法规研究所

中南民族大学少数民族教育政策与法规研究所下设学术委员会、工作委员会和研究工作站。工作委员会又下设基地办公室和基地工作站。

中南民族大学少数民族教育政策与法规研究所的主要职能是负责研究所日常管理组织、学术事务的评审与监督，承担着科学调研、人才培养和学术合作的任务。

根据本研究团队对各区域教育智库主要职能的采集结果，研究者为方便后续对各区域教育智库主要职能的分析，初步整理了各区域教育智库主要职能的关键词（详见表2-4）。

表2-4　　　　　各区域教育智库主要职能主题词统计表

名称	主要职能
内蒙古自治区教育科学研究所	决策咨询　指导实践　舆论宣传　对外交流
西藏自治区教育科学研究院	科研管理　指导实践　刊物编撰　监督检查

续表

名称	主要职能
新疆维吾尔自治区教育科学研究院	科研管理　指导实践　监督检查
宁夏回族自治区教育科学研究所	科研管理　指导实践　决策咨询　刊物编撰 对外交流　舆论宣传
云南省教育科学研究院	科研管理　指导实践　决策咨询　监督检查 教材编撰
广西教育研究院	科研管理　决策咨询　教材编撰　指导实践 咨政建言
广西师范大学广西民族教育发展研究中心	科研管理　指导实践　监督检查
广西现代东盟教育研究院	科研管理　指导实践　对外交流　舆论宣传
西南大学西南民族教育与心理研究中心	科研管理　指导实践　决策咨询
西北师范大学西北少数民族教育发展研究中心	科研管理　决策咨询　指导实践
中南民族大学少数民族教育政策与法规研究所	科研管理　指导实践　监督检查

（二）对各区域教育智库主要职能的现状分析

通过对各区域教育智库主要职能的描述以及所提取的主题词来看，共有科研管理、决策咨询、咨政建言、指导实践、监督检查、刊物编撰、教材编撰、舆论宣传、对外交流九类，根据各区域教育智库实际状况的不同，各区域教育智库所承担的主要职能也各不相同。

科研管理是区域教育智库结合区域教育改革与发展的需要进行的宏观教育政策研究，同时承担民族地区教育厅安排的研究工作，组织开展有关区域教育的课题研究，协助管理区域教育智库内部立项的教育科学研究课题，承担地方教育科学规划领导小组办公室的工作以及以本校为对象的课题研究管理工作。在产出高质量区域教育研究成果的基础上，研究人员积极推动区域教育研究课题成果整合，完成相关的咨询报告，为教育部、省级政府建言献策，对政府教育决策产生了一定的影响，体现决策咨询、咨政建言的主要职能。此外，各区域教育智库还承担组织编写和修订地方教材，研究课程设置、课程内容、课堂教学组织形式、教学手段、教学方法及课程资源开发等问题，组织、指导、监督课程整体实验、教材实验和教法实验，促进教育科研成果的应用，体现指导实践、监督检查、教材编撰的主要职能。为扩大各区域教育智库的社会影响力，各区域教育智库还需进行舆论宣传、编制并印刷刊物、对外进行交流活动，向地方群众科普其决策，体现刊物编撰、舆论宣传、对外交流的主要职能。例如：西北少数民族教育发展研究中心研究人员先后完成了《"三区三州"深度贫困地区"一县一策"教育脱贫攻坚调研报告》（甘肃部分）；开展教育部民族教育司委托项目《新时代国家通用语言文字和民族语言文字教育政策、学校系统、监测与评估研究》，积极参与《民族团结进步常识》教师用书的编写工作等重大委托项目，真正做到既为民族教育决策服务，又为民族地区学校及师生服务；同时，中心在产出高质量的民族教育研究成果基础上，积极推动区域教育研究课题成果整合，编印《咨询报告》，畅通资政类研究成果报送渠道。近年来，中心研究人员完成的《藏族家长对子女双语学习之态度的调查与分析——以甘肃藏族自治州10所中小学校为例》《"十二五"期间甘肃公共财政教育支出的比较与分析》《"十二五"期间甘肃省教育财政收入结构的分析与研究》《藏族中小学思想品德教育存在的问题与改进策略》等《咨询报告》，被教育部、甘肃省政府采纳，对政府教育决策产生了一定的影响，同时在近五年的时间内发表300多篇论文，出版50余部学术专著，成果先后获得20余项甘肃省社会科学优秀成果奖、国家民委优秀科研成果奖等，扩大了中心的社会影响力。

　　这些主要职能中最重要的当属决策咨询职能，这需要区域教育教学研究机构基于自身业务优势，积极开展协同创新，系统、深入研究区域教育改革和教育发展过程中的重大问题，如区域内各级各类教育均衡发展、区域教育结构布局调整、城镇化进程中教育公共服务体系建设等，以提出切实有用的问题解决思路。① 现实的教育问题来自实践，区域教育智库长年身处"实践"的领域，其与地方党政部门关系密切的优势，能快捷把握区域教育教学的重点、难点、热点问题及政策需求，积极主动与上级教育科研机构、地方高校、兄弟单位以及优秀的社会团体等开展

---

① 王春江、陈振国：《地方教育智库建设：功能定位与运行机制——以地方教育教学研究机构为例》，《智库理论与实践》2018年第6期。

协同合作，科学采集实证信息，积极开展应用性、对策性研究，形成实效强、有创见、可操作的决策咨询成果。其他主要职能都是在完成决策咨询职能的基础上进行的，如区域教育智库的舆论引导职能。随着互联网时代的到来，每个人都有网上发言的权利，大众舆论传播的形式已经发生了改变。区域教育智库在面对新型的舆论方式时，也应该做出新的改变。建设新媒体传播平台成为当下区域教育智库增强社会影响力的重要策略选择。进入 21 世纪以来，教育智库进入快速发展时期，其影响力不断提升，借助互联网引导着我国教育领域的方方面面。其中，区域教育智库聚焦民族教育领域的重难点问题，特别是国家最迫切希望解决的问题，提出切实的解决办法，引导地方政府做出最符合区域需求的决策。区域教育智库在教育领域中理应发挥它应有的作用，做出正确的舆论导向。

从各区域教育智库主要职能的描述以及从中提取的主题词来看，宁夏教育科学研究所具有 6 个主要职能；云南省教育科学研究院和广西教育研究院具有 5 个主要职能；内蒙古自治区教育科学研究所、西藏自治区教育科学研究院和广西现代东盟教育研究院各具有 4 个主要职能；新疆维吾尔自治区教育科学研究院、广西师范大学广西民族教育发展研究中心、西南大学西南民族教育与心理研究中心、西北师范大学西北少数民族教育发展研究中心和中南民族大学少数民族教育政策与法规研究所各具有 3 个主要职能。从各区域教育智库主要职能的数量来看，宁夏回族自治区教育科学研究所主要职能的数量最多，新疆维吾尔自治区教育科学研究院、广西师范大学广西民族教育发展研究中心、西南大学西南民族教育与心理研究中心、西北师范大学西北少数民族教育发展研究中心和中南民族大学少数民族教育政策与法规研究所主要职能数量最少。

就一般情况而言，区域教育智库的主要职能包括开展民族教育研究工作，参与拟订区域教育发展规划，对重点区域教育政策、区域教育特殊性问题进行研究，提出具体政策建议；开展双语教育、学校民族团结教育和民族教育政策宣传等工作，涉及教育智库的决策影响力、学术影响力、社会影响力、国际影响力以及智库能力。区域教育智库的主要职能越多，代表其各方面越完备。然而现实情况却不仅如此，有些区域教育智库的发展目标与其主要职能所体现的并不一致。出现这种现象可能是因为个别区域教育智库在向上提交数据时态度不端正，比较敷衍；也有可能是个别区域教育智库存在夸大现象，对自身的定位比较模糊，因而导致区域教育智库的发展目标和主要职能与实际情况不符。

四 区域教育智库的舆论宣传工具

各区域教育智库的专家学者大多都是民族教育界的卓越人才，他们的思想观点和科研成果对各民族区域教育思想的形成与发展有着重要的影响。其成果的展示传播手段主要有以下三种方式：一是公开发行的报纸、论文以及一些公开出版发行的学术刊物，这是各区域教育智库扩大学术影响力的主要方式。二是建设专门的机构网站、微信公众号等网络平台。学者专家通过在官方网站或微信公众平台上发表见解和文章，实时解读国内外的教育政策，并借鉴国内其他优秀教育智库的发展经验。在互联网的时代中，区域教育智库需要这种媒介作为研究成果的传播手段和与大众的沟通平台，区域教育智库也需要通过这些平台制造更加浓厚的学术氛围。三是召开研讨会或举办学术交流活动。各区域教育智库可以经常举办一些针对区域教育问题的研讨会、报告会、学术交流和讲座等活动，智库通过这些活动给各级各类的专家学者构建一个面对面的沟通交流平台，进而达到交流文化思想、影响区域教育发展的目的。因此，舆论宣传工具的建设对各区域教育智库有重要的价值意义。

（一）各区域教育智库的舆论宣传工具

1. 内蒙古自治区教育科学研究所

内蒙古自治区教育科学研究所的舆论宣传工具主要是《内蒙古教育》杂志。内蒙古自治区教育科学研究所并未专门建设自己的机构网站，而是在内蒙古自治区教育厅直属单位中。该网址介绍了内蒙古自治区教育科学研究所的发展目标和主要职能，《内蒙古教育》杂志的出版周期为半月刊，以教法研究、校长论坛、幼教园地、民族教育等内容为主。

2. 西藏自治区教育科学研究院

西藏自治区教育科学研究院的舆论宣传工具主要是《西藏教育》刊物。西藏自治区教育科学研究院未专门建设自己的机构网站，而处于西藏自治区教育厅所属单位中。《西藏教育》杂志的出版周期为月刊，该刊坚持"立足西藏教育实践、宣传国家及自治区教育政策、探索民族教育规律、关注教育发达地区改革实践、传递最新教育信息"的办刊宗旨，坚持服务教师、服务教学、服务基层的办刊原则，积极从教育宣传者转变为教育发现者和参与者，注重对教育领域内不同学科、不同方向的基本问题、难点前沿动态的实践应用研究和理论研究，主要设有关注、探索、教学、研究、管理等栏目。

3. 新疆维吾尔自治区教育科学研究院

新疆维吾尔自治区教育科学研究院的舆论宣传工具主要是专门的机构网站以及官网微信。新疆维吾尔自治区教育科学研究院官方网站设有首页、院情概况、教育新闻、工作动态和教师发展五大栏目，其中，首页包含教科研动态、教研要闻、重要文件、通知公告、全面育人、质量检测、教科研专题讲座等；院情概况包含单位介绍、领导班子以及内设机构的相关介绍；教育新闻包含国家、自治区级、地/县/校、研究院新闻等；工作动态包含通知公告、教科活动、研究院活动以及学会活动；教师发展包含校本研修、工作室、师资培训以及课程管理。官方微信名为"新疆教科研"，主要公布指导教学研究科研工作，管理课题研究，组织专业培训，组织课题资源开发的简讯。

4. 宁夏回族自治区教育科学研究所

宁夏回族自治区教育科学研究所的舆论宣传工具主要是《宁夏教育科研》刊物。《宁夏教育科研》的出版周期为季刊，该刊坚持为社会主义服务的方向，坚持以马克思列宁主义、毛泽东思想、邓小平理论、"三个代表"重要思想、科学发展观和习近平新时代中国特色社会主义思想为指导，贯彻"百家齐放、百家争鸣"和"古为今用、洋为中用"的方针，坚持实事求是、理论与实际相结合的严谨学风，传播先进的科学文化知识，弘扬民族科学文化，促进国家科学文化交流，探索防灾科技教育、教学及管理诸方面的规律，活跃教学与科研的学术风气，为教学与科研服务。

5. 云南省教育科学研究院

云南省教育科学研究院的舆论宣传工具主要是《云南教育（高教版）》刊物。云南省教育科学研究院未专门建设自己的机构网站，而处于云南省教育厅直属事业单位中。该网址简单地介绍了云南省教育科学研究院的发展目标和主要职能，对于其他方面并未做过多阐述。《云南教育

(高教版)》杂志的出版周期为月刊，主要刊登有关前沿、回放、纵横、政令传真、聚焦、专题报道、关注、读书看报、校长峰会、管理方略等，杂志宣传党和国家的教育方针、政策；加强思想政治教育，建设社会主义精神文明；宣传优秀教师和先进教育工作者的事迹；反映教师的要求和呼声；总结和交流各科教学经验，开展教学研究。

6. 广西教育研究院

广西教育研究院的舆论宣传工具主要是机构网站和《基础教育研究》杂志。广西教育研究院的机构网站处于广西教育厅网站内的广西教育研究院专栏，内含院领导、组织机构、工作动态、课题管理、广西教育学会和《基础教育研究》杂志。《基础教育研究》的出刊周期为半月刊，以"研究基础教育的理论和实践问题、为基础教育改革和发展服务"为宗旨，以广大中小学、幼儿园教师、校长、教研员和管理人员为主要读者对象，及时宣传贯彻党的教育方针、政策，交流全国各地教改经验和成果，做到理论结合实际，学术性、实用性、可读性相结合。

7. 广西师范大学广西民族教育发展研究中心

广西师范大学广西民族教育研究中心的舆论宣传工具主要是专门的机构网站和出版的一些民族教育著作。广西民族教育研究中心官网网站设有网站首页、中心动态、中心简介、机构设置、中心领导、研究方向、学术科研、文件管理、民族教育专栏九大栏目。其中，网站首页包含中心动态、民族教育专栏以及一些活动剪影；其他栏目的信息都较少或没有资料。中心研究领域涵盖的广西民族大学民族教育学学科先后承担了"跨境民族教育研究""广西边境地区跨境民族教育发展对比研究"等国家级和省部级课题，出版了《守望边疆教育：广西边境民族地区教育质量保障与特色发展研究》《中国民族高等教育问题研究》《马来西亚的民族团结与教育》等国内外民族教育著作。

8. 广西现代东盟教育研究院

广西现代东盟教育研究院的舆论宣传工具主要是专门的机构网站以及编写的一些科普读物。广西现代东盟教育研究院官网网站设有首页、研究院简介、新闻中心、党团建设、机构部门、学术交流、科普竞技、招生培训和公共服务九大栏目。其中，首页包含通知公告、学术活动、新闻动态和荣誉展示；研究院简介中包括单位简介、现任领导和荣誉展示；党团建设包含党团建设、党团活动和工会活动；机构部门包含办公室、人力资源部、财务后勤部、科研部、培训部、科普部、外联部、幼儿教育发展研究部、社会组织发展研究部和东盟青少年发展研究部；学术交流包括科研团队、科研合作、科研成果和学术活动；科普竞技中包含科普活动、竞技活动和赛事活动；招生培训栏目下包含系统培训、职业培训、特长培训和学历教育。研究院十分重视社会科学的研究和推广，在东盟人文研究和国学研究方面取得了重大成果，编写出版了《东盟概论》《东南亚人文概论》《论语与现代生活》《三字经与现代启蒙教育》《弟子规与现代人生教育》《孔子与现代教育》等系列自治区级重点科普读物。其中《论语与现代生活》《弟子规与现代人生教育》《东南亚人文概论》被评为全国优秀科普读物。

9. 西南大学西南民族教育与心理研究中心

西南大学西南民族教育与心理研究中心的舆论宣传工具主要是机构网站和一些主办刊物。西南大学西南民族教育与心理研究中心官方网站包括首页、中心概况、田野工作、科学研究、学术交流、人才培养、主办刊物、数据与资源八大栏目。其中，首页设有新闻动态、通知公告、智库专题和友情链接；中心概况介绍了西南民族教育与心理研究中心的组织机构、中心简报、中心简介和民族教育发展与高层次人才培养重点研究基地的基地简介、基地动态；田野工作栏目介绍了西南概况、西南民族分布、中心工作站点情况、考察计划和考察风采；科学研究栏目介绍了中心的学术队伍、专著、论文、项目、获奖和咨询报告；学术交流栏目介绍了会议、讲座、交流和学术沙龙的信息；人才培养栏目介绍了中心的人才培养动态、培养方式、课程与教学、招生与就业；主办刊物包含《教师教育学报》《中国民族教育发展报告》《教育学在线》《民族教育文摘》；数据与资源栏目介绍了中国民族教育发展数据库、中华优秀传统文化学习资源平台和字源汉字教学资源平台。中心主办刊物较多，如《教师教育学报》的出版周期为双月刊，拟开设理论前沿、教师发展、课程与教学、学科教育、政策与管理、国际比较、人物专访、改革与实践等栏目，是以教师教育研究为主要内容的学术期刊，以马克思列宁主义、毛泽东思想、邓小平理论、"三个代表"重要思想、科学发展观以及习近平新时代中国特色社会主义思想为指导，研究党和国家的教育方针、政策，发表国内外高校、科研机构专家、一线教师和教育工作者关于教育科学、教师教育研究的优秀成果，交流教师教育的先进经验，为社会主义教育事业服务，为培养合格的教师提供学术平台；《中国民族教育发展报告》是由全国长期从事民族教育发展问题研究的专家学者撰写的，力争保持内容上的整体性、逻辑上的连贯性，突出民族教育的发展态势，彰显特色，又让各部分作者有足够的自由度。

10. 西北师范大学西北少数民族教育发展研究中心

西北少数民族教育发展研究中心的舆论宣传工具主要是机构网站和《当代教育与文化》刊物。西北少数民族教育发展研究中心官方网站包括本站首页、中心简介、组织机构、研究骨干、研究成果、科研项目、人才培养、咨询服务、中心刊物、规章制度十大栏目。其中，本站首页栏目包含中心动态、中心简报、研究报告、研究成果和咨询报告专栏；中心简介介绍了中心的发展目标、主要职能、宗旨、任务和一些成果；组织机构包括中心领导成员、中心机构设置、《当代教育与文化》编辑部、学术委员会；研究骨干介绍了一些学术带头人和学术骨干；科研项目栏目列出了每年西北少数民族教育发展研究中心研究人员项目；人才培养栏目公布了每年博士研究生和硕士研究生的录取名单；咨询服务栏目列出了中心针对民族教育的有关热点问题而进行的20多份咨询报告；中心刊物列出了《当代教育文化》每一期的链接；规章制度栏目列出了规章制度和教育部人文社科重点研究基地西北少数民族教育发展研究中心网站信息发布管理实施办法。《当代教育文化》的出版周期是双月刊，以创办导向正确、特色鲜明、立足西部、面向中国、放眼世界的教育学术期刊为目标，设置了教育基本理论研究、民族教育与心理研究、课程与教学论研究、比较教育、校长论坛、书评、学术动态等主要栏目。

11. 中南民族大学少数民族教育政策与法规研究所

中南民族大学少数民族教育政策与法规研究所的舆论宣传工具主要是《中南民族大学学报》（人文社会科学版）刊物。中南民族大学少数民族教育政策与法规研究所未专门建设自己的机构网站，而处于中南民族大学教育学院官网中。《中南民族大学学报》（人文社会科学版）的出版周期为双月刊，以"繁荣学术、服务现实、创新理论、培育人才"为办刊理念，以"立足特色、突显热点、聚焦前沿、鼓励创新"为学报的编辑思想，全面刊载民族学、人类学、社会学、哲学、政治学、法学、经济学、文学、历史学等各学科优秀科研成果，是展示国内人文社会科学界与中南民族大学学术研究成果的平台与窗口。

（二）对各区域教育智库舆论宣传工具的现状分析

总体来讲，各区域教育智库均设有专门的舆论宣传工具，主要包括专门的机构网站、公开出版的学术期刊等等。其中部分区域教育智库还建设了微信公众平台，个别研究院还投资开发了舆情信息分析采集系统。例如：西南大学西南民族教育与心理研究中心为推进大数据与教学科研深度融合而建设了西南民族教育发展数据信息库，这是中心的重要成果。目前，中心已建成涵盖与中心研究方向相关的统计数据、文本、图片、音频和视频的"专题研究""中国民族教育发展""字源识字""民族教育与心理研究学术资源导航"等多类型相关联的数据库平台，且编辑出版有《中国民族教育发展报告》《教师教育学报》《西南教育论丛》《教育学在线》《民族教育文摘》等高水平学术刊物。但是，也有个别区域教育智库的舆论宣传工具比较落后，其主要表现是未形成由期刊、网站、报纸、微信公众平台等传播媒介构成的立体化舆论宣传网络，甚至个别区域教育智库的舆情宣传网站仍处于空白状态，如西藏自治区教育科学研究院、宁夏教育科学研究所、云南省教育科学研究院、中南民族大学少数民族教育政策与法规研究所没有开通专门的机构网站。本书认为，个别区域教育智库未开通专门的机构网站可能是因为这几个区域教育智库的人才团队建设还不够完善，或许因地处偏远地区，高端人才引进困难，导致没有专业的人才支撑，最终未开通官方网站。但是，仍有其他地理位置优越的区域教育智库也未开通官方网站，寻其原因，或许是这些区域教育智库对于学术研究成果的发表交流意识不强烈，并且没有重视在舆论宣传工具方面的建设。

五 区域教育智库的人才培养

被称为"人才库"的智库，其核心在于智库中的研究人员，人才是决定智库生存和发展的最关键因素。通常情况下，智库的人才功能主要体现在人才培养功能、人才交流功能以及人才储备功能。西方智库非常重视研究人员的培养，并将"人才"与"出成果"列为同等重要的地位。

因为智库可以接触到大量的决策人物及其内部信息，可以培养年轻的政治家分析问题和解决问题的能力，智库的核心人员成名后，往往会进入政府决策部门，直接参与国家的政治决策；而退出政坛后的政府决策部门的官员也往往会去智库机构发挥余热。通过这种机制，使得学界和政界、思想和权利之间的交流更加畅通，进而有效地保证智库对国家政策施加影响。[①] 因此，考量和分析各区域教育智库的科研人员，对区域教育智库的建设有重要的意义和价值。

（一）各区域教育智库的人才培养

1. 新疆维吾尔自治区教育科学研究院

新疆维吾尔自治区教育科学研究院核定全额事业编制数 65 人，现有在职教职工 46 人，具有正高级职称 7 人，副高级职称 19 人，中级及以下职称 13 人。具有硕士学位 3 人，特级教师 4 人。

2. 西南大学西南民族教育与心理研究中心

西南民族教育与心理研究中心延揽海内外优秀人才，具备较强的决策咨询研究力量。截至 2020 年 5 月，中心具备专兼职研究人员 47 人，其中教育部社会科学委员会委员 1 人、国务院特殊津贴获得者 3 人、国家级人才 3 人、国家级教学名师 1 人、全国模范教师 1 人、教育部新世纪优秀人才资助计划人选 2 人、明远教育奖获得者 1 人、高校人文社会科学研究优秀成果奖和全国教育科学研究优秀成果获得者 11 人、海外专家 6 人。由一流专家团队领衔，聚焦铸牢中华民族共同体意识与民族团结进步教育研究（含边境民族教育、国家通用语言文字教育、民族心理）、民族教育与文化传承研究、民族教育现代化发展研究（民族地区教育扶贫、少数民族高层次人才培养研究、教育信息技术）、民族区域发展与职业教育研究（民族地区、贫困地区、西部地区城乡中职、高职教育、应用技术大学教育、成人教育、产城教结合发展）、民族地区教师发展研究等核心研究领域，组建了五大学术团队。中心科研人员坚持以问题为导向，以实地调研为基础，开展全局性、战略性和微观层面调查研究，持续产出高质量研究成果。

---

① 郅庭瑾、吴晶：《美国教育智库政策研究及其启示》，《教育发展研究》2014 年第 23 期。

3. 西北师范大学西北少数民族教育发展研究中心

截至 2020 年 3 月，西北少数民族教育发展研究中心具备专职研究人员 32 人，其中教授 19 人，副教授 13 人；同时，中心还聘请了加拿大、中国香港等部分在国（境）内外少数民族教育研究领域具有重要影响的知名专家学者 10 人。[1]

（二）对各区域教育智库人才培养的现状分析

各区域教育智库对于认可人才的重要作用，理念上都已达成共识；但从调研情况来看，区域教育智库人才发展总体不容乐观。从总数上来看，区域教育智库的人员约 40 人，相较于文化、教育、经济发达的北京市、江苏省、上海市、重庆市等地方教育研究院的人员数量相差较大。据相关数据统计，地方教育研究院（所）的研究人员从总数上可以分为四个层级。其中，第一层的人员数量超过 100 人，这些地区分别是北京市、江苏省、上海市、重庆市等经济发达的省份；第二层的人员数量未超过 100 人但大于 50 人，这些省份分别是天津市、辽宁省、海南省、四川省、山西省、河北省、云南省、陕西省；第三层的人员数量未超过 50 人但大于 20 人，这些省份分别是甘肃省、黑龙江省、吉林省、福建省、江西省、浙江省、山东省；第四层的人员数量为 20 人及以下，这些省份分别为湖北省、西藏自治区、内蒙古自治区、广西壮族自治区、青海省，这些省份的经济发展大多数处于落后水平，自然环境恶劣，教育相对滞后，工资待遇较差，因此，人员数量最少。[2]

第二节　中国区域教育智库的现实问题

2015 年 1 月，中共中央办公厅、国务院办公厅正式印发了《关于加强中国特色新型智库建设的意见》，对中国特色新型智库建设的重大意

---

[1] 注：内蒙古自治区教育科学研究所、西藏自治区教育科学研究院、宁夏教育科学研究所、云南省教育科学研究院、广西教育研究院、广西师范大学广西民族教育发展研究中心、广西现代东盟教育研究院、中南民族大学少数民族教育政策与法规研究所未收集到相关数据，故不将其列入分析研究范围内。

[2] 郝肖航：《地方省级教育智库建设现状与改进对策》，硕士学位论文，沈阳师范大学，2018 年，第 13—23 页。

义、指导思想、基本原则和总体目标，以及构建中国特色新型智库发展新格局、深化智库管理体制改革、健全制度保障体系和加强组织领导等一系列重大问题均做了明确的阐述。迄今，我国的区域教育智库还属于建设的初级阶段，各种"软实力"都有待改善。第一章已经对中国区域教育智库的概念做了清楚的界定，在本章也分析了国内主要的区域教育智库的建设情况，进而发现了部分区域教育智库存在的一些问题，因此，在区域教育智库建设的过程中，理清区域教育智库的目标定位，彰显区域教育智库的特色领域，深化改革区域教育智库在主要职能、人才培养、舆论引导等方面的重要性具有现实价值。

一 区域教育智库发展目标和目标定位的现实问题

（一）区域教育智库发展不平衡，所占比例少、规模小

首先，中国的教育发展与中国经济带的划分密切相关，东南沿海地区经济发达于西北高原地区，直辖市和省会城市经济发达于普通城市。我国教育智库的分布大体与之有关，在经济发达地区的人民对教育的重视程度相对经济不发达地区要高，国家在学校教育资源分配的比例上也是偏重于经济发达地带，体制内的教育智库多是集中在发达城市，区域教育智库也是如此。不平衡的布局导致了我国区域教育发展的失衡，相较于偏远地区，区域教育智库针对发达地区制定的制度更多些，进而忽视了偏远不发达地区的呼声，导致失衡，因此创建平衡是区域教育智库努力的目标。

其次，教育智库多集中于北京、上海等发达城市，尤其顶级智库几乎全部集中于东部沿海地区。由此可以看出中国教育智库的分布极不均匀，参与教育政策建议多是集中在经济发达地区，而区域教育智库更是少之又少。据相关资料统计，2019年度入选 CETTE 核心教育智库和入选来源教育智库总数为74个，其中只有4个为区域教育智库。[①] 相比之下，区域教育智库所占比例非常小，且大多为高校类和地方教科院所类，区域教育智库两极分布的局势十分明显，因此，区域教育智库还存在全国

---

① 周洪宇、刘大伟：《中国教育智库评价 SFAI 研究报告（2019年版）》，中国社会科学出版社2019年版，第53—56页。

均衡发展的需要。

此外，区域教育智库在整体发展规模上还相当小，与北京、上海等经济发达地区的教育智库发展规模相差较大。由于经济发展落后的局限性，大多数区域教育智库在初步建设时就缺少硬件的支持，只能建立规模仅有几个人或十几个人的研究机构，且规模小，在研究领域又不占优势，由此导致恶性循环，造成其规模无法发展壮大。[①] 这样的区域教育智库在中国占相当大的比例，从全国范围内看初具规模的区域教育智库仅有屈指可数的几家。我国是一个多民族国家，处于偏远地带的民族地区存在多元文化和多种语言的交织，导致其教育发展相对滞后。教育关系到我们民族地区的文化发展，区域教育智库可以深入探讨社会问题，代表着群众的声音，所以，区域教育智库必须在规模上努力发展壮大。

（二）缺乏民间区域教育智库的力量

智库的数量和质量是评价一个国家智库力量的重要标志。在数量方面，区域教育智库远远落后于我国一般教育智库，质量方面也是如此。2019年度入选CETTE核心教育智库和入选来源教育智库总数为74个，其中只有4个为区域教育智库，这表明我国区域教育水平远不如其他地区。纵观我国区域教育智库的整体趋势，存在着官方区域教育智库与高校区域教育智库平分秋色的局面，而缺少民间区域教育智库参与其中。官方区域教育智库由于自身的特殊地位，具有资金、人才、信息、资源等多方面优势，高校区域教育智库虽不及官方区域教育智库优势多，但其在人才方面的优势不容小觑。民间区域教育智库的优势在于其研究的问题贴近实际，与民众联系密切，但缺乏与政府的密切联系。民间区域教育智库的影响力主要是通过个人的社会影响力来引起关注的。因此，民间区域教育智库对政府决策的影响力有限。[②] 总体来说，民间区域教育智库与官方区域教育智库和高校区域教育智库存在先天的差距，这对我国区域教育智库的整体发展是极为不利的。官方区域教育智库和高校区

---

① 曲中林、杨小秋：《地方教育智库"六教协同"建设模式——以广东省肇庆市为例》，《教育理论与实践》2019年第10期。

② 贠金兵：《民间教育智库建设：发展机遇与现实出路》，《西北成人教育学院学报》2017年第5期。

域教育智库的强势地位很可能造成区域教育智库市场的垄断，不利于良性竞争环境的形成。一方面挤压民间区域教育智库的发展空间会使得一些极具创新性的政策建议难以上传；另一方面官方区域教育智库和高校区域教育智库失去创新忧患意识，就会难以有更多的创新和成就，整个区域教育智库行业因缺乏竞争活力和创造激情而呈现畸形发展状态。

此外，没有建设民间区域教育智库的很大原因是缺少兴办民间教育智库的积极性，很少有人愿意兴办民间教育智库的原因是民间教育智库收益少、缺少持续性，教育智库是非营利性的机构，国家给予扶持的比重相对较小，加之社会对民办教育智库缺乏信心，给予的关注度也很小。[1] 具体而言，首先，受固化思维影响，一些人的思维范式经常认为教育乃为国家管控，由国家规划和管理，民间参与的作用太小。没有形成发散性的思维，就不会相信民间教育智库对他们的作用。其次，民间教育智库人员的社会地位薄弱，缺少强大的国家资金和人才资源后盾作为支持。此类智库在筹资体系上不占优势，仅依靠社会上热爱教育事业的人士进行捐助是不够的。归其根本原因，这是由我国的政治体制和教育机制所导致的，我国的教育还是以公立为主，政府在制定教育政策时多以国家官方教育部门提出的咨政建议为依据，由于政府政策的倾斜力度小，政府直接负责官方和半官方教育智库的经费，政府对民办教育智库的重视还不够，加之民办教育智库的融集资金渠道狭窄、人力资源不足，民办教育智库面对这些软肋，施展教育政策研究的才能得不到很好的发挥，因而出现无人愿意办和不敢办民间教育智库的现象，故对于民间区域教育智库而言，也是同样的结果。

（三）区域教育智库重"资政"轻"启民"，影响力有限

资政启民是智库的两大重要职能，我国教育智库衡量其影响力的标准主要是其政策建议是否被政府采纳，大多数区域教育智库将主要精力服务于国家政府，造成我国区域教育智库的影响范围仅局限于与政府相关领域，致使民众对其认知度较低，甚至很多人不知道其为何物，使得区域教育智库的咨政与启民功能大不协调。西方国家大多在提升教育智

---

[1] 刘宏艳：《我国民间教育智库建设研究——以长江教育研究院为例》，硕士学位论文，沈阳师范大学，2018年，第27页。

库影响力方面注重采用多种宣传途径，高度重视教育智库研究成果的传播与推广，除了积极为国家政府决策提供建议之外，还特别注重媒体宣传工具，注重加强教育智库自身与广大群众之间的联系，引导公众舆论，积极发挥启民作用。相比之下，我国教育智库的许多研究成果还仅仅局限在为政府递交专业报告和业内人士之间的交流学习，有关智库成果的公开发布较少，教育智库还只是"幕后英雄"，即使是一些研究成果被政府采纳且发挥了巨大作用，但智库自身仍然很少被大众所熟知。甚至，我国区域教育智库还没有学会如何向公众展示自己，与人民群众之间依然隔着一道隐形的墙，无法与其进行有效的沟通与交流，虽然有些社会机构、家长、一线教师在遇到教育问题时也希望通过咨询智库解决，但因为缺乏常规的咨询机制和对接平台，故区域教育智库对广大民众的引导和影响力十分有限。

二 区域教育智库主要职能的现实问题

（一）重理论轻实践，政策建议可操作性不强

理论性研究的价值宗旨是揭示规律、发掘知识，它以理论建构和阐明为基本方式，以文献综述、理论分析等为具体方法，具有基础性、学理性等特点。应用性研究的出发点和落脚点是解决某一社会实践问题，它以调查研究为主要研究方式，得到的研究成果可操作性较强，一般可以直接用于决策或解决实际问题。理论性与应用性是一对既对立又统一的研究范式，一方面两者有差别，另一方面两者又可以相互促进、相互转化。但长期以来，我国区域教育智库受传统思维、运行机制以及人才结构等条件的约束，大多区域教育智库比较注重理论性研究，轻实践调研，从而导致区域教育智库提出的教育政策建议可操作性不强。

造成这种现状可能主要有三个方面的原因。首先，我国区域教育智库的工作人员主要是从事教育理论研究的专家学者，人才来源较为单一，且专业背景也都较为相似。这样一批专家学者在长期的理论研究过程中已经形成了一套相对固定的教育思维模式，他们擅长对教育政策、教育制度、教育体制以及教育立法等宏观问题进行研究和借鉴，研究成果也大多是学术论文和著作等，难以对我国现实的区域教育问题提出行之有效的对应之策。其次，区域教育智库的自身定位存在问题。区域教育智

库本来就是以研究为主的教育机构，其研究视角往往是自上而下式的理论研究，缺乏问题研究意识，对区域教育问题的认识和理解也容易停留在文献研究的层面，缺乏数据意识和调研意识。这样的做法往往会造成区域教育智库对实际的民族教育问题认识不够深入，对区域教育问题的理解缺乏前瞻性和创新性，因而对政府决策的指导意义有限。最后，我国长期以来对区域教育智库的管理缺乏有效的方法，区域教育智库的运行机制存在种种条件的约束，尤其在区域教育智库的经费运行方面过于死板，进而导致很多实地调研无法实施，妨碍了区域教育智库实证研究的开展，这在一定程度上影响了区域教育智库研究成果的数量和质量。

（二）政府导向明显，官方区域教育智库缺乏独立性

独立性关系到区域教育智库研究现实问题的客观性，是衡量区域教育智库的重要标准之一，因此，独立性是各区域教育智库应恪守的基本准则。区域教育智库的独立性主要表现在以下两个方面，首先是区域教育智库地位上的独立，即区域教育智库不属于任何学术机构、政党或利益团体，区域教育智库能够完全控制自身的运作，包括区域教育智库工作人员的招纳、经费的使用以及发展目标的确定；其次是区域教育智库研究的客观和中立，区域教育智库能够自主选择研究方向，对得到的研究成果负责任。然而，目前我国区域教育智库的数量屈指可数，且绝大多数属于政府和高校下属机构。

我国建设新型教育智库要为国家的教育发展大计服务，及时研究教育发展过程中最紧迫、最突出的教育问题，合理地为政府部门制定教育政策，实时为教育改革建言献策，排忧解难。的确，咨政是区域教育智库的重要职能，但区域教育智库在为政府部门服务的过程中应当认清自己的身份、摆正自己的态度，应当具有自己的专业眼光为政府服务。我国区域教育智库与政府关系十分密切，要么隶属地方教育厅，要么隶属高校，在资金来源、人员组成以及管理体制上都离不开政府的支持。这样的密切关系虽有利于区域教育智库了解上级决策层的意向和需求，但往往也容易造成区域教育智库的关注点主要集中于政府，关注政府的一举一动，甚至研究内容和方向以政府决策层的意向为标准，进而导致政府导向明显，区域教育智库的独立性遭受挑战。区域教育智库应该是一种决策机制的政策研究和咨询机构，属于公众事业的一部分，政府部门

为区域教育智库提供应有的资金支持。西方发达国家的教育智库大多是独立经营的非营利组织，其运营的资金主要来源于公众，因此具有超脱的独立地位。如世界顶级智库布鲁金斯学会就将"高质量、独立性和影响力"作为其座右铭。而我国区域教育智库必须要在新时代中国特色社会主义理论指导下运行，不能提出一些人云亦云的建言。

（三）高校区域教育智库缺乏独立精神，服务性不强

独立精神是学术的基本要求和研究科学性的保证，高校区域教育智库研究的独立性源于其学术性。独立性是国际上较为公认的评价一流智库的主要标准，也是智库建设的应然尺度和范式追求。区域教育智库只有坚持独立开展研究，才能得出有价值的决策咨询成果。当然，高校区域教育智库的独立性主要是科学研究的独立性，而非通过刻意与政府部门保持距离以体现其独立性。此外，服务性同样是区域教育智库研究的基本范式追求，服务党和政府教育决策是区域教育智库研究的根本目的，也是教育智库的价值宗旨和存在依据。独立性与服务性是一对矛盾体，二者是截然不同的研究范式，而且在一定程度上存在冲突。但同时二者又相互依存，一方面，服务性是独立性的目的，区域教育智库坚守研究独立性的目的是向政府部门输送研究产品，服务于党和政府的教育决策，服务性并不意味着独立性丧失，"所谓智库独立性的丧失，其实质是智库被某些利益集团收买，成为利益集团的代言工具"[1]；另一方面，服务性又要以独立性为前提，因为区域教育智库若要更好地服务政府进行决策，其研究必须具有科学性、有效性，其中研究的科学性需要独立性来保障。因此，独立性与服务性是存在于智库研究范式中的矛盾体。在实践层面，部分高校区域教育智库往往对独立性与服务性这一对矛盾体处理不当，在高校区域教育智库的建设上缺乏独立自主性，进而表现出要资源、等政策、靠投入的被动依赖心理。因此，高校区域教育智库研究人员的独立性也亟待提高，"长期浸润于学科惯习的大学学者，在介入决策咨询过程中，既要坚守自己的立场，又希望其研究成果为服务对象所理解和采纳，通常的结果往往是自身研究的独立性和自主性在双方协调与磨合的

---

[1] 朱旭峰：《中国智库建设10大关键词》，《理论学习》2015年第3期。

过程中产生折损，甚至以政府的意志为准"①。综上所述，受各种因素的影响，区域教育智库研究人员在符合中国国情和社会主义制度的前提下，可以进一步提升政策研判能力、咨政水平。

（四）高校区域教育智库存在学术性与政治性的矛盾

马克斯·韦伯认为，"学术是一种按照专业原则来经营的'志业'，其目的，在于获得自我的清明及认识事态之间的相互关联"②。高校作为知识生产、传授的场所，以学问为其经营的"志业"，是学者与学问的汇聚地，学术性是现代高校本质属性之一。高校区域教育智库依附于高校而存在，也必然受到高校学术性的规约和学术传统的深刻影响。从当前高校区域教育智库现状来看，一方面，高校区域教育智库在组织结构上是高校下设的二级单位，必须按照高校传统的学术管理模式和制度开展研究活动，受到高校学术性的规约；另一方面，高校区域教育智库专家一般由高校教师兼任，是高校学术共同体的成员，必须按照学术逻辑开展研究，如此才能得到学术共同体认可，并在职称评审、职务晋升中有所发展。学术性是高校区域教育智库及其进行政策研究时秉持的本质属性。此外，政治性同样是高校区域教育智库的本质属性，一方面，高校区域教育决策本身是教育行政活动的一个环节，是由政府主导并通过政治手段对教育这项公共事务进行管理、调控的活动，必然带有政治性，高校教育智库参与、服务政府决策就必须遵守政府的政治性原则；另一方面，高校区域教育智库及其研究者基本都是体制内人员，具有特定的政治从属关系，因此在参与政策研究时必然会受到政治的潜在影响。因此，高校区域教育智库参与政府决策以及进行教育政策研究时，体现出学术性与政治性并存的特点，高校区域教育智库专家也具有学术与政治的双重角色。然而，学术性与政治性存在一定的矛盾关系，"学术为政治服务的主导逻辑，一方面促成了学术界与国家间的共生关系，因而使得体制内的学术获得了相对稳定的保障，另一方面又影响了它自主构建的

---

① 刘晶：《教育研究推动政府决策的问题及路径》，《大学教育科学》2016年第6期。

② ［德］马克斯·韦伯：《学术与政治》，钱永祥等译，广西师范大学出版社2010年版，第38—189页。

生态"①。这种研究范式及角色定位的差异乃至产生碰撞、冲突，致使高校教育智库在现实中协调二者关系时常常束手无策。高校学者，也就是智库专家，要按照学术逻辑开展研究，同时又要按照政府教育决策的程序和方式参与教育政策制定过程，两种并存，但又是不同范式的研究给高校教育智库专家带来了极大挑战，学术性和政治性的并存关系成为高校区域教育智库参与政府教育决策的困境。

三　区域教育智库舆论宣传的现实问题

各区域教育智库对研究成果的公布与交流在很大程度上依靠于区域教育智库主办的期刊、官方网站以及微信公众号等网络平台。从目前收集到的各区域教育智库舆论宣传工具资料分析来看，区域教育智库主办期刊较为常见，每个区域教育智库至少会出版一本刊物，用于展示和宣传研究成果。其中有个别的区域教育智库，如西南大学西南民族教育与心理研究中心拥有两个以上的主办刊物，且核心期刊数量较多。大多数教育研究院会对官方网站进行建设，建设内容包括对机构组成、职能等方面描述，研究活动、科研成果的选择性展示等。少数研究院如西藏自治区教育科学研究院、宁夏教育科学研究所、云南省教育科学研究院、中南民族大学少数民族教育政策与法规研究所尚未有官方网站，或者官方网站建设不成熟。这两种作为我国区域教育智库较为通用的宣传渠道，显得较为单一，而且缺乏相应的地域性与特色性，不利于凸显民族地区教育智库建设的特色所在。由于以往的区域教育智库多数由政府部门主办，因此智库的官方色彩较为浓厚，独立性较为欠缺。智库管理人员多为政府人员，管理制度制定也带有一定的行政化色彩，对于智库人员的聘任、考核标准较为死板，"审批式"较为显著，不利于对科研人员的能力进行全方位考察。同时，科研工作内容、方法较为依赖政府决策，自主性和创新性较为缺乏，不利于科研成果的创新性应用。政府监管角色的模糊，不仅弱化了省级教育智库建设的优势，也阻碍了创新性成果的应用转化，不利于政府参与治理模式的推广，并弱化了区域教育智库的

---

① 阎光才：《中国学术制度建构的历史与现实境遇》，《北京师范大学学报》（社会科学版）2008年第6期。

独立性、民主性等。

四 区域教育智库人才培养的现实问题

(一) 团队建设以及人才培养机制缺乏创新性

团队建设、人才培养作为区域教育智库能力建设的根本，也是各区域教育智库建设的重点所在。区域教育智库的建设标准之一是对于人才聘用以及综合培养。就目前收集到的区域教育智库关于科研人员聘用的情况来看，拥有较高科研成果的区域教育智库往往在科研人员的数量以及最高学历上占有较大优势，例如西南大学西南民族教育与心理研究中心等。这些地区在地理位置、政治经济发展条件以及人文发展环境，较之宁夏教育科学研究所等欠发达地区存在较为显著的优势。因此，地域各方面发展的不均衡对于区域教育智库人员的招聘培养具有较大的差异性。除却地域差异性的问题，由于区域教育智库之前多数隶属于政府教育部门，因此人员选聘多数都是政府挂靠人员，即便其具有较高学历、职称，但其科研能力较为欠缺，尚未达到区域教育智库团队建设所需的科研能力或素养，故高端人才数量占比较少。同时区域教育智库聘用人员的考核标准也较为单一，主要重视学术论文发表、研究著作出版多少等方面，将其作为科研人员评定职称、晋升等硬性标准。该标准在一定程度上不利于科研成果质量的提升或者实效性转化，同时也会形成恶性竞争，造成科研实践能力优秀的人才流失，不利于区域教育智库所需的科研团队建设。

(二) 区域教育智库缺乏高质量人才

区域教育智库是产生思想、汇集智慧的地方，而决定区域教育智库产生思想的高度、汇集智慧的多少的核心因素是区域教育智库所拥有高端智库人才的数量和质量。一个运作良好、高效的区域教育智库与它的决策带头人和行政人员是密不可分的。人才是社会生产力最为活跃的因素，高质量的人员也是衡量区域教育智库科学研究水平的标准，而现在区域教育智库所面临的根本性难题就是人才问题。

首先，区域教育智库缺乏高级行政人员。区域教育智库政策专家具有敏锐的洞察力，善于捕捉研究的热点问题，快速找到项目研究的方法和路径，所以有高端人才的区域教育智库在工作中才能起到事半功倍的效果，同时也是区域教育智库实力的体现。区域教育智库的人员包括行政管理人员和教育科研人员。高素质的行政人员必须具备良好的沟通协调能力和组织管理能力，区域教育智库的研究人员在高素质的行政人员的带领下，在优质的全体成员共同努力下，克服区域教育智库的不足，激发教育科研人员的创作热情，使得研究的潜能开发达到最大化，产出高质量的研究成果。其次，区域教育智库缺乏高质量的研究人员。由于区域教育智库所处的地理位置比较偏远，不像处于经济发达地区的教育智库拥有强大的资金来源作为后盾，区域教育智库研究人员的工资标准低。由于工资不占优势，区域教育智库在聘用研究人员时无法给出与经济发达地区教育智库同样的工资待遇，高质量的人才很少愿意去区域教育智库工作。有的区域教育智库没有高质量的人才作为区域教育智库的智慧资源，不得不面临关门的境地。最后，高质量研究人员的不稳定，也是影响区域教育智库生存和发展所不可回避的因素。

（三）人才管理机制缺少创新

目前区域教育智库的管理大多采用与一般教育智库类似的人才管理机制，没有考虑到自身所具有的民族特点，大多数区域教育智库还没有形成科学先进的人才管理模式，存在着对自己缺乏自信的心理，自认为是偏远地方的教育智库，管理上多采用小规模、保守的人才管理方式，如多是采用分科室研究，分散组织研究，最后进行汇总报告。相较于国内知名教育智库的层级式人才管理模式，区域教育智库所采取的单一的人才管理模式无法给区域教育智库带来生机活力，不利于民间教育智库的长远发展。

五 区域教育智库特色领域发展的现实问题

现阶段区域教育智库对于自身的目标定位都处于比较模糊的状态，就收集到的各区域教育智库发展目标和定位信息主体关键词来看，多数都包含咨政建言、服务地方两个关键词。但是区域教育智库如何具体进行实际操作、将科研成果运用于当地教育发展，此问题亟待深入调查。发展定位作为各区域教育智库的理念所在，是一个急于解决的实际性问题。因此，明确发展目标首先应作为区域教育智库发展的第一要义。同时明确发展定位关系到自身研究领域是否具有特色性、创新性，就目前对收集的各区域教育智库主要职能主题词的分析来看,基本离不开科研管理、人才培养、对外交流等相关职能培养。总体来看,存在千篇一律的倾向,基于各区域教育智库实际情况的科研服务功能尚未得到充分体现,特色发展的理念有所欠缺;而且有些区域教育智库对其职能定位与当地经济发展能力不相协调,如某区域智库的职能划分太过于宽泛,并在一定程度上存在职能夸大、矫饰等嫌疑,特色性更是没有体现出来,因此明确其发展领域的特色性也是其机构发展的重要目标。

六 其他现实问题

(一)地方政府对区域教育智库重视程度低,不满足教育决策需求

据不完全统计,我国拥有能体现教育智库特征的教育研究机构有2000多个,其中研究人员超过10万人。[1] 多数智库的教育决策研究主要是停留在对教育政策的阐释性、附和性、宣传性上,对符合地方需要的教育决策问题研究不够深入,具有实效性的研究成果较少。相对于一般的教育智库,区域教育智库长期以来比较封闭,与地方政府缺乏经常性的联系和沟通,得到的一些研究成果大多限于同行之间的交流与沟通,难以影响政府的教育决策。同时,区域教育智库人员难以直接、及时地掌握政府关心的区域教育问题,对区域教育的决策需求把握不准确,即使是承担政府的区域教育课题,往往也只是进行临时、短期或者一次性开展的研究,其研究成果很可能会出现"大而无当、空而无物、对而无用"的现象。[2] 因此,我国区域教育智库与国家、地方政府的要求还有较大的距离,区域教育智库难以满足地方社会和民族教育决策者的决策需求。一些地方政府在出台重大区域教育决策、论证重大区域教育项目时,对专家的建议重视度不够,对区域教育智库缺乏必要的信任,甚至排斥持有不同意见专家的现象也时有发生,这种仅凭经验就进行教育决策的现象限制了区域教育智库决策智囊作用的有效发挥。

(二)区域教育智库呈现"小且散"状态,难以发挥科研引领作用

当前,由于经济、教育的发展水平差异以及政府决策理念的不同,

---

[1] 曲中林、杨小秋:《地方教育智库"六教协同"建设模式——以广东省肇庆市为例》,《教育理论与实践》2019年第10期。

[2] 郝平:《新型教育智库建设要有新思维》,《光明日报》2015年3月3日第16版。

我国教育智库发展水平并不平衡，如北京、上海、深圳等经济、文化、教育发达地区教育智库的社会影响力较大，深圳市教育科学研究院的编制就有 100 人，发挥教育决策服务、实践引领等作用，而多数地方教育智库发展进程缓慢，难以发挥科研引领、指导实践的作用。首先，区域教育智库"小"。区域教育智库类型有官办教育智库，包括隶属党政机关的系列区域教育智库，如政策研究室和教育研究院（或研究室、研究中心）等，也有地方高校教育智库。这些区域教育智库编制从几个人到十几人不等，多则有几十人，其规模普遍不大、功能较为单一。其次，区域教育智库"散"。区域教育智库之间存在不同程度的封闭化、各自为政、成为"信息孤岛"、缺少共享性、交流不畅通等现象。主要表现在：一是隶属于地方政府的政策研究室、教育研究院等区域教育智库机构与地方高校的教育科学学院等专业组织各自独立且互不交往；二是官方区域教育智库和高校区域教育智库协调性不够，难以发挥各自优势，高校区域教育智库有被边缘化的倾向；三是针对同一项目，不同类型和归属的区域教育智库机构分别组织各自的力量进行研究，其研究的成果多有雷同性，进而导致研究资源极大浪费。

第三节　中国区域教育智库的对策建议

2015 年，中共中央办公厅、国务院办公厅《关于加强中国特色新型智库建设的意见》强调各地区、各部门要"积极推进不同类型、不同性质智库分类改革，科学界定各类智库的功能定位"，"突出优势和特色，调整优化智库布局，促进各类智库有序发展"[1]。国家颁布的政策给区域教育智库的建设指明了方向，也提出了更高的要求。区域教育智库现在还处于转型期，各种运行机制和"软实力"都有待改善。在区域教育智库建设的过程中，需要以国家战略目标为导向，厘清区域教育智库的目标定位，彰显自身区域优势和区域特点，深化改革区域教育智库在组织、资金、人员和成果等方面的运行机制，从而助推区域教育智库在咨政建

---

[1]　中共中央办公厅、国务院办公厅：《关于加强中国特色新型智库建设的意见》，2015 年 1 月 20 日，http://www.gov.cn/xinwen/2015-01/20/content_2807126.htm，2022 年 10 月 2 日。

言、科学研究、人才培养、引导舆论、服务社会发展等方面的作用。

一 区域教育智库发展目标的对策建议

(一) 更新观念，深刻把握区域教育智库的新定位

中国区域教育智库要跟上时代发展的步伐，就要适应时代形势发展的需要，以服务国家教育决策为中心，以研究重大教育问题为主题，以改革创新为动力，以提高质量为导向，促进区域教育事业科学民主依法决策，为社会主义教育事业健康发展提供智力支持。从核心要素的把握上，区域教育智库的建设应体现出"全、特、专、实"的战略定位与追求。

第一，拥有全国视野。区域教育智库须具有广阔的视野，从中国经济社会发展的大趋势中，从中国教育改革发展大背景下把握民族教育的战略定位，提出中国区域教育的应对策略。还应依托高水平的区域教育研究，积极参与国际性民族教育议题的设置、研究和交流合作，推荐知名区域教育智库专家到有关民族教育组织任职，广泛传播我国的教育实践经验和政策主张，增强在中国教育媒体和中国组织平台的话语权，把区域教育理念和教育主张有效传播出去。

第二，体现区域特色。智库的发展须遵循智库建设的一般规律。在智库发展相对成熟的西方国家，其智库在运行运作方式、功能作用发挥方式等方面都已积淀了较成熟有效的经验。但智库在每个国家都有自己的国别特点，尤其是我国的区域教育智库应具有民族立场，坚持"四个全面"战略布局，坚持中国特色社会主义方向；要负有国家使命，体现国家利益，创造并形成具有中华民族特色的理论政策概念或关键词，争取区域的话语权，在我国学术界、教育界占据应有之地。

第三，掌握专业能力。在中国特色新型智库的基本标准中，《关于加强中国特色新型智库建设的意见》提出要有"特色鲜明、长期关注的决策咨询研究领域及其研究成果"，"具有一定影响的专业代表性人物和专职研究人员"等，这些标准设置，意在推动各智库避免重复建设，体现差异化、专业化的智库发展思路。区域教育智库应体现专业化，走向精细化，而不是做谁都能做的事。区域教育智库要集中力量创出民族品牌，形成专业品质、专业优势、民族品牌优势，在一些重点领域中形成核心

竞争力。区域教育智库所做的研究应具有战略性、前瞻性、思想性、客观性和可操作性。

第四，增强指导实践。高度重视成果的传播与推广是世界知名教育智库的一个共同特点。区域教育智库不仅要努力拿出战略性、前瞻性、思想性和客观性的研究成果，还要具有可操作性，努力推动成果转化和落实，千方百计地让区域教育智库的"谋划"转化为党和政府的教育决策，让区域教育智库的"方案"转化为实际的行动，让区域教育智库的"言论"转化为社会的共识。

(二) 细化目标定位

任何组织使命的实现都有赖于科学的目标定位和目标的实现，组织不同时期或阶段的使命需要通过一个个具体化的目标来实现，并且具体的和阶段性的目标是衡量组织使命实现的量化指标。因此，区域教育智库应根据其组织使命科学地设计其目标定位，并制定动态的或者阶段性的总目标和分目标，通过这些具体的目标来引导和协调区域教育智库各个要素的有机运行，从而更高效地实现组织使命。

另外，科学的组织目标定位是具体目标和阶段性目标设计的基础，也是实现组织各要素协调、有效运行的基础。区域教育智库具有明显的地域特色，其学科建设与发展、人才培养、社会服务等与区域经济社会发展、文化历史积淀等有着密切的联系，承载着为我国不同区域输送各类人才、服务地方教育综合改革、推动地方经济社会发展等重大职责。因此，区域教育智库应该明晰区域教育智库的发展定位，首先是明晰区域教育智库与政府部门、大学及社会的关系，选定适合自己的关系定位；其次是从学术性研究思维向区域教育智库的研究思维转变，聚焦国家和区域的需求，明确区域教育智库的研究目标和功能定位；最后是立足区域教育智库发展和区域发展，结合学科优势、人才特色锁定服务对象，打造特色科研品牌，从而提升区域教育智库成果产出的针对性和实效性、科学性和引领性。

(三) 确立专一且明确的发展目标

发展目标的制定直接关系到区域教育智库发展的前景，区域教育智库发展过程中应当经常反思以下问题，如自身制定的目标是否合理？长远目标是否与区域教育智库的发展宗旨一致？短期目标是否具体、是否明确？目标执行是否有效？区域教育智库是否有配套的监管方案促进目标的实施和完成？是否对过去的目标完成情况进行总结并吸收了经验教训？诸如此类的问题。区域教育智库需要制定合理的发展目标，但什么样的目标才算合理却往往很难界定。因此，区域教育智库需要了解在指定规划过程中的一些特点，如长期规划和短期规划的结合，短期规划的可操作性等，我国区域教育智库可以借鉴这些方式有机地设置符合自身发展特性的合理目标。

第一，牢记使命与宗旨，确保各目标间的一致性。区域教育智库的成熟需要一定时间的酝酿，也需要知识的积淀，区域教育智库在人力、精力有限的情况下，专注于某一目标是走向成功的捷径。我国教育类智库很多是政府组织或者依托高校，以为政府提供教育决策意见为目标，致力于提高自身的综合影响力，这类教育智库以政府关注为导向，紧跟政府步伐。区域教育类智库应该在广泛的教育主题中发掘自己的生存价值和发展主线主题，寻找能够凝聚广泛力量的奋斗目标，并使这一使命成为区域教育智库为之奋斗的目标以及智库自身的显著特色。此外，区域教育智库应探索更具体的发展目标、更深入的发展宗旨、更专一的发展主线，以发展宗旨为核心树立长期发展目标，将教育热点和即时政策变化纳入整体发展框架，发展过程中有主干、有分支，长期规划和短期课题相结合，主次分明，重点突出，主题明确，特色鲜明，力争成为区域教育领域某一个方向的权威，这样才能脱颖而出，形成真正有影响力的区域教育智库。

第二，分解长期规划，制定具体明确的短期目标。在明确自身使命的前提下，区域教育智库就能够确立明确的总体目标，但在总体目标框架下设置具体的短期目标却是一项更为复杂和烦琐的工作。我国区域教育智库还处于起步阶段，大多依附政府和高校，专门的研究人员相对有限，相当一部分的专家学者属于兼任或者是合作的性质，组织机构相对松散，在研究或任务执行过程中容易出现意外状况，造成阶段性目标往往出现延迟拖后的情况。针对这样的实际现状，区域教育智库管理人员应该更加注重目标的明确性和具体性，在条件允许的情况下确保每项任务责任到人，明确时间节点，通过有效的组织约束和管理促进短期和长期目标的按时达成。

(四) 全面把握不同区域政府的战略部署

区域教育智库对新型教育智库决策服务认识不到位，其根本原因在于其对自身与地方政府之间的关系性质的认识不足。区域教育智库对地方政府所关心的重要战略的现实问题缺乏高站位的视野。"仅就教育而论教育，以单一比较和一般性归纳的研究方法对教育政策及其方针的规划进行研究，忽略其经济社会发展的适切性。"[①] 区域教育智库决策服务的对象是地方政府的科学决策，但其功能的发挥往往因其认识站位不高，以致其所提出的教育政策建议往往会出现"只见树木不见森林"，缺乏深刻性、全面性和整体性。这种所谓的认识站位不是一种认识论，而是一种认识与分析问题的高度和角度。区域教育智库在分析重大决策问题时，要能够对地方政府的战略部署有深刻的认识，而不是"就教育论教育"，要能够"跳出教育看教育"。区域教育智库只有如此，才能与地方政府的教育战略方向保持高度的一致性。区域教育智库与地方政府之间理应是一种协同合作的关系，它们共同服务于区域教育现代化建设的大局，服务于国家教育战略的总体布局。地方政府是区域教育决策的制定者，因而区域教育智库要想提升和充分发挥教育决策服务的功能，就必须全面把握地方政府的战略部署。这就需要区域教育智库加强与地方政府的关系，从地方政府的站位，依照新型教育智库的立场，来分析问题、解决问题。

二 区域教育智库主要职能的对策建议

(一) 机构设置多样化，完善组织形态

在美国，政府的支持态度及发达的民间资本为多种形态的智库共同发展提供了可能，官方、半官方、民间三种性质的教育智库共同发展，形成了"百家争鸣"的发展格局。而在我国，官方教育智库身处体制内，在人才引进、项目申请、经费划拨、成果应用上更具优势，在教育智库市场几乎占据垄断地位，教育智库结构严重失衡，导致整个教育智库行业失去竞争活力和创造激情。

---

① 任天舒、王琼、朴雪涛：《中国教育智库建设发展的问题及对策》，《内江师范学院学报》2018年第9期。

随着我国教育改革进入攻坚期，区域教育问题愈加复杂化，社会各界对区域教育智库的多样化形态也表现出更大的包容性。因此，未来我国区域教育智库建设应当注重机构发展形态的多样化，形成以官方智库为主导、高端智库为龙头、社会智库为补充的基本格局，呈现多样发展、共同繁荣的局面。① 对此，一方面要加大政府对民间区域教育智库机构的扶持力度，在政策上予以适当倾斜，在资源分配上要公平合理，为民间区域教育智库的发展提供良好的发展环境；另一方面民族教育决策部门要提高决策咨询的开放性，有意识地吸引民间区域教育智库参与到教育决策研究的过程中来，打破咨询结构单一化的格局，为半官方及民间区域教育智库提供更多的话语权，这样既能提高民间及半官方区域教育智库发展的积极性，又可以形成各类区域教育智库间的竞争机制，刺激官方区域教育智库自觉摆脱对政府部门的过度依赖，形成独立发展的意识。

（二）积极推进区域教育智库科研成果的转化机制

1. 拓展科研成果推销机制

区域教育智库作为服务于民族教育的科研机构，其生产的知识产品主要是服务各级各类民族教育政府部门和各级民族教育决策者。它所体现的社会价值和产生的社会影响力主要取决于区域教育智库得到的科研成果是否能够顺利转化，即被区域教育相关部门或民族教育决策者所采纳、批示以及受到启发等。而区域教育智库科研成果的顺利转化主要依赖于智库是否存在有效的转化机制和传播渠道。也就是说，地方政府部门和区域教育决策者是知识产品的需求者，区域教育智库是知识产品的供给者，传播渠道和转化机制是连接政府教育部门和区域教育智库的媒介。因此，扩大区域教育智库的科研成果转化机制必须从政府、智库、传播媒介三个方面同时入手，形成三者的有效对接。首先是政府部门应该为区域教育智库提供固定的、开放的研究成果报送平台，搭建"需求—媒介—供给—反馈"的有效对接链条。其次是区域教育智库应该建立专门的成果报送和宣传的平台，将科研成果的宣传和推广纳入区域教

---

① 周湘智：《我国智库建设发展趋势前瞻》，2016年3月3日，http://theory.people.com.cn/n1/2016/0303/c40531-28167029.html，2022年10月2日。

育智库科研管理部门的职责范围内，例如，筛选出优秀的区域教育决策的咨询报告和专家建议做成内部刊物或建立成果专报，报送到相关区域教育部门作为政策参考。①

2. 创新科研成果宣传渠道

在互联网时代下，区域教育智库不能仅仅使用一种科研成果的宣传渠道，需要对多种宣传渠道尝试并进行创新，找到适合区域教育智库科研成果的宣传渠道。首先，区域教育智库可以通过学术阵地和传统媒介宣传自己的科研成果，比如发表学术刊物和出版区域专著等纸质媒介、参加国内外有关区域教育的知名学术会议和讲座等。其次，区域教育智库可以建立具有中国区域特色的"政府窗口"，架起区域教育研究者与区域教育决策者进行交流沟通的桥梁。再次，区域教育智库需要依托先进的科学技术以及专业人员建立互联网交流平台，如完善各区域教育智库官网平台的建设和更新维护、设立其微信公众号、建立区域教育专家的博客和微博、开设专家公开课等，从而构建区域教育智库与政府教育部门、国内外教育界、区域教育企业和相关机构，以及处于社会大众间的网络交流平台。区域教育智库在对外推广科研成果、创新思想以及主流观点的同时，及时获取来自各个群体的教育诉求，从而更好地服务于区域教育的科学研究。最后，区域教育智库要积极推进区域教育智库的国际化发展。区域教育智库在夯实自身条件的基础上，应打造国际化的区域教育科研品牌，增加国际交流与合作，争取在区域教育相关领域拥有更多的话语权。

3. 资源共享常态化，实现优势互补

建设区域教育智库是一个长期性、综合性的任务，其面临的问题错综复杂，甚至常常超越民族教育学的学科范畴，仅凭某个区域教育智库的一己之力难以形成全面的研究视角和科学的研究结论，为此，加强区域教育智库间的交流，实现区域教育资源的整合、进行优势互补是十分必要的。例如，美国教育智库自初创之时便十分强调合作研究，美国教育政策研究联盟以全美7所知名高校为依托，将7所高校的资源与人才集

---

① 张瑞芳：《地方高校教育智库运行机制研究——以X教育研究机构为例》，硕士学位论文，西华师范大学，2017年，第51—54页。

于一处，以智库为平台实现共享，各高校的研究能力得以提升，对美国教育智库的整体发展也具有重大战略意义。①

我们应当重视美国教育政策研究联盟的共享理念所带来的成功效应，根据我国具体的民族教育情况发展出一套适合国内区域教育智库的合作机制和模式。共享既包括国内各区域教育智库之间的协同合作，也包括和跨国区域教育智库的相互交流。首先，就国内区域教育智库而言，资源整合主要包括信息的共享和人员的流动，官方、半官方智库具有资源优势，而民间智库因其独立性有着更为开放的思想，通过建立统一的平台实现不同性质的区域教育智库之间信息和人才的相互流通，是一个双赢的合作方式。区域教育智库可以组成跨部门、跨专业、跨类型的研究团队，实现人才及资源的深度融合。其次，区域教育智库的合作不应当局限于国内，还应当采取"走出去"战略，即用全球战略的眼光促进区域教育智库的发展，对于国外先进区域教育智库的成功经验应当认真理性地进行学习与借鉴，努力寻找双方的合作机会，同时敢于将自身的研究成果适时推销出去，在国际其他区域教育智库同行评价的基础上进一步完善自我。

（三）加强区域教育智库产出的质和量

1. 确保区域教育研究的前瞻性和指导性

教育智库最主要的特色就是规划，能够针对未来的教育发展趋势做好提前的准备和计划。我国区域教育智库在立足当下的基础上必须把握好未来民族教育的发展趋势，做好前瞻性研究，这样才能发挥区域教育智库研究的指导性意义，为政府决策提供前瞻性建议。确保区域教育研究的前瞻性和指导性应该从以下几点着手，首先，区域教育智库应时刻关注发达国家的区域教育问题。区域教育发展轨迹具有一定的共通性，很多发达国家当下面临的区域教育问题可能在我国未来也会发生，或者已经存在了潜在的发生迹象。区域教育学者应当重点关注此类区域教育问题，寻找区域教育问题发生发展的原因以及潜在的诱发因素，使得区域教育智库能够及时做出相应的调查研究，防患于未然。其次，区域教

---

① 孙怡光：《美国大学教育智库研究——以教育政策研究联盟为例》，硕士学位论文，上海师范大学，2018年，第28页。

育智库应借鉴其他优秀教育智库或其他智库中的教育研究机构所关注的重大教育问题,追踪优秀教育智库的研究方向与方法,弥补自身在问题发现等方面的不足。优秀教育智库自身一般都带有比较明显的优势,教育研究视角和关注的教育方向比较独特,能够发现一般区域教育智库难以发现的问题,区域教育智库从该方面着手研究可以起到事半功倍的效果。最后,从国际知名专家教育学者的观点中寻找突破点。区域教育智库应该听取包括教育、政治、经济、社会学各领域专家在内的多方学者的观点和建议,这些专家已经在教育领域经过了长期的研究和探索,一些针对某些教育现象的观点和建议通常是很有先见性的,对区域教育智库研究方向的选择会起到一定的帮助。

2. 扩宽区域教育研究视角,走出区域教育学范式

优秀的教育智库能够对国内外的教育局势进行准确的观察和分析,其中一个重要优势在于它的工作人员,优秀的教育智库作为服务于国家教育的组织机构,其本身具有的社会地位和机构属性就能吸引一批来自各行各业的人才,这些研究者来自政治学、经济学、社会学、教育学等多个领域。这些不同专家拥有不同学科的教育背景,有利于跨学科、跨专业的交流、理解和合作,也使得教育智库拥有广阔的视野和更加专业的战略眼光。

很多区域教育问题的解决需要寻找区域教育以外的因素来解决,这就需要区域教育智库摆脱传统教育学的研究范式,立足区域教育本身,面向多种领域,寻求多种解决措施。我国的教育国际化程度越来越高,未来我国也将面临很多国际性教育问题,与更多的国家发生各种各样的联系。我国区域教育智库发展应当借鉴此类经验,在招纳人才方面不拘一格,一方面应该吸引不同国家地区的专家加入研究团队,不断向国际靠拢;另一方面我国区域教育智库在选择人才时也应尽可能地多样化,除了教育学专家外,可以更多地寻求与心理学、政治学、经济学等领域专家的合作机会,在研究过程中听取多方面专家的意见,跳出区域教育学者的专业局限,通过跨学科的研究手段促使各学科之间的有力交流,在更广泛的视角下看待区域教育问题。

3. 拓展区域教育研究深度,提升区域教育出版物质量

区域教育出版物是区域教育智库展示科学研究成果的重要途径,区

域教育出版物的数量和质量也直接体现了区域教育智库的水平和研究人员的能力。西南大学西南民族教育与心理研究中心从建立初期就十分注重研究成果的整理和发表，几十年来一直有计划、有组织地进行系列丛书的出版，尤其是在区域教育规划的制定，区域教育质量、内容和形式方面的研究成就十分显著，为区域教育领域的理论研究作出了重大贡献。我国区域教育智库在教育发展过程中已经注意加强科研理论成果的转化，加快教育研究成果的出版，努力促进区域教育智库自身的研究成果入选国家社科基金成果文库；积极申请国家社科基金重大项目；认真完成中央和国家交办的重大教育项目。目前，我国区域教育智库公开出版的智库研究报告的数量不断增多，质量也在不断提高，但是与国家优秀的教育智库相比较还有待提高，未来我国区域教育智库在该方面仍需努力加强。

（四）区域教育科研成果转化长效化，强化区域教育智库服务能力

教育智库最大的特色就是将人才资源和数据资源转化为政策思想产出，参与到教育决策进程中。如何增强区域教育智库的服务能力，加快区域教育研究思想向决策思想的转化，是发展我国区域教育智库的当务之急。美国的教育政策在制定过程中会有独特的听证会制度，为教育智库的思想、议案提供更多进入决策层视野的机会，是教育研究成果转化为决策思想的有利条件，同时，由于美国教育智库注重推动公众对教育的理解，加强与媒体的联系以扩大机构影响力等举措，对普通民众和新闻媒体及教育界人士的影响也比较大，教育智库兼具核心影响力、中心影响力和边缘影响力。故此，我国区域教育智库可以借鉴此举措，鼓励区域教育智库从决策参与、搭建成果发布平台两方面着手进而提高区域教育智库的影响力，强化区域教育智库服务区域教育决策的能力。

其次，政府一方面要明确区域教育智库对于区域教育决策的参与机制，构建区域教育科研成果产出与决策咨询的良性互动。政府要鼓励、吸引区域教育智库更为广泛、深入地参与到民族教育的决策进程中，允许一些优秀区域教育智库全程参与国家重要教育政策的论证、执行与评估。另一方面应当加强对现有区域教育智库的监管和评估，通过发布客观、权威的智库评估报告，形成约束机制，以"优胜劣汰"的方式推动区域教育智库可持续发展。

此外，区域教育智库自身需要搭建成果发布平台，提高智库的社会

影响力。在区域教育智库专业化运作的推进过程中，区域教育智库应当广泛建立自己的媒体运营团队，使传播媒介达到全方位覆盖，科学研究成果实现实时化传播。具体而言，区域教育智库可采用自办出版物、建立官方网站、微博以及微信公众号的形式传播区域教育政策主张，扩大公众影响力，最终打造区域教育智库的品牌化运作模式。

三　区域教育智库舆论宣传的对策建议

（一）做好政府专报，争取领导批示

政府专报是一般区域教育智库为政府提供教育决策的途径之一，区域教育智库的专报是体现区域教育智库能力的重要方式，因此能否得到政府批示是评价区域教育智库能力的重要指标。在中国特色新型智库的发展热潮中，各个区域教育智库都将专报视为获取政府关注的契机，提高专报的质量和吸引力应是区域教育智库舆论宣传的努力方向。能够获得政府批示的专报往往具有以下几个特点：第一，区域教育智库专报的选题应切合社会和政府的关注热点，对解决当下最紧迫的区域教育问题有所帮助。中国是教育智库大国，各种区域教育智库数量繁多，政府专报要经过层层筛选，其中最具有价值的专报才能够被递交到政府决策层。只有那些主题最鲜明、区域教育问题最具有针对性、能够解决某一区域教育问题的专报才能够通过筛选，才有可能获得被政府采纳的机会。第二，区域教育智库专报中的观点、建议具有创新性。在多如牛毛的区域政策专报中，大多数的专报内容都是极具相似性的，这时候没有创新性的观点很快就会被淹没。第三，区域教育智库专报语言应该简洁明了。专报中最关键信息应当突出明了，让审阅者一眼就能够发现最有价值的信息，否则再优秀的区域教育政策建议也会被埋没在烦琐的文字中；第四，区域教育政策建议的可操作性要强。区域教育智库专报的撰写与理论著作有所不同，更强调操作性。政府决策不是理论研究，决策的制定必须是可执行的建议，否则再完美的理论也只能是一纸空文，不会被政府采纳。[1]

---

[1] 赵春花：《从 TTCSP 智库评估指标看国际教育智库的发展——以国际教育规划研究所为例》，硕士学位论文，上海师范大学，2016 年，第 56—65 页。

（二）注重网站建设，加强网络沟通

除了传统的发展模式，互联网成为当下区域教育智库发展的重要阵地。优秀的区域教育智库往往非常注重网站的建设，通过网络展开各种学术论坛和讨论交流，这样不仅能获取较高的网络关注，也能为区域教育智库节省大量的成本。尤其是国际间的网络沟通，在促进区域教育智库国际发展方面发挥了巨大作用。区域教育智库在网络建设方面可以从以下四个方面进行：首先，区域教育智库需要提高区域教育智库网站的点击率。区域教育智库官网由专业技术人员不断完善网站内容，及时更新网站信息，发布最新相关教育资讯和科学研究成果，展开教育热门话题的讨论，吸引人们的关注。其次，区域教育智库需要提升移动公众平台，如微信、微博等的关注度，建立粉丝群并扩大粉丝数量。再次，区域教育智库可以延伸国际合作项目，提升国际知名度，积极争取与国际著名区域教育智库的对接。最后，区域教育智库可以提高区域教育智库英文名在主要搜索引擎上的搜索量。

（三）争取媒体亮相和媒体引用

区域教育智库要想被更多的人了解和接受，必须进行积极主动宣传，扩大各方面的影响力，而这其中最有效的方式就是主动争取媒体的关注，扩大媒体引用和转载量，并配合媒体做好民族教育的宣传工作。上海社会科学院智库研究中心在对国内智库影响力进行评估的标准中，其中有三项标准涉及了媒体：第一是在主流媒体上发表评论性文章或研究成果被主流媒体引用的次数；第二是参与主流媒体的访谈类节目的次数；第三是具有重大影响的媒体报道的次数。[1] 媒体的关注可以快速提高智库的影响力，对区域教育智库也是如此。争取媒体亮相除了区域教育智库自身努力提高实力，争取在重要会议和重要场合有突出表现之外，还应该学会运用一些媒体营销手段推销自己。纵观国内外一些优秀的区域教育智库，总是能够抓住媒体关注的教育焦点来吸引媒体的注意，甚至是运用媒体免费为自己推广宣传，或者是制造话题引起媒体的关注。区域教育智库自身的特殊性决定了其在运行和发展过程中必须遵循一定的准则

---

[1] 上海社会科学院智库研究中心：《2018 年中国智库报告——影响力排名与政策建议》，上海社会科学院出版社 2019 年版，第 17—18 页。

和约束，但一些国内外优秀的教育智库或智库的做法可以为我们提供一些借鉴。区域教育关乎民族地区的社会民生，区域教育问题历来就是广大人民关注的焦点，区域教育智库应当抓住这一重点，结合区域教育智库自身的学术理论专长，就当下社会最突出的民族教育问题发表自己的观点，引起媒体的关注、引用和转载，同时合理利用自媒体作为宣传途径，让更多的群众真正认识到区域教育智库在民族教育发展过程中的巨大作用。

（四）数据更新实时化，建立信息支撑

伴随着大数据时代的到来，教育研究越来越提倡云计算、大数据等新兴技术手段的运用，广泛收集和挖掘最新最全的教育资讯及数据是开展区域教育科学研究的前提条件，是提高区域教育研究效率和质量的"制胜招数"。因此，区域教育智库应该构建大数据平台，实现从传统的样本采集与分析过渡至基于互联网全覆盖的数据研究，建立完善的区域教育数据支持系统是加快区域教育智库建设的必然趋势。

区域教育智库要构建信息支撑机制，首先，要建立获取教育数据的畅通渠道，保证稳定的信息来源，要密切联系政府数据管理部门、高校及其他教育科研机构，拓展数据资源获取途径，同时区域教育智库还可以购买国内外相关的数据库资源，实现对外接轨。其次，区域教育智库要加强对数据平台的开发和维护，积极开发多种数据采集方式，实现区域教育智库来源的最大化，注重对数据库终端的不定期维护和优化升级，确保数据平台运行正常，还要把握信息的实效性，及时进行更新，优化资源质量，并注重对数据的多维使用、深度挖掘，以提高信息资源的利用率。另外，区域教育智库构建信息支撑机制还需要扩大数据资源的开放度，实现教育信息的双向流动。区域教育智库的使命决定了其对教育数据的双向管理作用，因此，区域教育智库在构建大数据平台的过程中不仅要注意数据来源的拓展，还需要扩大资源的开放程度，畅通教育信息发布渠道，既要保证教育研究工作者能及时有效地获取所需研究资源，又让普通民众能够方便快捷地了解区域教育研究进展。

四 区域教育智库人才培养的对策建议

优秀的区域教育智库特别重视跨学科人才的培养以及人员管理的机

制，其工作人员的学术背景十分丰富，不仅有教育学专家、心理学专家还有经济学专家和数学专家。丰富的学术背景为教育智库的科学决策、政策咨询以及功能发挥起到了明显的助推作用。与此同时，区域教育智库若能对人员进行有效的管理，就可以为区域教育智库储备大量的人才资源，有利于教育政策的顺利实施。与优秀的教育智库相比，我国区域教育智库的人才资源学术背景较为单一，大多就教育而研究教育，长此以往不仅不利于创新思维的产生，对于区域教育智库的功能发挥也会起到阻碍作用。目前，我国区域智库的工作人员不能在各部门之间合理流动，无法进行互相的交流。鉴于此，我国的区域教育智库要想持续发展就必须拥有高水平的科研队伍，鼓励多学科交叉背景的人才到区域教育智库中工作，为创新思维的产生以及区域教育政策的科学制定贡献良策。同时，区域教育智库也要审时度势，不断修改和完善人员管理制度建设，允许政府部门和高校人员之间的合理流动，让旋转门真正地转起来。

（一）人才引进机制

人才是区域教育智库发展的关键，也是区域教育智库在建设和发展过程中非常注重的内容。一方面，人才的质量影响着区域教育智库研究水平的质量、发展的速度；另一方面，人才的质量也体现了区域教育智库自身的实力和吸引力。优秀的区域教育智库往往有能力雇佣和留住优秀的学者和分析员，优秀的研究人员撰写研究报告和深度分析的能力也普遍较高。上海社会科学院智库研究中心组织的中国智库排名中，将首席专家和领军人物年均薪酬以及新引进研究人员年均薪酬作为评价"智库能力吸引力"的重要标准之一，体现了人才对于智库发展的重要作用。[1] 我国区域教育智库要想快速发展，必须注重人才的引进。首先，区域教育智库可以通过高薪资吸引人才；其次，区域教育智库也需要不断提高自身能力，形成区域教育智库的向心力，吸引国内外优秀人才的加入；最后，区域教育问题的解决往往需要多方协助，在人才引进过程中，区域教育智库不应拘泥于教育人才，也应积极吸引其他专业领域的专家学者，取各家之所长，使各方面知识融会贯通，产生"一加一大于二"

---

[1] 上海社会科学院智库研究中心：《2015年中国智库报告——影响力排名与政策建议》，上海社会科学院出版社2016年版，第14—16页。

的效果。

(二) 人才的培养机制

目前,我国面临着具有多学科、跨界知识背景的国际型智库人才的短缺。大多数区域教育智库人员仅具有单一学科的知识背景,区域教育智库的主力军多是教育学背景的人员,难以应对当今社会对区域教育智库的需要和其自身的发展。此外,区域教育智库为了节省成本,研究人员的选用多是雇用兼职人员,然而,太多的兼职人员会影响科学研究的效率,阻碍区域教育智库的发展。区域教育智库要有符合自己民族文化,能够代表本区域教育智库气质的专职人员作为智库形象。在聘用专家学者的同时也要培养本区域教育智库的专职研究员,努力完善人才流动机制,提供与其他区域教育智库进行交流学习、锻炼或深造的机会。加强其他教育智库的交流合作,开辟更多学习交流的路径。区域教育智库人员可以实行"走出去"和"带回来"的战略,具体可以通过去作为同行的其他区域教育智库走访学习与交流,如果有条件的话,还可以去国外区域教育智库参加其研究项目并进行协助研究,从而带回先进的区域教育智库理念、研究技术以及研究方法,用以促进和发展本区域教育智库的人才储备。

(三) 人才激励机制

正能量的激励机制对于任何一个组织机构的管理都是必要的,对于区域教育智库也同样适用。正如著名的心理学家弗雷德里克·赫伯茨指出"激励因素才是真正的激发人在工作之中的动力和工作积极性的源泉"[1]。教育智库需建立有效的激励机制,做到效率优先、兼顾公平,精神和物质奖励齐头并进的激励机制。

1. 物质激励

马斯洛的需要层级理论指出人的最基本的需要是物质需要。物质上的需要得到满足才能有动力去为精神的需要而奋斗,物质奖励在工作中是必不可少的。智库的物质激励包括基本工资、岗位津贴、补助和奖金。除此之外,还要强调绩效工资,通过对研究人员创造的结果和价值进行量化,与员工所得的报酬进行深度挂钩,以"结果"和"价值"换取报

---

[1] 吴照云:《管理学》,中国社会科学出版社 2011 年版。

酬，刺激和调动工作人员的积极性。

2. 精神激励

人的精神需要是完成任务的强大内驱力。国家相关部门应在精神激励方面，在声誉和称号上给予智库工作人员相应的职称。在精神上的强大支持保证教育智库研究人员以饱满的工作热情，积极投身于教育研究中。对于已取得的研究成果要给予肯定和支持，可以通过参加相关部门组织的评审活动，以获奖的形式颁发证书作为认可。

（四）人才评价机制和区域教育智库评价机制

1. 人才评价机制

人才评价机制是区域教育智库人员质量的保障，也是对工作人员的肯定。高水平的专家代表区域教育智库的研究层次和研究高度，精英学者和专家队伍也被考虑纳入智库排名的指标中。现阶段，区域教育智库没有严格的专家评审机制和进出机制，人员的聘用也只是参考以往的工作成绩进行聘任，没有考核生成机制来保证进入区域教育智库的标准以及淘汰机制。建立人才考核评价机制做到定期或不定期的培训、考核、筛选才能确保区域教育智库人才机制的进一步完善。

2. 区域教育智库评价机制

建立区域教育智库评价机制有助于社会对区域教育智库在认识上提高，增进对区域教育智库的理解。区域教育智库评价机制能从宏观层面对区域教育智库进行综合评价，对区域教育智库的研究成果、决策咨询模式、研究报告、专家、社会反映的指标采取定量分析。国际上对智库的评价体系目前参考的是美国詹姆斯·麦甘带领宾夕法尼亚大学研究的"全球智库排名报告"，国内主要是根据上海社会科学院智库中心发布的《中国智库报告》。如何展开公平、公正、透明的健康区域教育智库评价，这是区域教育智库研究亟待解决的问题。

五 区域教育智库特色领域发展的对策建议

课程体系和教学模式的改革是民族教育改革的核心，决定着人才培养的素养和品质。在民族教育改革进程中，区域教育智库要结合时代要求和国家课改精神，持续探索符合区域和学校实际的课程体系，开展区域教育教学模式改革。例如，把社会主义核心价值观融入区域教育教学全过程，推动落实立德树人根本任务，实现培养社会主义建设者和接班人的目标。又如，在"减负增质"的课改背景下，区域教育智库要借助实验区和实验校，打造符合地方和学校实际的课程体系，创新探索符合教育规律和人才成长规律的区域教育教学模式和教学方法，切实减轻学生负担，提高课堂教学质量。

区域教育政策方针的落实和区域教育理论的构建，必须借助相关的平台。在当前区域教育改革的浪潮中，建立和完善区域教育发展模式，有助于推动中国特色社会主义教育政策方针的传播和推广，同时推动区域教育的发展，提升教育教学质量。区域教育智库在服务国家教育重大政策的同时，也有责任开展区域教育发展模式的探索，不断深入探索区域教育发展模式，提炼、总结区域教育教学成果和经验，树立优秀的典型，同时进行积极宣传推广，由点及面、辐射全国，引领全国区域教育改革与发展。

六 区域教育智库其他领域的对策建议

（一）营造良好的区域教育智库发展环境

由于我国区域教育智库发展的时间较短，其功能和价值还没有充分体现出来，社会各界对区域教育智库的认可度还不高，区域教育智库生存和发展的环境还有待改善。首先，优化民族教育决策程序，把征询区域教育智库的观点作为出台政策的必要步骤。不断发展变化的社会使政府决策者不得不面对更加多样化、更加复杂的政策选择，适时做出正确的抉择对决策者提出了巨大的挑战。面对日益复杂的教育形势，决策者单凭少数人的经验很难做出正确的判断和选择。因此，在每一项重大的教育政策出台之前，决策部门都应委托区域教育智库就关于新政的必要性、可行性及其具体内容进行论证，充分听取他们的建议，提高决策的科学性和有效性。其次，形成有利于区域教育智库发展的社会氛围。政府相关部门应通过举行听证会、大众传媒等形式，给区域教育智库提供展示价值的平台，在全社会形成尊重专业人员及专业知识的社会氛围。最后，构建公平合理的竞争环境。目前，依附型区域教育智库由于和政府保持着非常紧密的关系，因而在经费获取、课题申报、建议采纳等方面占有得天独厚的优势，而独立型区域教育智库则很难分享这些资源。

特别是在运营经费上,独立型区域教育智库无法获得来自政府的经常性财政拨款,只能通过社会捐赠和产品销售等有限的方式获取必要的资源。显然,受当下捐赠文化和区域教育智库自身有限影响力的限制,这些方式也很难带来充足的经费,严重影响了独立型区域教育智库的健康发展。这种状况带来的直接结果是我国区域教育智库发展不平衡,无法形成公平、健康的竞争环境,不利于区域教育智库的整体发展。为此,政府应积极扶持独立型区域教育智库的发展,在经费划拨、课题申报、信息共享等方面给予独立型区域教育智库公平的竞争机会,并使其发挥"鲶鱼效应",激活其他区域教育智库的活力,从而推动区域教育智库的整体发展。

(二)合理高效利用多种资源

1. 多种渠道拓宽经费来源

我国区域教育智库多依托政府和高校生存,因此在运行上要遵守政府、高校以及民族智库管理中心的诸多管理规定,这在我国智库新兴时期起到了规范区域教育智库运作、保护区域教育智库正常发展的作用。我国区域教育智库的发展需要依靠政府资金支持,为政府的宏观教育和民族区域的地方教育进行战略服务,但这与区域教育智库本身的自主权并不矛盾。区域教育智库的长远目标与政府的教育蓝图应该是契合的,只是每一个区域教育智库的侧重点有所不同;另外,区域教育智库的发展不能仅仅依靠政府,要有自己的独立意识和主见。要想做到独立自主,在资金来源上就要多样化,不能仅仅依靠政府帮助,如国际教育规划研究所的资金来源主要有联合国教科文组织财政划拨承包预算外项目、自愿捐款及其他收入三个方面,但联合国教科文组织的常规拨款只占了10%左右的比例,其中大部分资金来自国际教育规划研究所提供教育培训和技术支持所获得的资金以及世界银行、其他社会组织等的捐赠[①]。我国区域教育智库应想方设法开拓多种资助渠道,开拓多种渠道的资金来源,开发区域教育智库的自身潜能,利用自身优势,积极推广实用有效的研究成果,为相关单位提供有偿政策咨询,通过合作项目获取资金、

---

① 赵春花:《从 TTCSP 智库评估指标看国际教育智库的发展——以国际教育规划研究所为例》,硕士学位论文,上海师范大学,2016 年,第 56—65 页。

承接教育调研项目、积极寻求社会捐赠等，努力吸引民间资金的支持，服务机构长远发展。

2. 促进与相关机构的沟通与交流

区域教育智库要想发挥更大的作用，必须做好与各个机构的协调沟通。我国区域教育智库的发展还处于起步阶段，大多数区域教育智库还没有建立起成熟的关系网，因此在发展过程中遭遇了不少挫折。据悉，国际教育规划研究所利用自己作为联合国的一部分的优势地位，积极促进教育规划领域的国家和非国家行为者之间的联系，以此提高并巩固教育改革和政策制定过程中的民主参与，强化教育行政部门的责任，鉴于此，起步阶段的区域教育智库应该做好与政府决策层、政策学术界和媒体的沟通与交流，首先，要了解政府决策层对于未来民族教育的方向性考虑，才能在发展过程中少走弯路；其次，区域教育智库应当多与政策学术界交流，及时了解最新的学术动向和最新研究成果，积极学习、不断提升本智库的学术研究能力；最后，区域教育智库还应搞好与媒体的关系，积极利用媒体为自己做好宣传，这样往往能够达到事半功倍的效果。

3. 加强国际合作，提高国际影响力

区域教育智库应有超前意识，积极加强国际合作，提高自身的国际影响力。具体可以从以下三个方面加强区域教育智库的国际化水平。首先，聘请国际知名专家。聘请外籍专家可以很好地促进研究人员之间的交流与合作，提高本国民族教育研究人员的国际视野，扩宽问题解决思路，获取更多的国际资源。但是目前我国很多区域教育智库还不具备聘请外籍专家的能力，鉴于此，区域教育智库发展初期可以通过网络协作的方式寻求帮助，也可以聘请兼职的外籍专家给予指导。其次，在世界主要国家设立分支机构。对于较为成熟的区域教育智库来说，在世界主要国家设立分支机构可以帮助教育智库更好地了解国际形势，加强国际合作，提高国际影响力。最后，扩大与国际区域教育智库以及其他国际机构的合作。国际合作也可以有效地提高区域教育智库的国际影响力。

第 四 章

大数据时代下的区域教育智库

第一节 大数据时代下的区域教育智库特质

大数据是指大量、海量的数据，这些数据是信息的载体。通过这些海量的信息，科研工作者可以轻松找到各研究领域的相互关系。目前，新型的传感器、遥感雷达、可穿戴设备，以及智能手机、机器人、虚拟现实环境等数据生成装置进入了人类生活和工作的各个方面，实时记录并积累了海量的数据资源。同时，随着信息时代的来临，互联网技术也为这些基于大数据的设备提供了快速传输的保证，也提供了海量的数据在线存储和数据安全的双重保险，比如云存储、虚拟化技术、云计算能力等。目前，大数据时代已悄然来临，我们生活中所接触的各类产品或互联网平台都与大数据有关，比如Facebook、QQ、微信、阿里巴巴、亚马逊、淘宝等，这些公司或者产品都与大数据有关，它们为用户提供了多种多样的大数据服务，推动了大数据技术在短暂的数年内在全球范围内长足的发展，这也将人类社会推进到了大数据的时代。事实上，这些先进的大数据设备和技术为数据的产业化提供了坚实保障，也从根本上推动了数据的变革，适应了社会的快速发展，为社会的基础性改革提供了强大的动力。

一 解析大数据

（一）大数据的内涵及特点

虽然大数据是当下人们最常使用的一个词语，但学术界对于大数据定义众说纷纭，并没有统一的定义，如上所述，大数据从字面意思理解

第四章　大数据时代下的区域教育智库　◇　127

为大量的数据、海量的数据。事实上，这种理解也是正确的，大数据本身就是集大量的、海量的数据做出的分析和产品设备。美国学者麦肯锡在他的研究报告《大数据：创新、竞争和生产力的下一个前沿》中阐述："大数据是指超过常规数据规模、存储、管理以及分析处理能力的海量的数据集合。"[1] Gartner公司对大数据是这样解读的："大数据是需要新的数据统计处理能力的模式，才能表现出更强的决策能力、洞察能力以及流程化能力的信息资源束。"[2]《大数据时代》表述为："大数据是一个流动性很强的概念，数据会在1秒内增加好多容量。大数据与普通数据的根本性区别在于，普通数据可以通过人工在短时间内合成、处理，而对于大数据，人工根本不可能在短时间内完成，必须借助于更可靠的计算机分析系统才能处理，并成为研究者能解读到的信息。"[3] 国内学者涂子沛认为，"大数据是超过传统意义上的数据尺度，一般的统计软件根本无法加载和分析，更不可能存储和管理。"[4] 邬贺铨认为："大数据是指海量的数据集合，这些集合是无法通过人工来分析的，也无法从这些海量的数据集中提取对自己有用的信息；然而，这些海量的数据集可以通过更先进的计算机云计算的技术进行分析，借助于先进的云计算，我们可以从这些海量的信息束中获得对自己有价值和有用的信息。"[5] 因此，结合国内外学者对大数据的观点，我们可以综合地给大数据下一个定义，"大数据是指海量的数据集合，这些数据的集合无法通过一般的统计软件和计算机对其进行分析、管理和存储，这一超大规模的数据集合必须通过更先进的软件或者云计算技术进行分析处理"[6]。

---

[1] James Manyika, Michael Chui, Brad Brown, Jacques Bughin, Richard Dobbs, Charles Roxburgh, and Angela Hung Byers. "Big data: The next frontier for innovation, competition, and productivity", Mckinsey Global Institute, (May 1, 2011), https://www.mckinsey.com/business-fun ctions/mckinsey-digital/our-insights/big-data-the-next-frontier-for-innovation, (October 2, 2022).

[2] Michael Wessler, *Big Data Analytics for Dummies*, New Jersey: John Wiley & Sons, Inc, 2013.

[3] ［英］维克托·迈尔·舍恩伯格、肯尼思·库克耶：《大数据时代》，盛杨燕等译，浙江人民出版社2012年版。

[4] 涂子沛：《大数据：正在到来的数据革命》，广西师范大学出版社2012年版，第57页。

[5] 邬贺铨：《大数据时代的机遇与挑战》，2013年2月16日，http://theory.people.com.cn/n/2013/0216/c40531-20495578-2.html，2022年10月2日。

[6] 周芳检：《大数据时代城市公共危机跨部门协同治理研究》，博士学位论文，湘潭大学，2018年，第19—22页。

大数据主要有以下六个明显特点：

其一，数据规模巨大。有统计显示：2011 年，全球信息量大约有 1.8ZB；2012 年，全球信息量大约升至 2.8ZB；截至 2020 年，全球信息总量将达到 40ZB。全球信息量的剧增呈现指数变化的趋势，每年的信息量都比往年有巨大的增长。从大数据时代来临开始，全球人类每天总产生约 5EB 数据信息，这种数据产生的速度，相伴随的是数据技术突飞猛进的发展，这就导致智能手机、虚拟设备、环境遥感卫星等基于大数据技术而来的科技的迅猛性进步。就目前现实情况来说，大数据的规模是一般的计算机或者统计软件无法进行计算和存储的。全球数据采集技术得到了空前发展，这就会同时导致计算机传输和储存技术得到革命性的变革和发展，这些海量的信息不仅可以存储在云端，而且还能随时随地地对这些数据进行处理，也就催生了如量子技术、高能物理、密码学、基因测序、航空模拟等科学技术的根本性变革。① 大数据数量之所以会达到盈千累万的规模，就在于我们每个人在日常生活中就会产生数据，无论是手机短信息、浏览器浏览痕迹还是微信聊天记录、App 使用等等，人们无时无刻不在产生数据。②

其二，大数据服务的开放性。大数据的存储端不仅仅服务于我们社会生活中的各行各业，同时也为我们的政府或者企业管理部门服务。此外，大数据也一直贯穿于人类的日常生活。从大数据收集的角度来讲，大数据的收集并不仅仅是为了收集海量的数据而进行收集，而是有针对性地进行收集。研究者对收集的数据进行深入细致的分析处理，得出客观的结果，结合研究状况提出实用性建议，使大数据更好地服务于我们的社会生活，这才是收集大数据的根本目的。举个例子，商家可以通过海量的商品购买信息来分析消费者对某种产品的偏好，商品购买信息可以揭示消费者在购买产品的过程中更喜欢何种款式、何种颜色、何种价格区间的产品，因而可以帮助商家有针对性地多制造同类产品，使其利润达到最大化。或者，政府部门可以从电信部门、微博数据、网购数据

---

① 赵博：《基于大数据的战略预见研究》，博士学位论文，中共中央党校，2016 年，第 3—121 页。
② 注：1GB = 1024MB；1TB = 1024GB；1PB = 1024TB；1EB = 1024PB；1ZB = 1024EB。

等海量的数据中，分析出目前国民整体的消费水平和消费层次，估算出消费者的消费能力等现实客观信息，这可以成为政府制定相关政策的参考依据等。当然，这些数据并非某一些机构所持有的，这些数据的服务均是开放的。我们可以从这些海量的大数据中依照某些标准筛选出我们想获取的信息，进而制定自己的目标，使自己的目标实现最优化。

其三，数据结构的复杂性。大数据的构成是以非结构化的数据为主，结构复杂且种类繁多，它不是以表、行、字段构成的，而更可能是影像、图片、语音、视频或者其他类型的数据结构，也有的是这几种不同类型的数据结构的结合体，除此之外，大数据的存在形式还可以是一些程序代码、信号、电子地图等。大数据的类型与传统意义上的数据类型是完全不一致的，它不能像结构化数据一般，只需通过提前的分析，整理出数据的意义及数据之间的相关属性，从而构造一定的结构来表示数据的属性，使其存储于适当的位置，以便于后期的查询、处理、分析。大数据关注于大量的非结构化数据，强调特定性、小众化，因而对这些复杂的数据信息的存储、处理和分析也是不一样的。目前，发展起来的比较成熟的大数据分析技术有 Map Reduce 流程、Hadoop 并行计算、Spark 可视化技术等，这些技术为存储的海量的大数据的处理提供了可行条件。

其四，大数据的分析工具复杂。大数据的主要特点之一是这些数据不仅是海量的数据，而且是一些非常规的数据。对于非常规且海量的数据，其分析工具就需要选用那些非常规的工具和非常规的技术，所以大数据不仅包含了海量的含义，而且包含了数据专业化处理的速度。然而，目前并没有适合于所有场景的大数据分析工具，由于不同机构、项目有不同的需求，处理数据规模、处理数据种类的要求也各不相同，因而对于大数据分析软件和工具的选择也千差万别。站在技术的角度，大数据无法用传统意义上的计算机进行处理，对其的处理需要选用非常规的分布式并行处理的方法。这种方法过程是把大数据放在虚拟的远程服务器之上，依托于强大的计算机云处理系统进行数据分析，而计算机的终端只负责处理结果命令的发送和结果的输出以及展示。

其五，大数据的利用价值高。大数据在收集的过程中，一些大数据设备在不间断地传输数据，从而积累成大数据库。大数据库随时更新，每时每刻都在变化，这有助于战略性的策略的制定者制定一些可行且高效的策略,他们通过大数据、互联网整合收集到及时更新的海量信息,依托于快速化、细致化、精准化、智能化、数字化的大数据处理手段,从而促进实现高质量的决策,实现效益的最大化,并能够防范决策过程中可能出现的风险因素。而且,大数据带给人们的价值永远高于其数据集本身,人们无法通过人工来计算大数据,只能通过特定的分析技术发现大数据本身具有的联系和逻辑性,这对我们解释社会科学之间的因果关系有着至关重要的作用。

其六,大数据的预测性。大数据不仅可以就某一问题进行快速的结果统计分析,如"问卷星"等调查统计小程序可以使研究者们在线上短时间内收获大量的研究数据。由于其本身具有庞大的数据资源,大数据还能够对某一问题的走向进行多种潜在可能结果的预测,例如一些英语学习App采用一定数量的阅读题、听力题、口语题等对某人现英语水平进行估计判定后,再根据个体现阶段的英语水平判定结果、个人接受英语教学的能力、使用该软件时常浏览的内容和能够利用在英语学习上的时间制定适用于个体的几种个性化方案供其选择,包括学习内容、教学模式、预计完成的日期及预测其完成后能达到的英语水平;导航软件高德地图由最初采用实体出租车流动采集活动轨迹数据变为互联网众多用户共享海量的交通信息数据(或者称之为众包数据)、行业数据(物流车、出租车等)、交通事件数据的综合,以此解决了全国交通信息采集问题,不仅使采集到的交通信息的范围覆盖面广,采集速度还快,最重要的是,基于大数据能力及公安交通管理部门对外发布的全国主要城市的交通分析报告能够达到准确地预测城市农村、高速公路、旅游景点等的道路拥堵现行状况及流通趋势,为群众规划出多种路径选择,无论是火车飞机、自驾出行,还是公交地铁、走路骑行,均会有相对应的到达预测时间及目的地附近路况实时预估结果[①];气象局根据近期气象变化状况、卫星云图、以往温度变化情况等大数据能够更加精确地推断一段时间内的天气变化。大数据存在的意义在于解决问题,而其核心价值就是预测,基于事件发生的规律,找到其内在特征及变化之间的联系,对某

---

① 中国经济网:《高德地图:交通大数据越来越"懂你"》,2017年4月1日,http://www.ce.cn/xwzx/gnsz/gdxw/201704/01/t20170401_21671919.shtml,2022年10月2日。

件事情给予可能发生结果的预测概率,为决策者做选择时提供强有力的参考内容。

此外,随着大数据储存量的增加、数据类型的剧增,数据更新的频率也在不断地加快,大数据在数据处理和存储方面遭遇到了前所未有的挑战。为了应对这些挑战,目前出现了很多比较先进的数据处理技术,从而促使大数据更加完善。同时也催生出了许多新兴的数据分析行业,在大数据每一个分析的流程上,都产生了与之对应的产业链和数据处理技术。比如:(1)大数据的采集技术。大数据的采集是指如何抓取大数据,并对抓取的大数据如何清洗、如何格式转化、如何提取,甚至会一直持续到最后如何保存等过程。大数据的抓取,目前主要的技术中占较高比例的是爬虫。爬虫是指按照一定的规则、在一定范围内的网络内容中,对所需要的数据进行一一对应的计算机抓取,这种抓取的数据不受数据格式的影响,爬虫技术既可以抓取文本格式的数据,也可以抓取特定数值型的数据,爬虫对数据的抓取只与研究者所要研究的目的有关,是目前应用最广的数据抓取技术;(2)大数据存储技术。大数据之所以称为"大",主要是因为其数据是海量的,聚沙成塔,积少成多。因为海量,所以需要的储存空间也要很大,一般的计算机容量或者储存设备往往装不下如此之多的数据。因而催生出了很多的数据存储技术,比如NOSQL数据库、云存储等,这些数据存储的技术给大数据的存储提供了便利且容量较大的存储空间;(3)大数据的基础架构技术。大数据的基础架构技术主要包括分布式存储、云技术存储、虚拟化技术等。这些技术为大数据的基础架构提供了可行性的条件,也保证了大数据在使用的过程中能够顺利提取和分析处理;(4)大数据的数据处理。大数据的数据处理依靠普通的统计软件是无法得出真正有价值的结果的,普通的统计软件也无法针对大数据进行统计处理。一些普通的统计软件是分析特定的数据类型的,比如SPSS主要分析数值型的数据,对于文本数据则无法处理。因而,这些普通统计软件的局限性就使得大数据需要特殊的软件和空间进行分析。近几年发展起来的机器学习,就是处理大数据的一种方法,机器学习包括遥感影像处理、社交媒体数据的处理、金融信息的数据处理、自然语言处理等。这些处理方法都有助于人们对纷繁复杂的数据进行理解和归纳,进而探寻大数据内部存在的逻辑关系。此外,大量的统计学的方法也适用于大数据的分析，在统计方法的应用上，传统数据与大数据是没有质的差异的，甚至大数据要比传统小样本的数据更适用于这些条件方法，它们更容易满足每一种统计方法背后的统计逻辑假设，比如假设检验、方差分析、回归分析、因子分析、最优尺度分析、结构方程模型等；（5）大数据的更深层次的挖掘。大数据的挖掘是指对海量的数据集合进行规律性的探索，进而运用这些海量数据进行描述现状、预测未来。大数据的挖掘主要包括数据的分类、预测、相关分析等；（6）大数据结果的呈现。研究者完成了以上 5 个步骤以后，可以通过特定的方式进行大数据结果的汇报和总结，形成文字性的研究报告，这些报告与我们传统意义上的数据呈现并没有质的差异，但大数据的结论却比传统的小数据得出的结论更具有推广性，更具有宏观性的价值[①]。

（二）大数据的价值

大数据的价值主要体现在数据使用的过程中，即从海量的数据信息中挖掘出有用的信息。这些信息在使用的过程中，则体现了无比优越的价值性。从大数据的结果来分类，大数据的使用价值主要体现在四个方面，即主要包括社会网络的大数据、科学研究的大数据、企业的大数据以及大数据的战略性价值[②]，本章节对大数据的这四个价值进行如下阐述。

其一，社会网络的大数据。社会网络数据主要体现在一些网站或者企业官方网页上，他们可以借助于顾客海量的消费信息、浏览痕迹，进而分析出其想要研究的内容所得出的科学结论。一些 IT 行业的大数据则往往关注的是产品的研发。事实上，社会网络数据包罗万象，不仅仅是一些商家的网站，而且也可以是一些社会民生、经济、政治、文化等，这些数据都可以纳入社会网络大数据的范畴之中。比如，百度有着海量的公众搜索数据，阿里巴巴则有着公众交易数据，微信则拥有着朋友圈数据，QQ 则拥有着空间数据等。通过对这些数据的整理和分析，我们可

[①] 赵博：《基于大数据的战略预见研究》，博士学位论文，中共中央党校，2016 年，第 3—121 页。

[②] 赵博：《基于大数据的战略预见研究》，博士学位论文，中共中央党校，2016 年，第 3—121 页。

以探寻这些数据之间存在的各种差异和其中的关键性信息，充分利用其帮助我们辅助决策，进而做出战略性的预见。

其二，科学研究的大数据。相对于社会网络的大数据而言，科学研究的大数据数量更多，且其数据更具有价值，数据间内含的逻辑更能揭示事物之间的因果关系，不过一般而言采集与此相关的研究数据所花费的代价也更高。比如生物工程的基因大数据、天体物理运作的大数据、离子对撞机每秒可以产生 PB 级别的海量数据等。研究者可以通过这些海量的数据，借助于计算机的高速且精密的计算能力，从而找出事物之间的逻辑关系，揭示事物现象与发展规律，甚至引发科学认知革命。

其三，企业的大数据。相较于社会网络和科学研究的大数据，企业的大数据类型比较多，不同的企业具有不同种类的大数据类型。在企业的大数据中，一些数据可以进行相互比较，一些数据则不能进行相互比较，这取决于研究者设定的研究目的。此外，企业的大数据更翔实，包含的类型更多，比如图片、音频、视频、文档等。企业管理者对这些数据存储之后，可以通过对这些数据的海量分析，然后判断出企业的未来走向、制定企业未来的发展目标、判定企业的定位以及做出一些战略性的目标等。

其四，大数据的战略性价值。在大数据时代，数据是一种战略性的资源。这种战略资源可以预测大到国家政府，小到小型民营企业等的未来发展走向，而且还能详细预测其命运趋势。因此，大数据的战略性价值是其他资源无法替代的。大数据不像其他的资源，我们在平时生活中看不见，也摸不到大数据，但它的的确确存在，而且还深刻地影响着我们的生活，我们的未来生活的发展变化在很大程度上也要依靠大数据的预测研判。由此可见，大数据的战略性价值极其重要，这也是政府大力提倡进行大数据研究的主要原因。

(三) 大数据的历史发展脉络

1. 大数据在国外的历史发展脉络

大数据的发展具有很短的历史，但每一个历史的发展阶段却都具有辉煌的成果，每一个历史阶段都带来了计算机发展的革命，这在其他科学的历史产生过程中是不曾有的，人类从此进入了"大数据时代"[1]。具体来讲，在国外，大数据的发展可以分为以下四个阶段[2]：

第一阶段：大数据的萌芽阶段（20世纪90年代至21世纪初）。这个时期内，尚没有"大数据"的概念。1997年10月，在美国的一次电气和电子工程师的会议当中，有人首次提出了大数据的概念。2001年，美国的Granter公司第一次开发出了大数据模型，这时，大数据这一概念才被广大的统计工作者所知晓，但公众远远不清楚大数据能做什么，还不了解大数据到底为何物。

第二阶段：大数据的突破阶段。自从大数据的概念被提出来以后，就被国内外众多的研究者、企业家所关注，很多科研机构对此进行了深入的研究。这时候的大数据处于初步研究阶段，取得了不少研究成果，促使大数据的全面发展更加完善。对大数据研究的突破主要表现的时期是21世纪初期。2003年前后，美国的Facebook取得了长足的进步，这促进了大数据的普及和应用。2005年，Hadoop计算的出现解决了大数据计算的方式困难这一根本性的问题，从而实现了对大数据进行全面且灵活的数据分析操作。

第三阶段：大数据的成熟阶段。随着Hadoop算法项目的出现，基于大数据平台的其他算法也得到了长足的发展，各种大数据的平台系统和计算系统得到了不同程度的开发，很多大数据计算技术也逐步开始走向商业运行。这使得大数据技术逐渐被公众所了解。2007年，美国学者Jim Gray基于大数据提出了"数据密集型科学发现"，这促使了大数据成为科学改革的第四范式，极大地促进了大数据的发展，并奠定了大数据在科学研究过程中具有不可取代作用的重要地位。2008年，谷歌在《自然》杂志上推出了有关大数据的研究专刊，大数据因而为全球学者所周知，同时也获得了计算机人员、统计学家等一系列相关研究人员的普遍认可。自此，大数据正式地迈入科学的殿堂。

第四阶段：大数据的应用阶段。自大数据迈入科学的殿堂以后，大

---

[1] 新玉言、李克：《大数据：政府治理新时代》，台海出版社2016年版，第30—31页。
[2] 周芳检：《大数据时代城市公共危机跨部门协同治理研究》，博士学位论文，湘潭大学，2018年，第19—22页。

数据的应用普遍得到了广大研究者、学者，甚至商业人员的承认，并基于大数据开发了相应的数据平台和计算系统。2012年4月，美国总统奥巴马签署了《大数据研究和发展计划》的文件，并成立了大数据高级指导小组，这一举动标志着大数据的发展已经完全成熟，并开始为国家政府服务。自此以后，中国、英国、法国、日本等多个国家都对大数据展开了细致的研究，并加大了研究资金的支持力度，积极地促进了政府和公共领域大数据的应用。目前，这些国家在不同程度上都开发了大数据的潜在价值。2012年7月，基于大数据给全球的发展带来的便利性，联合国发布了《大数据促发展：挑战与危机》白皮书，主要指出在目前全球化的进程中，大数据发挥着极大的优势，各国也迎来了大数据研究的高潮，大数据的应用将会渗透到社会的各个领域之中，全球的一些发展性问题也会应用大数据的思维方式进行解决。

2. 大数据在国内的历史发展脉络

相较于在国外的发展历史，大数据在国内的发展历史更为短暂，但这短暂的历史也可以划分为四个阶段，每个发展阶段都对国家产生了深远的影响。

第一阶段：大数据初步规划阶段。国内对大数据的研究相对较晚，但当国家开始重视大数据研发的时候，一些研究机构已经可以成熟地运用大数据技术了。所以，我国研究大数据的起步虽晚，但技术已经相对成熟。大数据初步进入国家规划阶段是在"十二五"的时候，2011年12月，我国工信部将信息技术作为四项关键技术创新工程之一被提出来，其中包括了海量的数据储存、数据挖掘、图像智能视频分析等。自此，大数据在我国的发展搭上了历史的快车。

第二阶段：大数据的商业化阶段。2012年7月，阿里巴巴集团设立了"首席数据官"，全面开始实施"数据分享平台战略"，这表明大数据的商业应用阶段在我国已经成熟。大数据可以为我国的商业起到战略性的指导作用，通过对大数据的处理与分析能为企业带来利益的最大化。随后，各个商业公司分别成立云服务平台，成立云计算中心，并直接给用户提供不同程度的大数据服务。

第三阶段：大数据重大研究计划阶段。自从大数据给企业带来更大的商业化利益之后，大数据就被我国研究者广泛研究并指导实际应用。

自 2013 年以来，大数据几乎每年都被列为国家自然科学基金，国家在大数据的研究上投入了大量的科研资金，也建立了很多大数据研究的平台。此外，一些高等院校设立了大数据科学院，甚至云计算中心等，使得学者们能积极探讨大数据专项计划和大数据的未来发展战略。[①]

第四阶段：大数据的国家战略阶段[②]。自大数据在我国的发展经历了上述的几个阶段以来，大数据的技术无论是商用还是民用，抑或是国家使用，都已达到了十分成熟的阶段。大数据的指导作用也经过了诸多专家的论证，并在实践中取得了可信且稳定良好的结果。基于此，大数据进入了国家战略性的发展阶段。2015 年，国务院颁布了《促进大数据发展行动纲要》。据不完全统计，目前关于大数据的国家批示或者签署的相关文件达到了 60 多份。此外，自大数据的发展进入国家战略阶段后，大数据得到了更为广泛的商用和民用。近年来，大数据在我国的国家治理、商业营销、民生服务等众多领域都得到了长足发展，引发了多个行业的技术性的发展变革，正式开启了大数据时代。

（四）科学的第四范式

2007 年，美国学者、计算机图灵奖得主 Jim Gray 在美国计算机科学与电信委员会会议上，站在历史的角度，提出了"数据密集型科学发现"的观点，将大数据革命称为"科学方法的革命"，将其看作是科学研究的第四范式。他认为，纵观整个人类历史发展的过程，可以归纳为四个范式的过程，即实验归纳范式、模型推演范式、仿真模拟范式和数据密集型科学范式，也就是现在的大数据。

实验归纳范式是人类最早使用的科研研究范式。实验归纳主要是通过对自然现象进行精确的记录和描述，进而通过归纳研究得出自然现象的本质，从而推导出科学的真理的过程。实验归纳范式受到各种阻力，也受到实验条件的限制，很多时候难以真正地解释事物之间存在的本质关系。随后，考虑到实验归纳范式的不足，科学研究者基于此提出了模型推演范式。模型推演范式是实验归纳范式的简化模型，通过模型的推

---

① 陈颖：《大数据发展历程综述》，《当代经济》2015 年第 8 期。
② 周芳检：《大数据时代城市公共危机跨部门协同治理研究》，博士学位论文，湘潭大学，2018 年，第 19—22 页。

演，归纳出事物之间的关系，从而建立一些数学模型，这些模型可以用精确的数字来衡量。模型推演范式一直持续到19世纪末，这个时代是模型推演范式的黄金时代，其间也出现了影响世界整体发展的其他科学研究：比如牛顿的三大运动定律、麦克斯韦的电磁力学、爱因斯坦的智能方程、相对论等。这些理论即使到了现在的大数据时代依然不过时，依然会对世界的发展产生至关重要的作用。在此之前，模型推演范式占据了整个科学的主流。20世纪中叶后，随着计算机技术的发展，科学研究的范式出现了第三个时代，即模拟仿真时代，模拟仿真通过计算机的特殊运算，可以模拟出不同的运动结果，也可以模拟出各种复杂的现象，并能得到较好的效果，可以供研究者进行参考。比如，我们在实验核爆炸的时候，其产生的破坏作用完全可以通过模拟仿真进行模拟，再比如我们经常接触到的天气预报，等等。后来，随着计算机的飞速发展，许多实验完全可以通过计算机完美地模拟出来，以至于仿真模拟越来越可以取代实地实验了，这也是仿真模拟范式的发展阶段，是科学研究的第三范式。如今，计算机的发展极为迅速，信息技术呈现出爆炸式的增长，计算机不仅能做仿真实验，而且还能对成批的数据进行分析、归纳、总结和处理。未来的科学发展离不开计算机，也离不开海量的数据，对海量数据的处理是未来科学技术的方向，也就是数据密集型科学，即上述的科学研究的第四范式。也可以说，过去的三个科学研究的范式，都可以由第四范式进行模拟推演，科学的第四范式在某种程度上可以完全取代上述的三个范式，其产生具有巨大且无法估量的科研价值。在未来的科学研究中，大数据必将引发科学研究的又一次革命。

按照科学的第四范式的观点，人们在进行科学研究的时候，以往科学研究过程中往往会涉及一些无关的变量，但以往的研究过程对这些无关变量常常会进行忽略。事实上，这有违科学研究的假设，得出的结论往往不精确，其结果也会引起他人的质疑，特别是在社会科学领域，这种现象更为严重。在以往的三个范式中，我们总是基于核心变量开展研究，而将一些无关变量进行控制，甚至排除在外，我们潜在的逻辑假设是这些无关变量对我们研究的核心目的不会产生显著影响，因而对其的关注程度往往不足。然而，我们这种潜在的逻辑假设是站不住脚的，传统的研究都是基于小样本的研究，而无法从整个样本进行推断。虽然小样本的结论可以推演出大样本的结果，但依然避免不了犯一类错误的可能性。而大数据可以很好地避免这些问题，大数据可以对整个总体进行分析和推理，可以细致全面地考察那些我们之前认为可能存在的无关变量，考察其会对核心变量有何种影响及影响程度。比如，研究人员之前在研究雾霾的影响因素时，可能会将温度、湿度等影响因素排除在外，而直接研究影响雾霾成因的核心因素。然而，随着大数据的出现，研究者们逐渐发现空气的湿度、温度却是影响雾霾成因的另一个核心因素。基于此，研究者开发了基于空气的湿度、温度和地理位置的 App，这种App 可以实时监测当时的雾霾严重程度，类似的例子是不胜枚举的。因而，科学的第四范式可以很好地研究某一现象产生的全部的影响因素，但与此同时，这也给计算机的计算工作带来了巨大的挑战，不过好在机遇与挑战同时存在，这反而刺激了计算机的空前发展。从科学的第四范式提出到现在，全球每年的数据信息量剧增，这带给科研人员全新的研究问题，且这一问题与传统研究带来的问题是完全不同的。传统的研究问题是没有数据分析，而现在的问题不是没有数据，而是数据太多，以至于我们不知道需要分析什么，并且众多海量的数据都得不到有效的处理。目前可见的一些数据处理技术，比如超级计算机、计算集群、超级分布式数据库、云计算等，这些由科学的第四范式带来的计算的革命性方法似乎也并没有有效地解决这些核心问题。我国的学者郭华东也对科学研究的第四范式提出了自己的观点[1]，大数据时代的本质是数据模型所驱动的彻底的科学技术的改变，大数据会将科学的理论、科学的实验和科学的仿真模拟过程结合起来，形成统一于一体的学科结构。这同时也是科学产生的基础，这种有机的结合和统一触发了新的科学范式的建立。[2] 新的科学范式的建立，往往都会引来科学的剧变、科学的革命，从而推动整个社会发展。由此观之，科学研究的第四范式不是研究的终点，相反地，随着计算机的发展，这只是一个起点，下一代计算机的革命会

---

[1] 郭华东：《大数据 大科学 大发现——大数据与科学发现国际研讨会综述》，《中国科学院院刊》2014 年第 4 期。

[2] 赵博：《基于大数据的战略预见研究》，博士学位论文，中共中央党校，2016 年，第 3—121 页。

很快到来。

(五) 大数据的发展带来的问题

大数据虽然能为我们的生活带来极大的便利,也能促进社会的发展,但任何事物都有两面性,大数据同样也会带给我们很多困扰和问题,大数据的便利与风险同时存在,特别是对数据异化、数据权利、数据隐私及国家安全的影响最为严重。[1]

其一,大数据带给我们的不利之处是数据异化程度加剧[2]。异化是指主体的行为后果产生了异于主体的力量,这种力量反过来支配并奴役主体,这是我们最不想看到的,但也是目前最严重的问题[3]。数据异化是指数据的终端设备产生了大量的数据,但对其产生数据的能力失去了控制,反而被这些数据支配着,进而缺少了自己思维的主体。原本我们得到的数据的目的是预测未来发展的趋势,但得到所需数据的同时也会产生诸多无关的数据,因而我们在预测未来发展的时候会受其支配,这就会造成收集核心数据目的的缺失,一些无关的数据甚至会与有效的数据产生混淆,进而导致真实的数据失去核心价值,形成一些"伪数据"。研究者们若基于"伪数据"做出战略性决策,则往往会产生严重的损失。此外,在海量的数据面前,许多研究者会丧失主动思维的特质,不少研究者会基于数据的结果,反推理论。这是一种典型的"数据驱动"模式,研究者们在研究中是一定要避免的。"数据驱动"式的研究,虽然数据结果很漂亮,但这种可预见式的结果,会导致研究者的创新意识不强,思维停滞,甚至导致研究出现错误的结果。科研工作者仅仅重视大数据本身的特征,而忽视了大数据在科学创造过程中的作用,大数据只是研究的工具,不是研究的最终目的。大数据是时代的产物,只是一种技术,没必要神话到科学知识的生产过程中,我们要时刻思考事物本身之间存在的逻辑关系。大数据只是帮助我们很快地揭示事物之间的本真联系,事物之间的本真联系与大数据本身是没有直接的因果关系的。科研工作者在

---

[1] 邱仁宗、黄雯、翟晓梅:《大数据技术的伦理问题》,《科学与社会》2014年第1期。

[2] 赵博:《基于大数据的战略预见研究》,博士学位论文,中共中央党校,2016年,第3—121页。

[3] 安宝洋、翁建定:《大数据时代网络信息的伦理缺失及应对策略》,《自然辩证法研究》2015年第12期。

研究大数据的过程中，一定要重视这一点，如果忽视了这一点，那么做出的结论会很难令人信服。因此，利用大数据分析做预见时，科研工作者切记要时刻尊重自己的理论假设和创新思维。

其二，大数据会造成数据权利边界的消失。科学研究的第四范式带来的根本性的变革是数据的革命，在高度信息化的社会里，谁掌握数据权，谁就掌握了生产力，谁就掌握了国家财产。虽说这些财产只不过是无形的财产，但这些财产转化带来的经济效益是无法估量的。传统个人隐私的保护是采用用户授权模式，但随着大数据时代的到来，这种数据保护方式变得不再有效，个体只要使用智能手机、参与社交媒体互动、进行网上购物等，就会使得其个人数据所有权转移至服务商，而且，后续可能会经过多重交易或者第三方介入，个人数据的权利边界由此消失，变得模糊不清。因此，国家政府务必重视数据权，我们不仅要立法保护公民的数据，也要保护国家的数据。海量的大数据难以用单个的服务器终端进行存储，大数据的存储会在全球或者各个国家的不同地理位置进行云端存储。这就导致大数据的使用权和所有权变得十分复杂，到底谁才是这些大数据的真正合法拥有者？所以，大数据会使数据权利的使用边界消失，而这就将导致数据的使用陷入混乱之中。是故，国家很有必要健全、明确关于数据权归属的法律条文。

其三，大数据会导致公民隐私受到侵犯。大数据可以根据公民自身的各种数据信息，对其进行研判和分析，得出公民的各项生活指标。公民在进行微信聊天、网络购物、刷剧、去医院等需要网络的活动时，这些大数据的软件就会自动记录这些信息。举个简单的例子，一些高科技设备能提供给人们睡眠、心率等多样的运动指标的同时，公民自身的运动信息也会存储在云端大数据信息系统之中。这些信息无形之中就被泄露了，这些信息看似对公民造成不了太大的影响，但如果对这些数据进行分析挖掘时，其内在价值就显示出来了，这些价值可能会对公民的生活产生根本性的影响。虽然对大数据进行分析挖掘看似是挖掘一些毫无价值的非结构化的数据，且与公民本身的隐私没有任何关联。但是，大数据的挖掘却能将这些毫无关联的大数据进行有机组合，形成具有逻辑规律的数据链，进而影响公民隐私信息。

其四，大数据会直接影响国家安全。国家在日常的运作过程中会产生海量的数据，这些数据是一个国家政治、经济、文化、社会发展的基本指标，一旦这些数据被不法分子获得之后，他们便可以根据这些海量的数据进行逻辑链的分析，从而判断出该国家的发展状况、优势与劣势等。这对国家安全的危害是不言而喻的。在大数据时代，数据安全就是国家安全，数据安全问题远远超过了传统的海陆空等领域影响国家安全的程度，数据安全是新时代影响国家安全的重大领域，必须引起国家安全部门的高度重视。大数据会直接影响国家安全的一个重要原因是数据分享没有边界，互联网在全球内是公开透明的，这就容易导致一些黑客可以轻而易举地植入病毒，进行黑客攻击等，使国家遭受严重的损失。当然，与此同时，我们也可以利用大数据进行国家风险安全的预测，在大数据可预测的范围内控制国家可能遭遇的风险，从而避免国家遭遇重大的损失。我国应尽快设立关于数据权的保护法，加强对数据的控制，防止被不法分子窃取，从而保护国家安全。

其五，大数据意识淡薄。大数据意识淡薄是科研人员思维僵化的主要原因，也是造成区域教育智库的科研人员科研创新能力低效的主要原因之一。由于一些研究人员缺乏大数据思维，未能充分认识到大数据的先进性和全面性，不能用大数据技术进行分析和挖掘，也无法对知识进行进一步的有效整合，区域教育智库在使用的过程中目前还存在很多局限性。此外，目前大部分地方的智库研究依然处于文献积累阶段，很少有机构成立大数据信息库，这就导致大数据的技术使用率低下，大数据的使用意识淡薄。一些地方的区域教育智库内部的组织管理不完善，对数据的管理还没有形成一套完整严密的体系，这就导致在信息采集的时候会触及公民的隐私信息，这又难免会造成公民与区域教育智库间的对立，降低区域教育智库的权威性。这些隐患都会有形或无形地影响区域教育智库的建设与发展。

（六）大数据与区域教育智库建设的关系

大数据可以服务于多个领域。就教育领域而言，大数据的优势在于其可以直接服务于教育智库的建设。教育智库是智库的一种特定形式，主要是指由教育专家为主、其他专家为辅组成的，为各级教育机构的教育政策的制定者在实施政策之前建言献策的一种公共科研机构。事实上，教育智库是智库这个概念的一种细化。教育智库再细化一些，便分出来了区域教育智库，区域教育智库是指由一些特定的教育专家、学者等组成的为区域教育建言献策的公共科研机构，区域教育智库的目标是为区域教育问题建言献策，对于其他的教育问题则不归区域教育智库管辖。当然，从狭义上来讲，区域教育智库是指区域的教育智库；从广义上来讲，区域教育智库是不同国家不同民族的教育智库。

就目前所查阅的文献来看，探讨区域教育智库与大数据之间关系的研究很少。很多研究虽然都提出了具体的研究理论，但遗憾的是，这些研究并没有进行真正的实践执行。大数据是随着时代的发展出现的一种技术，这种技术可以解决那些在传统的研究中无法解决的问题，其优势就是具有海量的数据，并且海量的数据在一定的理论指导下探寻事物之间的因果联系。因此，我们可以借助于大数据的这种特性，运用大数据的方式来处理不同区域在教育过程中出现的各类问题。基于大数据的精准预测，研究者可以一蹴而就地发现区域教育的现状、特点以及存在的问题，并基于现状可以预测未来的区域教育的发展趋势和走向。在某种程度上，区域教育智库的工作者可以凭借大数据的这种优势，对未来的区域教育发展过程中可能出现的风险问题进行把控，并制定应对策略，减少教育的损失。因此，大数据揭示区域教育之间的因果逻辑关系的能力，远比传统数据揭示的能力要强的多。大数据不仅是一种数据处理的方式，也是一种数据思维，是一种新的技术、一种新的资源，大数据在区域教育智库的建设过程中会起到至关重要的作用。基于大数据与区域教育智库建设的联系，未来区域教育工作者很有必要建立区域教育智库，并通过运用大数据技术来分析问题、解决问题，从而提升整个区域的教育水平，促进区域教育发展。

（七）基于大数据技术的区域教育智库的开发

在大数据发展迅猛的今天，科研工作者完全可以依靠大数据的特性，开发出一个适用于区域教育智库的数据平台，从而改变传统教育智库的工作模式与工作思维。区域教育智库的开发是结合"大数据+新型智库"的思维方式进行融合的，开发成功的区域教育智库将会更好地服务于区域教育，也能给区域的发展带来新的活力，解决一些区域迫切需要解决的现实教育问题，从而实现区域创新协作与资源共享，提升区域的整体教育水平。关于区域教育智库的建设主要包括三个内容，分别是区域教育智库的建设目标、区域教育智库平台的整体架构以及区域教育智库平台的设计与实现。① 设计者若考虑到这三个方面的相关问题，那么其设计出来的区域教育智库平台是可以被大量使用的。

1. 区域教育智库的建设目标

区域教育智库的建设目标主要是采集区域的教育信息资源，整合区域众多位教育专家的教育理念，制定解决区域相关教育问题的方案以及为区域教育决策服务，建立区域教育成果资源共享的公共服务平台。平台设计的初衷是对区域教育的创新资源的有机整合，激发区域教育智库的思维活力，从而提升整个区域的教育综合水平。区域教育智库主要由三部分构成：

（1）数据采集中心。数据采集中心主要是通过 Python 技术对所需要的教育数据进行分布式的抓取，从而获得所需要的数据集束。

（2）知识数据中心。知识数据中心是将采集到的数据进行数字化的处理，进行复杂的云计算，并建立具有一定关联性的统计分析的云中心。同时，知识数据中心集中了区域教育人才库、区域教育问题库、区域教育创新资源库等等。

（3）区域教育专家知识库。区域教育智库还包含了国内其他区域的教育专家的思想、智慧、最新的学术成果、学术观点、学术动态等，区域教育专家知识库可以对同时期内国内的区域教育专家的学术思想实现实时抓取并及时报告，从而使区域教育智库跟上时代的步伐，进而提升区域教育综合水平。

2. 区域教育智库平台的整体架构

区域教育智库的整体架构，与以往的其他教育智库略有不同，区域教育智库要将已存的教育资源与现有的教育资源进行有机整合，而且要与其他的教育智库系统兼容，达到智库间的协作和共享，从而实时地提供有效的民族教育信息。区域教育智库的整体架构分为五部分，分别是区域教育智库的基础层、数据层、应用层、监控层和展现层。基础层的目标是进行基础数据的收集，保障数据在收集的过程中全面而具体，保

---

① 肖强、于升峰、张卓群等：《基于网络爬虫技术的青岛科技智库平台开发》，《中国科技信息》2019 年第 24 期。

证数据收集回来后平台能自动识别,从而为下一步的数据分析和处理做好准备;数据层的目标是用来存储收集回来的数据,大数据的存储很占空间,而数据层则提供了储存的空间,这种存储的方式是分布式存储;应用层是区域教育智库的核心,主要指前台的运行、移动设备的终端使用,以及出现问题进行调试的管理后台等;监控层的主要目标是对收集的数据和数据处理过程进行实时的监控,科研工作者在处理数据的过程中可能会犯一些错误,而监控层可以通过大数据的云计算,将这些错误反馈给科研工作者,以便于科研工作者进行更正,监控的方式主要是通过平台的网络访问监控等;展现层是区域教育智库基础的内容,主要针对科研人员、智库工作和管理人员、政府工作人员、普通群众等,对于不同的工作人员类别,区域教育智库展现的内容则有所不同,比如普通人员是看不到关于区域教育问题的一些机密问题的,而政府工作人员和智库工作与管理人员则可以。

3. 区域教育智库平台的设计与实现

区域教育智库的系统设计是基于网络爬虫程序。网络爬虫首先是把收集到的信息放在一个子目标的 URL 中,然后,子目标的 URL 将其储存并继续进行下一步的搜索,最后,将所有搜索到的目标内容建立成一个整体的 URL[1]。区域教育智库的内容通过如此的反复搜索设置,进而实现教育资源的整合、教育信息的搜索。区域教育智库平台在设计过程中可以采用模块化的设计,同时要依照国际标准,各类系统兼容,确保高容错性,可以提供高吞吐量来访问应用程序的数据,适合超大数据集的应用程序。[2] 区域教育专家也可以将一些建议放置到该智库平台中,该平台会自动匹配比较,进行风险的估计,并给出对应的结果。而且,区域教育智库将会采用业内比较先进的技术手段,尽可能实现系统的先进性,从而使其特性发挥到极致。在区域教育智库平台设计的过程中,我们还要考虑到优化,即有了更新的技术之后,区域教育智库可以自行升级到

---

[1] 肖强、于升峰、张卓群等:《基于网络爬虫技术的青岛科技智库平台开发》,《中国科技信息》2019 年第 24 期。

[2] 肖强、于升峰、张卓群等:《基于网络爬虫技术的青岛科技智库平台开发》,《中国科技信息》2019 年第 24 期。

最新的版本。此外，区域教育智库的设计还要考虑到可扩展性。区域教育智库平台一方面需要海量地采集数据，另一方面还要考虑其扩展性，当科研用户增加，储存内容较多时，可以在其基础上扩充内容，也可以扩充云空间，即在原有的基础上增加附加的功能模块。用户在使用该平台的过程中，设计者还要考虑到其易用性和美观性，从而使用户和科研人员在使用的过程中能赏心悦目，满足不同层次用户的需求。[①]

（八）建设区域教育智库需要思考的几个问题

区域教育智库是通过实际调查并利用已有的与区域教育相关的数据来综合研判区域教育过程中的教育规律和发展趋势的知识库。我们在建设区域教育智库的过程中，需要着重思考区域教育智库的使命与定位、区域教育智库的理论创新问题、区域教育智库如何利用大数据技术以及区域教育智库如何与其他教育智库建立联系四个问题，这些问题对于区域教育智库的建设而言至关重要。

首先，我们需要思考清楚区域教育智库的使命定位。区域教育智库的根本性目的在于其是为区域的教育问题服务的，且这种服务是针对重大的教育问题。因此，区域教育智库必须为自治区政府、党委、社会提供行之有效的最佳教育方案，并且要对该方案进行可行性评估。其次，我们要重视区域教育智库的理论创新问题。理论创新是解决实际问题的开始，任何的理论创新都是从实践中得到的，任何为实践问题的解决而努力的想法都会促使理论产生。区域教育尤其如此，区域教育是一个复杂的过程，必须在接连不断的教育实践中完善区域教育理论，科研工作者要从实际存在的区域教育问题入手，通过对区域教育智库的综合研判，提出可行的解决方案，并在实践中检验该方案，最终形成具有一定理论高度且操作性较强的区域教育理论，从而指导未来的区域教育实践。区域教育智库必须把握好理论与实践的辩证关系，区域教育工作者要在实践中发现问题，在调查中探寻原因，并最终在实践中创新理论。再次，我们要用好大数据的技术。我们在建设区域教育智库的过程中需要用到大数据技术，但大数据技术并不只是用于平台的建设，而是要贯穿研究

---

① 肖强、于升峰、张卓群等：《基于网络爬虫技术的青岛科技智库平台开发》，《中国科技信息》2019 年第 24 期。

的始终,科研工作者需要培养大数据思维、大数据的问题解决方式,从而综合大数据的信息,对区域教育问题进行趋势分析和研判。此外,区域教育智库平台可以构建一些数据发布的平台,定期发布一些大数据分析的结果,实现对区域教育问题的监测、评估、预警、预测,进而帮助自治区政府为区域教育问题的决策提供及时的数据信息和解决方案。最后,我们要与其他教育智库平台加强联系。区域教育智库毕竟是区域的智库系统,它与国家的智库系统还是有很大的差距的,因而单靠区域教育智库来解决区域教育中一些非常棘手的教育问题,恐怕力量略有薄弱。因此,我们构建的区域教育智库务必须与其他教育智库系统加强联系和交流,从而整合整个教育智库的资源,进行联合的教育难题的交流,吸收各教育智库的闪光点以用于其自身的发展。比如区域教育智库可以定期举办交流会、定期召开智库的会议、参加国内外教育智库的交流会、设立智库研究专项课题、构建智库交流平台、成立智库发展基金会、合作举办智库论坛等,通过多种途径使得区域教育智库的优势发挥到最大,使其能够为区域的教育发展做出贡献。

二 大数据时代下的区域教育智库特质

近年来,随着我国综合国力的不断提升,我国政府为了应对纷繁复杂且多变的国际局势,开始逐渐提高其自身的科学决策化水平,并逐渐重视各级各行业的智库建设,从而为应对不同的复杂问题事先做好准备。2013年4月,习近平总书记首次提出了建设中国特色新型智库的战略性目标,智库的建设首次提升到了国家的高度。2013年11月,中共中央通过了《中共中央关于全面深化改革若干重大问题的决定》[1],一时间,我国掀起了中国特色新型智库研究的热潮,随后越来越多的学者投入到了智库的研究之中。2015年1月,"两办"出台了《关于加强中国特色新型智库建设的意见》[2],表明我国要建设成"特色鲜明、定位清晰"的中国特色的新型智库的理论体系。智库,作为"国家大脑""思想库"和

---

[1] 《中共中央关于全面深化改革若干重大问题的决定(2013年11月12日中国共产党第十八届中央委员会第三次全体会议通过)》,《求是》2013年第22期。

[2] 王宁江:《建设中国特色新型智库》,《浙江经济》2015年第3期。

"智囊团",是党和政府进行科学民主决策的强有力的智力支撑。教育智库在服务国家教育决策、深化教育综合改革和促进教育事业发展中扮演了重要的角色①,一些政策的制定与实施,就是教育智库发展的综合结果。同时,加强区域教育智库的建设,是推进国家教育治理现代化的必然要求与重要保障,也是推进区域治理现代化的充分体现,尤其是在全面深化教育体制改革和办好人民满意的教育的现实需求驱动下,解决教育领域存在的突出问题,特别是区域的教育问题以及解决这些区域出现的教育矛盾,并进一步充分发挥新型区域教育智库的作用就显得至关重要。

随着互联网的快速发展,大数据逐渐成为人们日常生活中离不开的话题。基于大数据的背景,建设新型的教育智库成为当下研究者所想要突破的重要目标之一。大数据时代与传统的数据时代相比具有质的差异,这些差异在数据获取、数据存储、数据管理、数据分析能力等方面都具有质的差异。大数据是庞大的,也是海量的,但其数据本身又是具有逻辑性的,其核心就是通过海量的区域教育数据之间存在的关联,将那些看似无关的教育问题的数据相互建立成清晰明了的数学逻辑关系,从而揭示区域教育过程中出现的一些重大问题。因此,区域教育智库的建设必须与大数据接轨。市场经济的不断深化改革、社会转型的加剧在很大程度上促进了区域经济和教育的发展,但同时又出现了一系列新的社会和教育的矛盾,为了有效解决这些矛盾,研究者们有必要在不同区域了解其教育状况和教育现状以及人民群众对此存在的各类诉求,并基于这些诉求制定相应的政策,完善不同区域的教育智库的建设,从而推进区域教育的发展。因此,本部分的主要内容就是阐述区域教育智库建设的特质和内容以及影响区域教育智库发挥的各种内外因素。

(一)区域教育智库的特质

随着大数据时代的来临,区域的教育问题也日益突出,我国区域教育亟需建设预备的智库来应对不同的区域教育问题。因而,为弥补单一的决策者所具备知识的局限性,各区域的专家学者在不同的地区成立了

---

① 申国昌、程功群:《中国特色新型教育智库的角色定位及建设路径》,《华东师范大学学报》(教育科学版)2018年第6期。

相对应的教育智库，进而以应对未来在区域教育中遇见的不同的现实问题。区域教育智库既具有普通智库的一般性特点，也有其自身不同于普通智库的特点。

1. 区域教育智库的独立性

区域教育智库只有保持其自身处于相对独立的状态，不受权威的影响，才能够在为公共政策提供决策时保证其具备的科学性、客观性以及公正性可以真正地发挥作用。除对其研究领域、内容、方法、对象、过程等方面有独立性的要求外，随着大数据时代的来临，区域教育智库需要一大批统计学、计算机专业的从业人员，大数据不同于传统意义上的数据分析，它需要庞大的计算团队进行数据处理，因而这些团队也务必要保持独立性，从而提升教育智库的工作效率。① 在大数据时代，如果没有独立存在的数据处理团队，教育智库即使得到再多的有用数据信息，也是无法从这些数据中心得出有价值的结论的，教育智库也就根本无法前行。因此，基于大数据的分析背景，教育智库所产生的产品、理论、结论等，都是集体的智慧结晶，因而，具有独立且专业化的大数据团队是区域教育智库建设的必要条件。

2. 区域教育智库研究过程的专业性

本着为人民服务的根本目的，区域教育智库最重要的一点就是在研究过程中要体现出其专业性，能够有的放矢地对某一问题进行描述、诊断、分析，为公众提供有价值性的建议，这样的话，其研究成果必然起着举足轻重的作用，能对人民群众及公众决策起到一定的作用。区域教育智库根据相关政策及实际情况，结合其自身的专业水平，给予专业性的反馈，政府和受教育者方才会更愿意接受并配合实施。另外，就目前形势变化而言，随着网络时代的到来，区域教育智库的建设更加具有科学性，我们可以根据海量的区域教育数据，构建不同的数学模型，从而控制风险，使教育利益得到最优化，从而保障受教育者的利益，且基于大数据得出的结果，更具有科学性的指导意义，也同时增强了其专业性的特点。

---

① 郭军、张涛：《大数据时代下的教育智库：特质、责任与未来》，《重庆文理学院学报》（社会科学版）2018年第2期。

3. 区域教育智库的区域性

区域教育智库是为解决区域教育问题，以提升本区域的教育综合水平和促进本区域经济快速发展为目标而设立的。区域性是各区域文化的个性，在区域教育智库建设的过程中应注意对区域风俗习惯、宗教信仰、语言文字等方面的尊重，使用适用于其区域独特的教育活动，针对实际情况调整教育活动的形式、内容。区域教育智库如何建设，可以以已取得一定成效的民族地区的措施、方案为模板，供其他民族地区学习、效仿，以此找到适合当地的最优方案。此外，大数据时代的来临，为区域教育智库的建设又提供了一种新的建设方案，研究者可以通过对海量的区域教育数据进行处理与分析，得出结论并结合实际情况找出解决本区域教育问题的最优方案，从而完善本区域的教育智库建设。

4. 区域教育智库的教育性

区域教育智库担负着人才培养之重任。在信息大爆炸的时代，人人都可以通过网络对某一问题提出自己的观点、看法，持有不同想法的个体间甚至会因为某一观点而进行激烈的辩论，对于旁观者而言，有时可能会因为辩论者的话术而改变其对于某一事件的看法。对已具备明辨是非、有正确的价值观的个体而言，这对其影响自然不会很大，只是知道不同人的不同观点，在其处理问题时，还是会根据实际情况、已有生活经验选择恰当的处理措施；但对于尚未具备判断能力的个体而言，某些人的错误引导话语，可能会导致其处理问题时选择不恰当的方法，甚至还认为某些具有明显错误的观点是正确的。区域教育智库在有关区域相关教育问题方面发挥作用，故其应承担起严格把关教育智库内容、着力解决区域教育中可能出现的问题。而且，随着大数据时代的到来，大数据为区域教育智库的建设助力，研究者可以通过分析受教育者日常浏览较多的网站、网页信息等，筛除掉浏览量较大但传达的观点并不正确的内容，并以正能量的信息加以替代从而引导网民产生积极向上的心态。

5. 区域教育智库建设的长期性

任何一件事情的成功都不是一蹴而就的，何况区域教育智库是有关教育的一项事业。卢梭曾说"所有一切有益人类的事业中，首要的一件，即教育人的事业"，由此可见教育的重要性。要想做得好、做得全面，做到真正能帮助社会，那必然需要花费一番心血，故而区域教育智库的建设必然不会是短暂而迅速的，其必然是具有长期性的。经过调查、讨论、初步方案的提出、不断验证，以及后期的检验等步骤，其间可能还会遇到各式各样的情况，到最终方案的确立，时间会为我们证明，那些耗费了大量物力财力人力，而不易取得的结果才是真正经得起时代的检验且有意义的。学习是终身的，区域教育智库的建设也是一项连续不断的事业，只有不断学习、改进，才能创造更加完善的结果。而且，如今我们身处大数据时代，从大数据的角度来讲，区域教育智库的建立是基于大数据的基础上而成的，这些区域教育的基础数据，可以有效地反映区域教育的事实，从数据的角度揭露区域教育出现的问题，从而依靠大数据的便利而解决这些问题，也有效地保证了区域教育智库建设的本真内涵。

6. 区域教育智库的多样性

如今，人们对于信息的需求愈发呈现出多样化、个性化趋势，不同的人关注信息的重点各不相同；能够提供信息的主体也呈现出多元化，或是政府官方信息，或是高校智库服务，抑或是民间机构；信息获取的途径也呈现出多渠道，包括书籍、网络平台、会议讲座等。区域教育智库的组织和组织形式的多样性正好可以支撑其满足广大群众的需求，另外，基于大数据建立的区域教育智库，能够考虑到由不同的组织方式而带来的误差，可以运用多种统计方法将这些误差降到最低，从而保证区域教育智库建设的有效和带来的实际效益达到最大化。

7. 区域教育智库的理论创新性

教育改革需要"创新"的帮助，无论是意识、思维、组织形式方面，还是解决问题时选择的方案。区域教育智库就某一问题提出实用性的方案后，研究者们对于这一问题的研究并没有终止，还需继续析毫剖厘，不仅需要找到已解决问题背后的类似问题及相关问题，具有一定的前瞻视野，早做准备；还需要对可能出现或已经出现的新问题、新情况，做新的理论分析及客观解答，突破原有思维固化，不断地对理论和方法进行修改完善。此外，在大数据的时代背景之下，基于大数据的研究得出的结论，往往具有普适性的价值，这些结论往往能从宏观的角度解释事实，能帮助政策的制定者更好地分析问题、解决问题，也就同时能让区域教育问题跃然纸上，能有效地帮助区域教育问题的解决和实践。运用大数据技术,深入地挖掘和处理问题的内在本质,并长期追踪数据,做到及时调整方案的编排,使之更好地服务于公众。

8. 区域教育智库的功能性

基于大数据时代背景,区域教育智库的决策咨询功能、人才培养功能、舆论导向功能、服务社会功能四项主要的功能如何体现,现进行如下阐述。

(1) 决策咨询功能

区域教育智库本身具有专业性、前瞻性、预测性以及可行性等优势,不仅能对区域教育问题进行精准的预测,而且还能提供一些解决现实的区域教育问题的策略,并且,研究者可以在大数据的支持下,提供更为精确的量化指标,以及预估采用不同的解决策略所带来的风险效应及收获效益。基于大数据的优势,人们可以精准地得到风险评估指标和效益指标,这些指标对于政府而言,是可靠可信的科学指标,能够使得教育问题得到有效的解决。此外,区域教育智库的研究主题和研究对象决定了它是独立思考、客观分析以及反映不同的教育利益群体的诉求的,且可以精准地为政府提供多方位、多思路、多解决方案、多风险评估的决策和咨询的科学依据,从而使受教育者的利益达到最大化。

(2) 人才培养功能

习近平同志曾强调"发展是第一要务,人才是第一资源,创新是第一动力"[①],由此可见人才对社会、国家发展进步的重要性,正所谓十年树木、百年树人,人才的培养需要花费很多的时间、精力,但人才的存在为国家富强、民族复兴、人民幸福贡献着极大的力量,因而培养人才、促进人才充分发展对于社会经济、文化等各方面而言均有利。区域教育智库担负着区域教育事业平稳发展之重任,研究内容涉及区域政策、区域理论等,这必然需要更多的区域教育专家学者贡献其智慧,使这些相关内容可以被更好地解读,以便大众理解。知识、信念、态度的传递需要人作为载体,一代人有一代人的使命,一代人有一代人的担当。另外,如今各类问题呈现出复杂变化的趋势,我们需要不同学科领域、拥有多

---

① 习近平:《发展是第一要务,人才是第一资源,创新是第一动力》,《科协论坛》2018 年第 3 期。

种方法的人才出现，但是任何一个人才的出现都不是"一步登天"的，都需要前期不断的积累、沉淀。只要区域教育智库坚持长期培养具备较高能力水平的相关人才，社会就有了坚实的人力保障，可保障其各方面平稳发展。

基于大数据，信息的整理分析变得更加方便且快速，区域教育智库依托于大数据技术，将研究人才的发展历程进行整理，那些优秀科研人才具备什么样的素质、能力，可以通过什么样的途径进行培养，基于这些信息做出详细的分析结果，使得后续人员能够在有计划性、有前瞻性的培养计划中得以成长。

(3) 舆论导向功能

在当今时代，人们倡导"自由平等"，本着每个人都有发言的权利，畅谈着自己的观点、意见、想法。但这同时也意味着说出的话语可能会不严谨、欠考虑，也意味着到处充斥着形形色色的见解，孰"对"孰"错"对于普通大众而言可能存在难以分辨的困惑。特别是对于那些与区域教育相关的问题，更是需要专业人员出面，进行专业的说明，区域教育智库在此刻就能发挥其舆论导向的功能，因为其专业性、科学性、客观性，所以大众愿意相信区域教育智库所阐述的相关内容。故而区域教育智库应做到及时把握区域教育问题的热点话题、关键词语、潜在的重点难点事项，进而及时引导舆论导向，针对大众关心的问题提供专业解释、提出针对性的有效解决方案，避免不必要的误解所带来的争论。基于大数据环境，建立适当的新媒体平台，帮助区域教育智库发挥其舆论导向作用。

(4) 服务社会功能

区域教育智库存在的重要意义之一就是其致力于公共性研究，将前沿学科成果应用于实际情况之中，将知识与价值观相连接，为国家、社会能够更好地发展而服务。随着大数据时代的来临，区域教育问题可以通过大数据分析得出量化的研究结论，从而根据量化的结果、结合实际情况得出的合理的实施进展建议、通过教育问题的解决程度来衡量区域教育智库建设的有效性，这些都能充分保证区域教育智库的可行性和针对性。政府或有关部门在此基础上制定的教育策略，更能进一步地解决区域教育的根本性问题①。

9. 区域教育智库的时代性

区域教育智库区别于其他智库的另一个特点是其具有时代性。区域教育智库的时代性非常强，它会随着时代的变化而变化，随着时代的变迁，其研究的内容也不一样，从某种意义上来讲，区域教育智库在一定程度上反映了时代的变迁。在不同的时代，区域教育智库的研究内容并不一样，它所要解决的教育问题也不完全一致，完成的历史使命也不相同，时代赋予其的历史价值也不一样，但它的最终使命是一样的，就是为解决区域迫切需要解决的重大现实问题而服务的备案，进而进一步地提高我国区域的教育水平，降低区域与其他高教育水平地区的差距。

目前，我们所处的时代是一个计算机技术十分发达、信息化设备十分完善、信息传送十分便捷的时代，大数据、云计算、互联网、电子商务等计算机产业的兴起，都是这个时代的新生事物，这些新生事物的发展也同时催生其他新事物的产生，同样也在深刻影响着与之息息相关的其他事物的变化，甚至会导致一些旧的事物出现革命性的变化。因此，区域教育智库的建设完全可以搭上时代进步的列车，我们完全可以运用这些最新的技术来构建区域教育智库建设的数据平台，可以吸收这些最新的知识、理论、概念、思维，并开启一个新的区域教育智库建设的领域。区域教育智库的建设如果与这些新鲜的事务挂上钩，那么便搭上了区域教育智库建设的快车，我们依据这些最新的科技手段而得出的结论不仅具有很强的创新性，而且具有很强的应用性。

事实上，利用大数据的例子随处可见，2012年，美国总统奥巴马在谋求连任总统时，就曾借助大数据的技术来分析其连任的可能性。奥巴马的智库团队很好地利用了大数据的分析技术，帮助奥巴马成功筹集到了10亿美元的竞选资金，而且根据大数据分析的实时结果，奥巴马的智库团队也在随时改变投放广告策略，并最终制定出选民投票的最佳方案。最终，奥巴马在大数据和他的智库团队的帮助下，成功地连任了美国总统。大数据在区域教育智库应用的过程中，也会起到十分重要的作用。②

---

① 崔树义、杨金卫：《新型智库建设理论与实践》，人民出版社2015年版，第13页。
② 杨敏：《新型教育智库：特征、功能与建设策略》，《当代教育论坛》2015年第6期。

大数据涉及教育领域的方方面面,并会对教育问题产生极其深刻的影响,大数据会告诉研究者什么样的策略是最有效的,什么样的策略是最优化的,什么样的策略会带给人们的受益是多少,什么样的策略是最佳的教学策略,这样的教学策略带来的教学效果如何,等等。因此,区域教育智库在构建的过程中,无时无刻不体现着时代的烙印,研究者也同时要借助这一特点,抓住稍纵即逝的历史机遇,借助当下互联网的力量,利用大数据的便利,充分发挥各 App 等工具的辅助作用,从而构建出新型的具有信息化和时代化的区域教育智库。

(二) 区域教育智库的发挥限度

目前,教育智库在我国的研究火热,很多研究机构看到了它带来的丰厚的效益,但人们是否真正地思考过区域教育智库的发挥能否一帆风顺,区域教育智库的建设会面临哪些困境?有哪些因素会制约区域教育智库的发挥限度?建设成功之后的区域教育智库是否会按照先前的预设而带来一定的效果?这些都是值得我们思考的问题。

1. 政策的影响

区域教育智库的建设离不开国家大政方针的支持,更离不开当地政府的政策支持。如果政策不支持,区域教育智库的建设即使设想得再完美也是徒劳无功的。区域教育智库在建设的过程中,一定要参考当时的政策,还要考虑到政策的稳定性、开放性程度,政策是否能在长久的时间内支持智库的建设和完善。[1] 研究者不仅要对区域教育智库的建设胸有成竹,还要对国家政策和当地政策了然于胸,这样才能保证对区域教育智库的整体全局性的把握,不至于在智库建设的过程中出现过多的失误甚至引起错误的导向。

2. 区域教育智库的前期准备

区域教育智库建设前期的准备是其最重要的衡量指标之一。一个完整的区域教育智库的呈现和建设,必须要经过完整的论证、反复的论证,即使是一个很小的论证点,也要经过十分严苛的测量和评估。区域教育智库是关系到民族的教育根本,在论证的过程中万不可马虎大意。否则,在以后的实践当中出现错误时则会造成无法估量的损失。另外,智库前

---

[1] 张衡:《教育智库何以可能》,《教育发展研究》2014 年第 Z1 期。

期的准备还包括取得的一些具有代表性的研究成果，这些成果包含但不局限于论证报告、论文、转化的应用成果等，如果在论证智库前有这些充分的证据，那么区域教育智库的建设则会顺利很多。当有足够多的证据来证明区域教育智库的可行性时，那么它所发挥的限度则会极大地升高，也会更快地发挥其功效。

3. 区域教育智库的后期维护

区域教育智库在建成之后，是否能在后期的服务过程中发挥其最大的功效，区域教育智库的后期维护就显得十分重要。教育机构并不是建立教育智库之后就不闻不问了，而是要对其进行精心维护，诸如首先要及时地补充教育智库的维护和研究经费，充足的经费是区域教育智库运转的重要保障；其次要及时地补充新鲜的研究血液，智库的管理人员要注重引进不同领域或不同方向的科研人才，进而丰富区域教育的研究框架和理论基础；再次，智库的管理者要注重培养得力的助手和后备军，这是未来区域教育智库得以生存且能跟上时代步伐的研究前提；最后，要加强与同地区教育智库的合作和交流，同时要把眼光放长远，与国际接轨，实时关注发达国家的教育智库的研究现状、研究结果，取长补短，丰富我们的区域教育智库的研究内容。

4. 与时俱进，与大数据接轨

区域教育智库无论是在建设的过程中还是建成之后，影响其发挥效能的最关键的因素就是要与时俱进、追求创新。目前，我们身处大数据时代，大数据时代与传统数据时代相比具有质的差异，这些差异不仅仅表现在数据获取、数据存储、数据管理、数据分析能力等方面，大数据时代的数据比传统时代的数据在每一个运作步骤上都具有质的提升，大数据是庞大的，也是海量的，其核心就是通过对海量的民族教育数据的分析，在看似无关的民族教育数据间建立抽象的数学逻辑关系，因此，区域教育智库必须要与大数据接轨，否则，以传统的数据处理能力来运行区域教育智库，是完全行不通的，是跟不上时代的变化的。大数据揭示的区域教育之间的因果逻辑关系，要比传统的数据揭示的能力强很多。大数据不仅是一种数据处理的方式，而且是一种数据思维，是一种新的技术、一种新的资源，大数据在区域教育智库的建设过程中，会起到至关重要的作用。如果研究者没有考虑到大数据技术的辅助，那么就会很容易走入死胡同，使建设区域教育智库往往取得事倍功半的效果。

第二节　大数据时代下的区域教育智库责任

随着社会的发展，区域教育智库所承担的责任也越来越重。随大数据时代的来临，区域教育智库俨然成为衡量民族地区教育实力的一个综合指标，因此，我们需要对区域教育智库的研究高度重视。李建军和崔树义在《世界各国教育智库》一书中阐释，教育智库承担着思想生产、政策设计、引导社会思潮、储备和周转人才等的作用[1]。而在大数据时代，区域教育智库则承担了新的历史责任。教育部副部长郝平（任职期：2009—2016年）认为，未来5年是教育智库建设和发展的黄金时期[2]。因此，我国不同区域要在这5年内，更进一步地建设好区域教育智库，并且基于新的历史使命，区域教育智库也迎来了新的黄金发展期，也将承担着新的历史使命和历史责任。习近平总书记在2016年3月考察国防大学时曾明确指出："我国务必大力推进国家高端战略智库建设，更好发挥理论研究和决策咨询作用。"[3] 区域教育智库作为教育智库的一个特例，它在区域教育的过程中承担着十分艰巨的任务，在大数据时代，历史赋予其的责任也相当巨大，因而其表现出新的历史责任和特征。因此，本节主要阐述在大数据时代下区域教育智库所承担的责任。

一　思维创新

区域教育智库的发展，要充分保证思维的创新。思维的创新是区域教育智库在大数据时代下必须承担的历史责任之一。思维的创新一旦停滞不前，那么区域教育智库犹如涸辙之鲋。思维的创新要保证从三方面

---

[1] 中华人民共和国教育部：《教育部关于印发〈中国特色新型高校智库建设推进计划〉的通知》，2014年2月12日，http://www.moe.gov.cn/srcsite/A13/s7061/201402/t20140212_164598.html，2022年10月2日。

[2] 郭军、张涛：《大数据时代下的教育智库：特质、责任与未来》，《重庆文理学院学报》（社会科学版）2018年第2期。

[3] 周继凤：《建设新型智库 发挥智囊团作用》，2017年7月25日，http://www.moe.gov.cn/jyb_xwfb/xw_zt/moe_357/jyzt_2017nztzl/2017_zt03/2017_zt03_shh/17zt03_mtbd/201707/t20170727_310173.html，2022年10月2日。

入手。首先，思维的创新是观念上的创新，是思想上的根本性的变革。区域教育智库的本质是产生新的思想和新的观念，这与教育的创新理念是完全一致的，如果区域教育智库不能保证观念上的根本性变革，那么新的思想依然不会产生，区域教育智库也就谈不上理论的创新。其次，思维的创新必须保证思维的独立性，这种独立性不仅仅是集体智慧独立思考的结果，而且与教育智库这个机构本身的独立性有关，教育智库本身设立的目的就是为产生新的思维与想法，不能有任何的思维压力，如果能做到不依存在任何强权机构之下，也就不会有那些行政的压力，否则就很难保证思维创新的客观性和公正性。区域教育智库是为解决区域教育问题而设立的机构，其目的是全心全意为民族教育服务。因此，我们应当提倡区域教育智库在教育问题上拥有大胆、创新且自由的想法，从而为区域教育政策的实施而开路。最后，思维的创新是基于一定的现实问题，我们并不排斥区域教育智库中一些先进大胆又创新的想法，但这些想法或者观念并不是天马行空提出来的，这些想法不能不着边际，不切合区域教育的实际情况。关于区域教育的创新性想法必须基于一定的现实问题和社会发展状况，基于区域教育过程中那些无法在短期内解决的重大现实问题，基于这些问题，研究者要进行反复的论证和研究进而提出大胆创新的想法，这些想法才能成为区域教育智库的一部分，同时也能促进区域教育智库的繁荣发展。根据当下区域教育的现实问题，提出一些具有创新性的解决方案，这才是区域教育智库思维创新的根本性目的。

在大数据时代，思维的创新不仅仅是基于研究的问题，还要结合大数据本身的特点，通过对一系列的大数据结果的综合性研判，提出具有创新性的意见，或者从大数据独到的视角对区域教育问题进行深入的剖析，从而基于数据的角度解释区域教育的问题，这样不仅有助于区域教育思维的创新，而且还有助于区域教育问题的更有效解决。

二 提供决策

区域教育智库在未来承担的另一个重大责任是为国家和政府提供决策。目前，随着经济全球化时代的来临，各国局势风云突变、波谲云诡，为了应对这种不可测的局势，区域教育智库则起到了为政府和有关部门提供相关决策的重要作用。在我国的区域教育智库建设中,从 2003 年起,每年出版的《中国教育蓝皮书》以民间视角记录和探讨了中国教育的改革和发展,开展了多种类型的教育专题研究,如关于奥数的取缔、高考的改革、新课改的成效等,出台了民间版的"教育改革方案""高考制度改革方案"等,这些积极的研究结论都为国家和政府在政策制定的过程中起到了至关重要的作用,比如国家制定的《教育规划纲要》文件中就参考了这些智库所做的内容[①]。

近年来,区域教育智库也得到了长足的发展,其影响力在民间迅速扩大,且影响越来越广,很多人都知道了这一机构的存在,甚至一些中小学学生家长通过寻找智库的专职研究人员为自家孩子的升学和未来做长远的规划,这些例子均可以说明区域教育智库机构在民间团体中的作用。区域教育智库不仅能为国家政府和自治区政府建言献策,还能具体指导个体的生活。再比如,近几年出现的"在家上学"的全新理念的教育模式,就是源自于区域教育智库的研究课题,我国的网络发展比较迅速,网络覆盖面也越来越广,这就促使一些智库的研究人员通过思维的创新,找出了一条更适合中小学生学习的方式,这就是远程的在线学习,学生通过远程的在线学习,达到了与在学校学习同样的效果,因此,这种学习方式也被政府采纳。目前在线学习已在一些地区展开了试点,2011 年,有关政府也批准了该项目的研究,并出版了各类调研报告,取得了一系列丰硕的研究成果,这给我国政府在解决适龄儿童上学问题上提供了决策性的参考,从而在一定程度上帮助了一些无法直接上学的儿童,保证了他们平等接受教育的权利。

大数据时代的来临,也给区域教育智库的发展提供了一定的发展机遇,区域教育智库可以乘着大数据的快车而进入加速的时代。大数据的到来不仅对个体产生了巨大的影响,而且对社会经济、文化、政治、管理等方面也产生了巨大影响,社会也因此而发生了巨大的变化。通过揭示大数据内部的一些机制关系,我们可以更清晰地了解区域教育智库建设的内在规律,大数据不仅仅会促进区域教育智库的加速发展,还会对

---

① 郭军、张涛:《大数据时代下的教育智库:特质、责任与未来》,《重庆文理学院学报》(社会科学版) 2018 年第 2 期。

个体的思维产生至关重要的影响，个体的思维会随着大数据的发展而逐渐出现新的思维，个体的大数据思维会逐渐地代替旧思维。以往关于智库的数据库的建立往往关注的是一些随机样本，通过随机样本来推断总体差异，而这种传统的统计方法不可避免地会犯一类错误，也就是都会有出现推断错误的可能性，而在大数据时代，研究者不再关注随机样本，而是总体，我们可以轻而易举地获得整个研究的总体，从而分析得到区域教育的整个变化趋势，这样完全可以避免一类错误发生的可能性，而且这样得出的结论更具有现实意义，也更具有科学的价值和推广的价值。区域教育智库利用大数据的便利，可以随时建立精准的数学模型、虚拟仿真技术，甚至人工智能等，这些计算数据的产物会更有效地帮助区域教育智库的建设与发展，可以更精确地描述教育事实，并对数据模块化进行精细的分析和处理，为政府和有关部门的决策提供更为系统、准确、科学的参考依据，为决策实施提供更为全面、可靠的实时跟踪，从而推动政府决策由过去的经验型、估计型向数据分析型转变，最终实现政府决策机制再造。不得不说，将大数据与区域教育智库相结合，是区域教育智库发展过程中的一大历史机遇，也是区域教育智库在未来的发展中必须要承担的历史责任。通过大数据模拟的结果，区域教育智库可以更有效地帮助政府和有关部门进行决策。因此，区域教育智库应主动回应和解决区域教育出现的问题以及区域教育的重点需求，要着力解决具有重大意义、影响广、具有很强的前瞻性的战略问题，并进一步提升解决区域教育问题的能力。目前，在大数据的支持下，区域教育智库做出的研究更加具有客观性、可信性和科学性，政府也相对比较容易采纳这些研究结论和建议。做一个简单的统计，结果显示仅在 2011 年就有 5 份关于教育智库的研究内容得到了国家领导人的批示，不少研究的成果直接被政府所采纳，直接转化为政府的决策，这些决策中有不少就是基于大数据的支持。研究者基于不同的数学模型，分析出了不同政策实施之后会产生的各种效益，使政府和有关教育部门可以更清晰地看到政策的最终效果，从而帮助政府和有关教育部门做出更科学合理的施政决策和施政方案，千家万户的中小学生、大学生等也会因此受惠，具有很强的现实意义。①

三 服务社会

区域教育智库的最终目的是服务社会，区域教育的研究结论则要服务于民族教育。这主要表现在两个方面，一方面，通过建设成功的区域教育智库，由于其思想的独立性，所研究的区域教育问题是重大的现实教育问题，这些问题关系着一个国家未来的走向和发展，一旦研究有所偏颇，就极有可能导致教育停滞不前，甚至走入死胡同，拉大与其他区域的教育水平差距；另一方面，区域教育的最终目的会使该区域的群体接受教育的程度普遍提高，文盲率普遍下降，道德素质也随之提高，进而能使他们可以辩证地思考问题，提升整个区域的社会经济发展水平。因此，区域教育智库的建立要以服务社会为目标，如果不是以服务社会和服务人民为目标而建立的区域教育智库，则没有任何意义。区域教育智库就是让某个地区的个体都能受益，通过将理论的研究成果转化成实际的应用成果，进而能使该地区的经济水平显著提升，这是区域教育智库的根本价值。

基于大数据时代背景下的区域教育智库的研究，其目的性更容易具体化，研究者可以根据不同的教育问题的数据结果，制定不同的区域教育策略或者政策，并且基于大数据的预测，估计其在一定的时间内能达到何种目标，从而使区域教育问题逐步得到解决，通过这样逐步性的规划，最终会使该地区一些长期性的教育问题得到有效的解决，并进一步使得该地区的教育综合水平得到普遍提升，从而让区域教育智库更好地服务于社会、服务于人民。例如，2012 年，教育部、财政部通过了《关于实施高等学校创新能力提升计划的意见》，西藏自治区人民政府基于该政策，牵头并组建了"西藏文化传承发展协同创新中心"，该中心充分发挥了教育智库的优势，紧紧围绕西藏自治区教育的重大需求，抓住西藏自治区亟须解决的重大教育问题，成立了西藏自治区民族高校教育智库。近年来，西藏教育智库在政策制定和咨政服务中起到了至关重要的作用，并且先后承办了两届"藏秦—喜马拉雅"论坛，协办了两届"'一带一

---

① 吴康宁：《教育改革需要什么样的国家智库》，《中国高等教育》2014 年第 6 期。

路'西藏与南亚关系研究座谈会",举办了近 50 场学术讲座及 30 余期"臧秦讲堂"。该中心始终坚持理论研究与应用研究相结合的观念,始终将长期性的教育问题与当前迫切需要解决的教育问题相结合,将长期性的教育问题进行分段化处理研究,并努力提高研究结果的转化,实现其经济效益和应用价值,成功地展示了西藏教育智库的引领作用,进一步为西藏自治区的经济发展和社会稳定和谐发展做出了巨大的贡献。

四 指导实践

区域教育智库的目的之一是指导区域教育进行实践。教育实践引导者的角色,是新时代中国教育改革发展对新型教育智库提出的必然要求,是坚持教育智库实践导向的应有之义。区域教育智库应当以区域教育问题为中心,立足于区域教育的实际问题,形成系统的区域教育理论,将理论与实际进行有机结合,用理论来指导实际问题,在实践中反复检验理论,从而形成理论与实践有机的结合,更进一步地将区域教育研究的成果积极地转化成为应用成果,引领并深入展开区域教育实践探索,并积极主动地寻找区域教育改革的路径和现实。区域教育智库理论在指导教育实践的过程中,要善于发现问题、分析问题并运用合适的理论去指导和解决问题,从而为复杂棘手的教育实践提供指导并积攒丰厚的教育实践经验。

指导和引领实践是区域教育智库的重要目的之一。区域教育智库汇聚了一批具有高度专业化的科研人才,他们会用科学的眼光看待问题,可以从专业化的角度提出问题,也能从专业化的视角来解决区域教育的问题。各教育基层单位要广泛地吸取区域教育智库的理论成果,要针对不同的教育问题指导教育实践,在实践的过程中,要反复学习教育理论,对教育实践过程中出现的各类问题进行全面的分析、客观的论证。探究教育问题出现的成因及改正的策略,从而使教育实践有效地展开。同时,研究者可以基于大数据的基础,从大数据的角度来验证区域教育的理论,也可以用大数据来佐证区域教育理论的实用性和普适性,还可以用大数据的结论进行探索性的教育实践,从侧面来验证区域教育的理论。此外,研究者在基于大数据的结果之上,应当加强对数据储备功能的最大发挥,要将区域教育问题导向与实践导向有机结合,且要进一步对区域教育问题进行深入的调查研究。研究者不能偏信二手数据,也不能只靠二手资料就对一些区域教育问题武断轻易地下最终结论,研究者应当对教育展开深入的调研。通过实际考察、田野调查、实验室试验等科学的手段获得第一手有效的数据,进而基于大数据平台进行科学的统计分析和处理,汇聚成区域教育研究的数据库。研究者要充分发挥大数据的优势,借助大数据平台建立民族教育的数据平台系统,并将平台进行深度拓展,汇聚更多的数据,实现数据信息的共享与整合,这些数据不仅可以为目前的教育政策提供支持,而且可以在未来很长的时间内给教育政策提供有参考价值的信息,从而为区域教育改革发展以及区域教育决策提供科学且行之有效的依据,并最终提高新型区域教育智库的综合影响力。[1]

五 教育改革

区域教育智库的另一个目的是充当教育改革的思想库。教育改革涉及千万学子的利益,在改革之前务必做好一切准备和论证工作,一旦有所偏差,带来的教育损失将是无法估量的,甚至会影响一代人或几代人的教育。区域教育智库是创新的活力,应当引领、推动教育改革,为教育改革提供理论基石和不竭动力。当前我国社会教育已进入全面的改革阶段,改革的压力巨大、难度非常之高,区域教育尤其如此,涉及的各方利益更为复杂,因而区域教育智库应当依托于自身的需求和学术专长,提出具有前瞻性和战略性的改革理念和改革思想,为教育改革提供强有力的理论支撑。深化教育体制改革,是我国教育改革的重心与重点,区域教育改革的任务尤其重大。区域教育智库面对这一新任务和新要求,应当披荆斩棘、迎难而上,剑指区域教育问题中的难点、重点问题。比如区域教育中的考试招生制度、依法治教、入学制度等。举个例子,比如在依法治教的问题上,区域教育智库首先要对民族地区的法制状况做整体的了解,并按照现行的法律来审视教育状况,对已有的法律要结合时代的发展而提出并修订出一些可行的区域教育发展法规,对区域教育中缺失的法律应当充分论证并补充,不断完善区域教育的法制状况,进

---

[1] 薛二勇:《我国高校建设中国特色新型智库的政策分析》,《高等教育研究》2015年第12期。

而为区域教育改革提供法制保障。

　　此外,区域教育的改革应当走差异化的道路。我国的区域集边疆地区、贫困地区于一体,在改革的过程中要将区域特色文化融入教育改革的过程中。要在智库的体系之中,依托于区域教育智库的反复论证,并提炼出符合区域教育实际的教育理论,用这些教育理论来指导区域教育改革的实践,区域特色的教育改革才会绽放不一样的火花。另外,区域教育改革还要考虑到不同区域的地缘优势,特别是一些边疆地区的教育改革,要坚持"走出去,引进来"相结合,这些教育单位必须主动为国家、为区域建设服务,这是大的方向,任何教育的目的如果偏离了这个方向,都是不可取的,也是无法进行深入的改革实践的。此外,区域的改革还要考虑与国际教育发展现状相结合,不能闷头自己进行改革,也不能只注重建设区域教育智库,这二者相辅相成、不能偏废,区域教育在改革过程中,首先应当有厚实的教育理论做支撑。然后主动探索和学习国际教育改革的成功范式,按照国际化的标准进行调研。最后,在小部分区域展开试点,进而在改革的过程进行完善以及修补,并最终从整体上提升区域教育的综合水平。

六　优化组织管理

　　区域教育智库的一个重要的历史责任是优化组织管理。区域教育智库一般是理事会领导下的中心主任负责制,中心主任承担主要的教育智库的业务工作,理事会则主要承担宏观指导以及其他的一些工作,这是区域教育智库的基本运作模式。区域教育智库研究得出的成果主要为区域教育服务,很多研究机构比较复杂,一些地方的行政部门人员复杂、机构臃肿,因而出现工作效率低下等问题。因此,区域教育智库可以针对这些问题展开详细的研究,可以针对某一个行政部门的运作模式、生产效率进行研究,得出的研究结论反过来可以指导相关的部门简化行政、优化组织管理、提升工作效率。区域教育智库在未来不同的管理岗位中的作用不仅仅限于此,区域教育智库可以与政府部门展开合作,从专业的角度对政府部门的一些机构提出一些可行性比较高的方案、实施难度不大的建议,进而帮助政府有效地优化自身的组织管理,从而更进一步地为广大的人民群众服务。并且,区域教育智库要结合大数据的便利,组建大数据处理行政事务的管理系统，培养管理人员的数据思维，运用新的知识来解决组织中的管理问题，减少无谓的劳动，运用科学的思维和处理方式，帮助管理人员优化行政组织，从而改善整个团队的工作氛围，并最终提升区域教育智库的工作效率。

此外，区域教育智库作为一个专门的研究和组织机构，其主要成员应当由相关的科研人员承担，主要的领导部门也应当由具有行政经验的科研专家担任，比如科研人员应聘任知名的教授、学者、博士甚至硕士研究生等，由他们担任管理工作则会优于非专业人员承担。专业人员在管理智库的工作中会运用已有的知识经验，所以会更容易解决面临的现实问题，也更容易在团队中树立权威，这不仅避免了区域教育智库内部的分歧，也优化了区域教育智库本身的管理效能。同时，为了优化管理教育智库的结构，区域教育智库的研究者不能只招具有教育学背景的管理人员，还要招收一些具有不同学科背景，如生物学、计算机、数学、化学、社会学、心理学、统计学等交叉学科背景专业的管理人员，此外，也要招收一些其他少数民族的管理人员，如达斡尔族、东乡族等，从而加强少数民族之间智库研究最新成果的交流和借鉴，这将从根本上保证区域教育智库的建设和管理的效率。

第三节　对大数据时代下区域教育智库未来发展的思考

全球化背景下的经济发展，促使互联网迅速完善，催生了大数据时代的到来。近年来，我国大数据市场发展迅速，大数据产业成为经济发展的新源泉。诸多的研究机构都对大数据本身的特性进行了详细的研究，同时也将大数据与不同的产业进行了有机的结合，推动了相关产业的发展。而且，大数据已经和人们产生了密不可分的联系，基于此，我们考虑区域教育智库的建设可以借助于大数据的东风，在大数据便利条件下充分建设，进而让区域教育智库为自治区政府决策和建言服务。大数据与区域教育智库的结合，是未来区域教育智库发展的主要方向。因此，本节主要阐述大数据时代下区域教育智库的未来。

一　大数据使区域教育智库更完善

区域教育智库的建设势在必行，且与大数据的结合也是大势所趋。区域教育智库在建设过程中如果不能及时地与时代相结合，那么即使建设成功的智库，也会与时代相脱节，得出的研究理论也无法指导实践，浪费了精力和财力。区域教育智库是自治区政府建言献策的主要机构，也是国家软实力的主要象征。智库的研究人员要明晰智库的根本目的，在建设过程中把握好这一总体目标。而且，区域教育智库的建设过程，需要良好的管理机制和组织方式，优化的组织管理方式会使智库的建设如虎添翼，这会提高区域教育智库在国内外的综合影响力。在大数据的管理和建设机制上，我们应当运用大数据的思维模式，构建多元化的数学分析模型。[①] 通过精确地对数学模型进行分析，可以找出最优化的区域教育智库的建设方案。而且，研究人员在经过辛苦的调研之后，可以将调研所得的数据汇聚到大数据的系统中，进而与其他的区域教育智库的数据进行对比和筛选，从而找出区域教育在发展的过程中出现的不足和缺陷，甚至发现一些很明显的问题。针对这些问题，我们可以提出不同的解决方案，运用大数据技术，进行精确的数学模拟，最后根据数学模拟的结果，综合研讨各种不同方案的成本和收益，进而选择出最优化的解决办法。相比于以往传统的分析办法，这大大地节约了研究者的时间和精力，提高了研究的效率。此外，智库的管理者可以不定期地将区域教育智库的研究报告、研究结果、调查内容、调查数据等都纳入到大数据系统中去，根据大数据综合模拟和分析的结果，研究人员可以从宏观和微观两个方面对研究的最终结果进行反馈评估，形成区域教育智库的研究报告，使区域教育智库的运行更加高效完善。

二　大数据使区域教育智库面向国际化

大数据推动着区域教育智库的变革，这种变革是根本性的变革，这种变革不同于传统的变革，大数据时代下的区域教育智库，是一种多元

[①] 郭军、张涛：《大数据时代下的教育智库：特质、责任与未来》，《重庆文理学院学报》（社会科学版）2018年第2期。

的思维模式和创新方式。基于大数据的基础，研究者可以通过不同的传播方式加强与其他教育智库的合作联系，在以往互联网欠发达的时候，智库之间的交流是通过传真、信件等方式，而在大数据时代，我们可以充分利用网络的优势，使区域教育智库的研究成果得以广泛的传播，这也是由传统单一的传播方式转变到数字型的传播方式，这是一种质的变革。在各国的学术交流中，大数据带来的便利更加明显，特别是对于高校、区域教育智库的建设和发展。一些高校经常举办国际性的学术交流活动，来自海内外的专家都会加入进来，高校的教育智库也会因此而广为传播，其学术成果也很容易被国内外的其他学者学习和检索。

对于区域教育智库的建设，也可以参考高校教育智库的建设模式。首先在部分区域举办区域性的教育智库的交流活动，集思广益，海纳百川，进而丰富区域教育智库的学术成果；其次，可以举办全国性的教育智库的交流活动，从而使研究成果在全国范围内传播，增强区域教育智库的学术影响力；最后，我们在积累全国性学术活动经验的基础上，可以举办国际性的教育智库交流，可以邀请国内外著名的教育智库的建设专家来参会，提供他们建设教育智库的宝贵经验，指出我们教育智库研究的不足，并提出大数据未来该怎样与教育智库的建设进一步结合。通过这样的方式，区域教育智库不仅具备了国家化的视野，而且积攒了国家化的智库建设经验，从而为其他地区教育智库的建设提供参照模型。

近年来，习主席提出的"一带一路"倡议，成为与世界各国连接的友谊纽带，也成为引领世界发展的风向标。"一带一路"倡议不仅为中国带来了和平发展的历史机遇，同时也为其他国家的发展带来了契机，打开了中国走向世界的通道。在这个历史节点，区域教育智库不能闷头自己搞研究，要把握大数据带来的便利，坚持区域教育智库"走出去"。这种"走出去"不仅仅是区域教育智库的建设经验的走出去，而且是研究成果的走出去，打造出中国教育智库的特色，在国际舞台上展现自己的声音，增强国际话语权、扩大国际影响力。[1]

总之，基于大数据的便利，区域教育智库所处理的信息以及展示出

---

[1] 郭军、张涛：《大数据时代下的教育智库：特质、责任与未来》，《重庆文理学院学报》（社会科学版）2018年第2期。

的教育研究成果，将会对国家整体的教育产生颠覆性影响，区域教育智库的地位将随着时代的变迁变得越来越重要。①

三 完善现代化教育治理体系

区域教育智库与大数据紧密联系，大数据促使区域教育智库逐渐完善。中共十八届三中全会全面提出要推进国家治理体系和治理能力的现代化，当然，民族教育的现代化也要跟上国家政策的脚步。人民群众可以通过微博、微信等自媒体平台或其他途径进行舆论的表达②，大数据基于此，可以从另一个角度推进教育现代化治理体系。区域教育智库的研究者可以充分凭借大数据的优势，构建区域教育智库现代化治理体系平台，这个平台可以通过模拟教育治理管理体系，从而推动教育政策的调整和制定，进而为自治区政府和国家建言献策，进一步提升教育治理的现代化水平。

四 大数据增强区域教育智库的创新能力

区域教育智库与大数据的另一层关系是大数据可以增强区域教育智库的创新能力，二者相辅相成，你中有我、我中有你，二者相互促进、共同进步。对于新时代背景下的区域教育智库建设而言，区域教育工作者经常会遇到工作的瓶颈，这些瓶颈通常会制约区域教育工作者的思维能力和创新能力，而大数据却能很好地弥补这一点。

大数据给区域教育智库的建设带来的不仅仅是技术性的革命，还引发了思维性的革命，更重要的是，大数据促进并增强了区域教育智库的创新能力，促使很多重大的区域教育问题找到了相对应的解决方法。进一步讲，大数据的思维方式扩展了区域教育研究者的思维模式和思维空间，这可以让区域教育工作者从不同的侧面、不同的空间、不同的角度来思考问题，并且无论从哪种角度思考问题，大数据都会给出一个特定

---

① 郭军、张涛：《大数据时代下的教育智库：特质、责任与未来》，《重庆文理学院学报》（社会科学版）2018年第2期。
② 刘慧婵、耿丹青、蔡炜等：《新媒体环境下教育智库舆论引导功能的发挥》，《教育评论》2019年第7期。

的数学模型，这有效地促进了区域教育工作者的思维扩展能力，开拓了区域教育智库研究的新局面。

五　大数据提升区域教育工作者的决策能力

结合大数据的优良特性，区域教育工作者可以随时调整教育决策，并且实时监测教育工作者制定的教育政策的准确性和获得的效益，从而提升教育工作者的决策能力、提高区域教育智库发展的质量。大数据已经可以对不同类别的数据进行分析，其得出的不同结论可以有效地帮助管理者做出决策。以往的教育管理者在做决策时，往往有囿于思维的限制、信息的不对称等条件的制约，在制定管理策略或者决策时缺少足够多的资料支撑，这就使以往的管理者在做出决策时往往凭经验直觉，或者仅仅依靠少数的信息来推断全局的信息，这样制定出的政策难免会出现"一刀切"的现象，往往极有可能是低效错误的决策；然而，区域教育智库与大数据进行有机结合，这弥补了以往教育管理者凭借经验直觉做出决策的不足和缺陷，而且基于区域教育智库理论支撑的决策，再配上大数据的模型拟合，这样做出的教育决策是错误的概率往往极低。另外，我们基于大数据和区域教育智库所做出的各类决策，亦可以通过大数据来广泛地收集决策的信息，利用海量大数据从多维度、多角度、多视野进行政策实施的综合的效果评鉴，分析相关的教育政策在实施的过程中是否达到了某些预期的目标，如果没有达到，则与预期的目标相差多少，如果去弥补，该用何种方法会达到更好的效果，还有目前的教育政策有哪些不足，这些不足是否可以通过相关的策略进行弥补，如果弥补，效果如何？因此，基于区域教育智库提供的理论基石，再加以大数据分析评价的结果，通过两者进行的综合研判，使我们可以随时调整教育工作者的决策，从而使教育管理者的决策达到最佳、效益达到最大。

六　大数据提升区域教育智库的战略预见能力

大数据的一个重要的优势在于其不仅仅可以通过数据来反映现状，还可以通过已有的数据来预测未来的区域教育智库的发展趋势和基本走向。基于大数据条件下建立的区域教育智库，最终的优势在于通过现有的民族教育的数据来预测未来，也就是大数据的优势可以提升区域教育智库的战略预测能力。战略是指政府为实现某种宏大的目标而制定的详细且周密的行动方案,预见是指通过已有的数据对未来的不确定性进行细致量化分析的一种手段和能力,事先预见事务可能变化的某些过程以及某种事物大致的发展和变化过程。[①] 在区域教育智库建设的过程中,战略性预见关系到整个区域教育的利益全局,决定了区域教育的整体走向。因此,在建设区域教育智库的过程中,引入大数据是其在战略预见领域最明显的表征,它是实现对区域教育问题的定性与定量研究的综合,这使得以往关于区域教育问题有了科学性的思维,也向自然科学的严谨性迈出了可贵的一步。因而,大数据技术是区域教育智库研究的利器,这会彻底改变研究者探索区域教育问题的思维方式。

通过使用大数据技术,研究者可以对区域教育智库研究的过程、结果以及一些比较棘手难处理的教育问题进行精准的预测,这种预测的结果可以帮助决策者结合实际情况进行取舍。特别是对一些具有重大现实意义的教育问题,依靠大数据技术,我们不仅可以分析得到区域居民对该问题的态度和情感看法,也可以得到关于该问题的量化数据。通过定性的数据与定量的数据相结合,研究者可以综合研判出民众对该问题的一个总体态度,决策者可以根据这个综合性的分析结果,来提出一些具有前瞻性、战略性的施政策略。此外,大数据除了能提升区域教育智库的战略性预见能力,还有一个重要的特性是可以战略性地发现危机并预防危机。预防危机是区域教育智库的另一个重大责任,区域教育智库的决策者需要通过大数据的计算,来战略性地预见一些教育问题在未来的教育过程中会出现何种危机,危机程度如何,是否值得研判等,并针对这些值得研判的严重危机提出一些行之有效的备案,从而使教育损失降到最小,确保各方利益不受损失。因此,区域教育智库在建设的过程中,结合大数据的特性是一个非常必要的措施,这不仅可以提升区域教育智库的战略性预测能力,还可以加强对区域教育的一些危机风险的把控能力,从而全面提升区域教育的质量,确保区域教育智库提出的政策可以顺利实施。

---

① 赵博:《基于大数据的战略预见研究》,博士学位论文,中共中央党校,2016 年,第 3—121 页。

七 大数据时代下区域教育智库的运行机制

区域教育智库的运行机制主要包括外部运行机制和内部运行机制两部分,其中,外部运行机制主要指参与政府政策的制定,为政府做政策咨询建议等,故区域教育智库的外部运行机制又叫参与机制;内部运行机制是指区域教育智库内部各要素的有机组合,并建构一系列相应的流程、规划和制度等,从而实现区域教育智库的基本服务功能(如教育决策咨询、人才培养、引导社会的公共舆论等)。因此,本节主要从大数据时代下区域教育智库的外部运行机制及内部运行机制展开论述。

(一)服务政府决策机制

区域教育智库的宗旨是服务国家教育决策和区域教育决策,任何时候,区域教育智库建设的宗旨都是不能改变的。区域教育智库需要围绕国家和区域教育战略的需求,关注一些区域存在的现实且重大的问题,并全面提升自身的能力和水平,从而为国家和区域的教育决策提出具有前瞻性的意见,这是区域教育智库主要的外部机制之一,也是区域教育智库建设的根本目的之一。进入新时代以来,国家的教育政策也顺应时代的需求发生着变化,为结合"五位一体"和"四个全面"战略布局,以优先发展教育的战略指导,教育公平、城乡义务教育一体化、乡村振兴教育、学生资助制度、师德师风建设、教育改革等依然是制约国家整体教育发展水平的关键矛盾所在,同时也是制约区域发展的矛盾所在。[1]所以,区域教育智库要顺应时代的潮流,从解决国家和区域最需要解决的教育问题入手,立足现实问题,为区域的教育谋划未来,制定清晰的教育目标和教育战略,从而解决由这些问题造成的制约区域教育发展的矛盾。此外,国家也出台了一系列的政策来指导区域教育智库以为国家的教育发展做贡献,如 21 世纪教育研究院和北京大学民办教育研究所,为落实贯彻《国家中长期教育改革和发展规划纲要 (2010—2020 年)》

---

[1] 申国昌、程功群:《中国特色新型教育智库的角色定位及建设路径》,《华东师范大学学报》(教育科学版) 2018 年第 6 期。

召开了一系列会议①，为了使国家教育水平再上一个台阶，会议人员建议不同的教育智库要以增强学生的文化自信为中心目标，同时建议提出建设中国教育博物馆等，这些建议都为教育政策的制定和实行服务。因此，区域教育智库应增强大局意识、全局意识，增强教育的战略意识，明确自身的使命感和责任感，通过严谨的学术研究为教育政策的制定而服务，并服务于国家的教育决策需求，为国家和民族地区的教育政策提供智力支持。

(二) 独立发展导向机制

区域教育智库不同于其他的学术机构和学术单位，它不是以营利为目的的学术机构，无论区域教育智库自身的定位如何，其服务的宗旨不应该改变，其自身的主体地位也不应改变，区域教育智库应当统筹好独立性和非独立性、学术性与政策性、现实性与前瞻性、市场性和非市场性、营利性和非营利性等多向度的关系。② 区域教育智库应当发挥其独特的优势为区域教育政策服务，其独特的优势就是其专业性和科学性。从区域教育智库的外部机制出发，区域教育智库作为区域核心的决策咨询机构，发挥着许多重要的作用，这些重要的作用都受其独立性所制约。独立发展的导向机制制约着区域教育智库扮演的其他角色，区域教育智库的其他功能都受独立发展导向机制所影响。因此，区域教育智库在建设的过程中应当注重教育智库的独立性主体，要明晰组织特质的主要功能，要建立健全的独立导向机制，并把握好区域教育智库的共性与特性的关系。因而区域教育智库既要彰显自身的特色，又不能失去智库本身的共性。坚持客观中立的学术态度，承担起建言者、引领者、指导者和评估者的几重角色，不能成为行政部门的附属产物，要成为教育改革过程中的建言者和评估者，从而在政策咨询的过程中发挥其独立发展的导向机制。③

---

① 申国昌、程功群：《中国特色新型教育智库的角色定位及建设路径》，《华东师范大学学报》（教育科学版）2018 年第 6 期。
② 张武升：《中国特色新型教育智库的本质特征》，《教育研究》2015 年第 4 期。
③ 申国昌、程功群：《中国特色新型教育智库的角色定位及建设路径》，《华东师范大学学报》（教育科学版）2018 年第 6 期。

(三) 协同创新机制

区域教育智库的另一个运行机制是协同创新机制。创新是一个国家和民族发展的主要内部因素，一个国家的教育是否强大，最主要的是要看这个国家是否具有创新精神，可以说，创新是一个国家强盛、民族兴旺的主要标志。从小而言，区域教育智库的发展也需要创新，创新是区域教育智库发展的内部动力。区域教育智库的建设唯有依靠自身的创新，方能形成强大的研究动力，也能形成多元互动的创新格局，进而实现其本身的价值。因此，区域教育智库的建设过程中最关键的是要注重协同创新机制的建立，这就要求其做到两点：一是建立合作、开放的创新交流机制。区域教育工作者要紧紧围绕区域教育的关键问题、难点问题和重点问题进行相互交流，并针对交流的内容提出一些可行的研究方案，这些研究方案则分配给不同的研究机构进行落实，在落实的过程中加强协同交流，加强彼此之间的信息交流、互通有无，并构建数据交流和共享的平台，实现数据、信息资源的共享，进而建立各学术单位均承认的"创新共同体"；二是要建立科研队伍的灵活机制，区域教育智库的核心是协同创新，而协同创新的核心是人的创新，是科研工作者的创新，单个的科研工作者的创新能力肯定不如群体的集中智慧，因此，要加强区域教育智库中科研队伍的流动性，这些科研人才可以去其他的科研单位，可以去企业，可以去政府管理部门等。当然，区域教育智库也十分欢迎其他单位的科研人才的流动加入，从而为区域教育智库增加新的"学术血液"，增加其他行业的学术智慧，进而尽早地形成区域教育智库的学术思想和解决问题的方案，以便共同致力于区域教育问题的解决，实现协同创新机制的有效建立。

(四) 咨询市场机制

区域教育智库的另一个运行机制是咨询市场机制，这是与服务政府决策机制并驾齐驱的核心机制。一个良好的区域教育智库是专业的且能影响区域教育政策的制定以及一些区域教育制度的创新。当今社会，随着我国综合国力的上升，教育改革也势在必行，区域教育智库在这个时期则发挥了至关重要的作用。因此，区域教育智库在这个时候应当完善决策咨询制度，为民族教育的发展做出政策评估的贡献。建立区域教育智库的咨询市场机制，应当从三个方面完善。首先，政府信息应与区域教育智库互通，区域教育智库的建设者应当时刻关注政府信息，政府工作人员也应当对重大的教育政策和教育方针的规划提前与区域教育智库进行相互沟通，此外，政府部门在制订区域教育政策的时候，应当将相关的信息向区域教育智库开放，使区域教育智库能在最短的时间内获得第一手信息、掌握第一手的数据，从而根据这些信息和数据帮助政府做出合理的规划和决策；其次，区域教育智库应当建立健全教育决策征询制度，即教育决策的意见征集制度。教育决策的意见征集制度需要政府和区域教育智库两方面互相配合，制定一些制度化的程序、决策方式等，区域教育智库同时还要在其独立性的基础上，注重吸收其他行业的智慧，关注人民群众的需求，切身关注群众的利益，综合多方面的信息，对一些重大的教育问题进行反复研讨、深刻分析，形成完善的论证报告，供政府决策参考。此外，区域教育智库还要建立健全的决策咨询制度，从决策意见的征集、决策意见的分析、形成决策建议报告以及后期的政策评估机制等角度建立一套系统、连贯的制度。这些制度既能保证区域教育智库本身的优势，又不丧失其独立性的特点，从而优化政府办公程序，达到民族教育问题解决快速化的施政目的；最后，区域教育智库要搭建公平竞争平台，创设咨询市场机制。[①] 区域教育智库在创设了咨询的市场机制之后，为了保证其活力，政府部门需要制定有关的政策来保护这种咨询机制，即以公平竞争的法则，通过竞争激烈的手段使区域教育智库更加完善，对政府的决策需求进行更深入的分析，营造良性的竞争机制。同时，政府也要帮助区域教育智库优化资源的配置，促使区域教育智库能在短时间内为政府提供一些高质量、行之有效的建议，从而使民族地区的教育水平得到质的提升。

（五）成果转化机制

区域教育智库作为民族教育研究的实体学术机构，其学术成果的产出是以提升区域教育为中心的。就目前来看，各类智库机构遍地开花，智库的市场竞争也比较激烈。区域教育智库要在这竞争激烈的市场中立足，就必须要有足够的科研成果作为立足的前提，并且还要进行一定的

[①] 申国昌、程功群：《中国特色新型教育智库的角色定位及建设路径》，《华东师范大学学报》（教育科学版）2018年第6期。

科研成果的转化。区域教育智库的科研成果的转化分为两种，即直接的科研成果的转化和间接的科研成果的转化。直接的科研成果转化最直接的表现就是影响区域教育政策的制定，或者某项区域教育政策就是教育智库所提供的决策，另外就是区域教育智库承担了政府关于区域教育的研究课题，区域教育智库在完成课题后，帮助政府进行决策等等。此外，科研人员直接参与到政府的重大政策制定过程中，并在其中起着决定性的作用，或者这些人员参与了政策的评估、修订等过程，这些方式都是区域教育智库最直接、最有效的转化方式；区域教育智库间接的转化方式则比较多了，比如区域教育智库的工作人员可以将研究的成果以论文的形式发表、以公开出版物的形式进行传播、设立微信公众号、开展讲座、网络平台宣讲、电视宣讲等，这些间接的转化方式都能有效促进科研成果带来的影响。因此，区域教育智库需要进一步完善科研成果的转化机制，这不仅有利于扩大区域教育智库整体的影响力，而且有助于政府优化区域教育问题的方案。

此外，区域教育智库还要关注科研成果的评价机制。区域教育智库的科研工作人员的研究得出成果后，需要对这些成果进行详细的评价，并不是所有的科研成果都能推动区域教育的发展，也不是所有的科研成果都一无是处，所以政府要帮助建立并运行合理的科研成果的评价机制。科研成果的评价机制要重视同行评价、请社会和政府评价，要重视实际应用价值、轻理论价值等。并且，科研成果的评价机制在建立的过程中应当注重探索性评价和分类评价相结合，以及对科研成果进行长期性的评价。如果科研成果的确推动了区域教育的发展和政策的完善，那么还要注重科研成果的奖励，加大对科研成果的奖励，尤其要重视科研成果的转化，提高科研成果的转化性和可操作性。另外，政府也应当注重对科研成果的现实应用，大力推广一些可操作性较强的成果，并在一些地区展开试点，进而提高研究成果的应用性和实践性。

(六) 智库的数据支撑机制

目前，随着大数据时代的来临，大数据已经渗透到各行各业。如果一个行业掌握了大数据，那么这个行业就掌握了该市场的竞争力，掌握了主动权。区域教育智库的建设尤其如此，区域教育智库作为顶层的科研机构，如果科研人员不掌握大数据，不以大数据的优势来提升智库的竞争力，那么教育智库是不会存活长久的，是没有生命力的。大数据时代与传统数据时代相比具有质的差异，这些差异不仅仅表现在数据获取、数据存储、数据管理、数据分析能力等方面，而且体现于大数据时代的数据比传统时代的数据在每一个步骤上都有质的提升。大数据是庞大的，也是海量的，其核心就是通过对海量的区域教育数据的分析，将看似无关的区域教育数据间建立起抽象的数学逻辑关系，进而揭示区域教育出现的问题之间的逻辑关系。区域教育智库的研究者应建立各类教育数据库，形成一批具有集成优势的智库研究平台。坚持用事实说话、用数据说话，通过对数据的定量、定性分析，为教育科研提供全方位的、更具专业化和个性化的服务。[①] 因而，大数据势必成为智库建设的必需品。就目前的教育科研成果来看，大趋势是在向自然科学转化，比较注重数据，用数据揭示问题，用数据证明自己的观点。毫不讳言，未来的科学研究将是大数据的研究，大数据代表了科学性和核心竞争力。但教育类的研究与自然科学研究相比，还是有其独特的优势的。自然科学坚持用客观事实说话，而教育类的研究不仅注重客观事实，还注重质性的研究，量化的研究过程中加入了质性的研究，这就显示出了其独特的优势。因此，区域教育智库的建设者需要注重大数据的应用，将数据支撑机制作为区域教育智库的主要的内部机制，同时也是区域教育智库的量化研究的支撑点。

　　建立大数据支撑机制，需要从两方面出发。一方面，区域教育智库的研究人员里必须具备大数据人才，并且至少占所有科研人员的三分之一，这是区域教育智库正常运行的前提。如果没有大数据人才储备，那么在短期内建立以大数据为支撑的区域教育智库是几乎不可能的。区域教育智库除了在人才库里面有大数据人才之外，还需要在人才培养基础之上培养大数据人才，大数据人才是未来区域教育智库研究的主力军，也是区域教育智库研究创新性的主要来源。同时，也要培养其他科研人员的大数据思维模式和大数据技术素养，使这些人才在做研究的时候，能主动使用大数据技术，帮助其解决研究过程中遇到的难题；另一方面，区域教育智库需要加强与计算机等专业性较强的专业的联系，定期去计

---

① 周洪宇：《创新体制机制，建设中国特色新型教育智库》，《教育研究》2015 年第 4 期。

算机等专业学习，学习最新的大数据技术及分析方法，从而使这些新方法指导区域教育课题的研究，让大数据服务于区域教育研究，成为区域教育研究的亮点，为区域的教育事业服务。

（七）智库的数据挖掘机制

在大数据时代，区域教育智库的建设必须依靠大数据挖掘技术。建设区域教育智库必须紧跟时代发展，充分利用时代发展带来的科技的便利，充分利用计算机技术发展带来的便利，利用互联网、大数据、云计算、物联网等前沿的数据分析工具，推动区域教育智库从传统型向智能型转化。以大数据为核心，推动区域教育政策咨询由传统的建言向精准的数字化建言转化。区域教育智库的研究者要采用以大数据为核心的数据驱动，构建各个地区教育智库的大联盟，打破以往各自为政的僵局，从而从根本上提升区域教育智库的咨政建言的能力。此外，区域教育智库的研究者除了要充分发挥大数据的强大作用之外，还要建设多层次、跨学科的多元智能化的交流平台，进而促进自治区政府、区域教育智库、社会各界之间的学术交流，进行学术共享，并最终构建一个协同工作、优势互补、协同高效且具有区域特色的新型教育智库平台。大数据协同科研平台，推动智库建设走向跨学科协同、跨行业协同、跨区域协同的新型智库发展模式，提供多角度、多领域的决策咨询服务，为推进国家的科学发展、创新发展、和谐发展提供智力支持。[①] 这一方面适应了国家发展的需求，另一方面则为民族地区的教育事业做出了贡献，完成了区域教育智库的历史使命。

从数据管理的角度来看，智库作为独立于政府机构之外从事公共政策研究和分析的非营利性学术组织，其精密性和准确性势必会影响其效用和价值。因此，我们有必要健全区域教育智库的数据管理机制，从而规范区域教育智库的运行机制，提高区域教育智库的运行效率。当然，我们完全可以凭借大数据的优势来管理区域教育智库，可以运用大数据的精确性来实时监控区域教育智库运行的整个过程，实现对智库活动的监控和测评。研究者还可以运用可视化数据平台跟踪智库成员的科研过

---

① 陈潭：《从大数据到大智库：大数据时代的智库建设》，《中国行政管理》2017年第12期。

程，强化绩效考核管理，实现科研成果的分布式多系统共享①，从而使数据的使用率提高，保证一些比较隐秘的数据不外泄，同时也能反映区域教育智库的真实状况和发展特点。

智库数据的采购也是研究者需要关注的。政府需要何种数据，需要多少数据，需要哪方面的数据信息，这些数据信息来自哪里、由谁提供，这些是大数据采购过程中需要详细考虑的。因而，政府在采购这些需要的数据的过程中可以通过按需购买、以事定费、公开择优、合同管理的购买机制，采用公开招标、邀请招标、竞争性谈判、单一来源等多种方式进行数据购买，从而不断提高智库资源利用效率。最后，还需要完善大数据的评价机制。政府通过多种方式获得数据，并不是所有的数据都用于分析，也并不是所有的数据都能反映真实的区域教育信息，相反，可能有一大部分数据信息并不是我们所需要的，这些我们研究用不到的数据信息其实没什么作用，政府如果购买了我们不需要的数据，或者购买了不达标的数据，不仅会浪费纳税人的资金，还会造成科研的损失。这对政府和区域教育智库都是有损失的。为了避免出现类似的情况，区域教育智库的研究者需要建立数据评价的体制，从而提升数据采购的有效率和利用率。数据评价体制需要从多方面进行研判，比如数据反映的是哪方面的民族教育信息？数据是不是真实的？数据来自哪里？数据是如何收集的？数据的收集过程有哪些额外变量的影响等等。通过多元的评价数据，研究人员才可以使用这一批数据。当然，区域教育智库完全可以建立用户评价、用户打分、同行评价、社会评价等组合的数据评价机制，不断提高区域教育智库产品的质量和效益，不断提升区域教育智库的社会服务能力和水平，并最终从根本上提升区域教育的综合水平，提升区域的教育竞争力。

---

① 陈潭：《从大数据到大智库：大数据时代的智库建设》，《中国行政管理》2017 年第 12 期。

第 五 章

大数据背景下"一带一路"区域教育智库信息服务体系

第一节 "一带一路"与区域教育智库信息服务体系现状

一 "一带一路"的内涵

2013年9月,习近平主席访问中亚和东南亚国家,同时提出共建"丝绸之路经济带"和"21世纪海上丝绸之路"(简称"一带一路")的重大倡议。"一带一路"倡议对外连接中巴经济走廊、蒙古与俄罗斯等国家,对内完全覆盖我国西部少数民族地区,以"连接和疏通"为主要目标,以"合作、包容、共享和融合"为代表精神,为实现共同进步的最终结果,将目标与精神共同注入待发展产业,是一个蕴含巨大发展能量的世界级战略。从2015年倡议正式实施起,"一带一路"倡议受到了国内外很高的支持。"一带一路"倡议不仅能够通过经济、教育对接实现国与国之间的沟通,而且帮助沿线各不发达国家得到发展进步。作为改革开放后的"第二次开放","一带一路"倡议对中国的发展也有深远的意义,该倡议能够加速自然科学的发展,提高工程技术研究的创新,促进我国民族教育的进步。

"一带一路"倡议的历史源头非常久长,能够上溯到古代丝绸之路。古时的君王为了发展本国的经济,开辟陆上与海上丝绸之路两条贸易之路。陆上丝绸之路源自张骞出使西域的丝绸之路,此路连接古代中国与俄罗斯、哈萨克斯坦等国家,同时连接了中亚与阿拉伯的贸易,促进了当地经济的发展;海上丝绸之路也是一条沟通连接的经济贸易通道,二者的差别是海上丝绸之路走海上通道，从中国的部分沿海城市出发，经由南洋到达阿拉伯海等地区。中国这两条丝绸之路更好地规划了国家的对外经济贸易战略，同时也与亚欧非大陆等地建立了经济沟通的桥梁。这样的两条贸易往来之路，给国家建立起了一个全方位的经贸网络，联结起了贸易之路的合作伙伴关系，实现了一定意义上的多元平衡，呈现出了可持续发展的态势。

"一带一路"倡议是对古代丝绸之路精神的传承与接纳，该倡议将合作、包容、共享和融合渗透到合作过程中的方方面面。通过"一带一路"倡议的推进，将陆地力量与海上力量进行融合，同时对贸易、经济等方面进行关注，以便使国内外参加该倡议的国家发展得更加优秀。"一带一路"倡议的初衷是通过与沿线各发展中国家进行优势互补，共同建立中国与合作国家的共同体，以便更好地与合作国共同面对国家发展带来的挑战。然而，跨国进行的经济贸易交流并非一帆风顺，这个过程中可能会面临各种问题，例如语言障碍、文化冲突等，这些问题阻碍国家经济的发展进步。因此，中国智库的建立有其必要性，利用智库的特征更好地推动"一带一路"倡议的发展，并借由此路帮助中国建立与世界各国的命运共同体，实现互利共赢。然而，"一带一路"的合作进程面临着不同国家文化多样性带来的障碍。为了更好地实现合作与文化交流，借助各界人才所积聚的智力支撑，帮助"一带一路"沿线的各个国家、各个民族更好地理解认识"一带一路"倡议，让该倡议能够在未来的社会发展中越走越顺利，习近平总书记提出了消除障碍的可行方案——加强中国特色新型智库建设。[①] 由于"一带一路"沿线的多民族结构，我们需要关注如何健全我国区域教育智库，为建设区域教育智库提供建设性的意见，并且研究者要在政策的范围内，尽量使区域教育智库的研究更完善、更充实和更丰富，为区域教育水平的提升做出实质性的贡献。

---

① 温勇、赵晨伊：《为中华民族复兴提供强大智力支持——学习习近平关于加强中国特色新型智库建设的重要论述》，《党的文献》2018年第4期。

二 区域教育

(一) 民族的概念

斯大林在谈到民族的时候，写道："民族是人们在历史上形成稳定的共同体，是一个具有共同语言、共同地域、共同经济生活，表达共同文化基础上的共同心理素质。"[1] 斯大林对于民族的解释，正好体现出了一个民族的真正内涵，同一个民族的人，他们首先有着共同的语言基础，生活在同一个区域之内，有着相似或者一样的经济来源，这个民族最终会形成自己的文化，本民族的人都会以自己的文化为荣。构成这些民族的基本要素，就形成了民族的概念。2015年，中共中央在民族工作会议上对民族进行了一个比较充分的概括，民族是一个在一定的历史发展阶段形成的稳定的共同体，民族在历史渊源、生产方式、语言、文化、习俗和心理认同等方面都具有共同的特征[2]。我国由56个民族组成，56个民族有着自己的生产方式、生活习惯和文化习俗，这56个民族组成了中华民族的共同体。

(二) 中国区域教育的现状

我国的区域教育研究开始于20世纪80年代前后，由于我国少数民族较多，所以刚开始进行区域教育研究的时候并不是很顺利。不同的少数民族的研究结论并不能相通，也很难形成比较有价值的区域教育的理论。后来，随着计算机的发展，我国的区域教育也得到了长足的发展。在计算机的辅助下，我国的区域教育研究也取得了一系列丰硕的成果，也逐渐形成了有中国特色的区域教育理论和研究体系。由于我国的少数民族长期处于自然、地理、文化等比较劣势的条件下，其受教育程度也受到了这些条件的制约。区域教育的样态以非形式化、制度化的教育存在于少数民族的日常之中，对于区域教育的研究也就与社会学、教育学、人类学相接轨。因此，我国发展出了独特的区域教育研究范式。对于我国

---

[1] 孙学玉：《担负起铸牢中华民族共同体意识的时代使命》，《政治学研究》2022年第2期。

[2] 青格乐：《扎鲁特旗民族教育政策实施及对策研究》，硕士学位论文，内蒙古农业大学，2019年，第7—8页。

区域教育的现状，本节将从以下六个方面进行阐述。

第一，与传统文化教育功能有关的研究。这些研究主要表现在三点。

其一，区域教育最开始起源于家庭或者一些进行教育的小社会场所，关于区域教育的形式也比较多样，内容也极其丰富和多元化。在社会发展的过程中，学校逐步作为教育实施的载体。区域教育与传统文化功能教育的研究，一些方面表现在他们与自然的连接、天人合一的思想等，一些少数民族认为他们来自自然、终归自然，要与自然和谐相处。他们认为，区域教育应当具有文化的和谐观，所有的教育应当包括人、神、自然之间的和谐统一，并最终促使心理健康[1]。

其二，与文化心理基础有关的研究。有关研究认为，民族地区的一些游戏，可以很好地代表民族的文化传承特点，民族游戏体现的是本民族的个体对故土的深切之情。同时，也有一些研究表明，民间戏剧和舞蹈具有很强的功能，这种功能可以增强中华民族共同体的意识。此外，也有一些研究认为，区域的一些传统的活动方式，比如唱山歌，跳民族舞蹈，唱诗文化等，这些区域传统的文化会促使青少年对本区域文化的自觉意识、文化权利意识等方面的觉醒，这些区域的文化传统是很好的区域教育的方式。

其三，区域教育与仁义礼智信、敬畏生命等的相关研究。研究表明，"坡芽歌书"是壮族人民在物质生活、制度生活、精神生活中创造的文化符号[2]，这些文化符号代表着特定的含义，不同的文化符号体现着不同的区域教育过程，且这些文化符号传递着"歌书"作为文化符号对生命意义追寻的教育功能。藏族的区域教育则主要是对天、对自然、对生活的热爱和思想，以及对如何提升自己的道德价值和道德水平进行教育。他们认为，区域民居文化有益于本区域个体的审美和道德良知的提升。此外，也有研究表明，彝族家支文化是独一无二的活文化，这主要体现在个人的道德水平的升华价值中，这是一种动态的变化过程。此外，彝族

---

[1] 金海英、任路:《中国民族教育研究述评》,《北方民族大学学报》(哲学社会科学版) 2019 年第 4 期; 杨立红、巴登尼玛:《白族"绕三灵"的教育人类学分析》,《民族教育研究》 2012 年第 3 期。

[2] 权迎:《云南壮族"坡芽歌书"符号创生与传承的教育人类学阐释》, 博士学位论文, 西南大学, 2013 年, 第 95—132 页。

的人们应当具有崇高的伦理道德品质，具有讲道理、重人情的基本素质，还要有"达则兼济天下，穷则独善其身"、兼济互助、团结友爱等高度的爱国主义情怀①。这些区域教育都从侧面上反映出了区域教育的基本特点，即一方面要爱护本区域个体，要团结，不要分裂，要提高自己的道德水平，要敬天敬地敬畏自然；另一方面，要具有高度的爱国主义精神，要维护民族团结、维护国家安全，这些基本的教育精神是我国少数民族个体具有的典型的品质。

第二，多元文化教育。区域教育主要承载着少数民族群众接受教育的基本权利，对少数民族地区的经济发展、社会进步都起着至关重要的作用。同时，区域教育也对实现中华民族平等团结、各民族平等繁荣共同进步起着重要的作用。区域教育不仅教授中华传统文化，还负责区域的本土文化传承。因此，少数民族的多元文化是我国区域教育在理论与实践过程中出现的有特色的教育方式，具体来讲，主要表现在以下六点。

其一，文化传承中的区域教育研究②。区域教育首先要通过有目的和有计划的途径进行展开，区域教育不是想到什么就去教授什么，这是不正确的。目的性和计划性是区域教育的特点之一。保持区域文化特质对区域个体的意义较大，少数民族的文化传承需要依托于学校教育。学校教育是少数民族教育的显性载体，这种载体体现在可以提升少数民族学生的文化自觉意识，也能从根本上改变少数民族学生的思维模式、情感表达、行为方式等，这就使得学校教育在民族教育过程中起到文化传承的作用。

其二，双语教育研究③。语言是民族之间交流的介质，也是民族心理特征的根本体现，同时也是区域文化得以传播的唯一方式。语言可以影响区域思维，可以形成区域性格。一些研究认为，我们应当以保护区域文化多样性为教育目标，在不同的区域实施本区域语言教学，从而使本

---

① 刘正发（阿里瓦萨）：《凉山彝族家支文化传承的教育人类学研究——以云南省宁蒗彝族自治县金古忍石家支为个案》，博士学位论文，中央民族大学，2007年，第251—252页。
② 金海英、任路：《中国民族教育研究述评》，《北方民族大学学报》（哲学社会科学版）2019年第4期。
③ 金海英、任路：《中国民族教育研究述评》，《北方民族大学学报》（哲学社会科学版）2019年第4期。

区域语言得以长存。目前，较多民族地区的民族语言面临着消亡的危机，民族语言功能的使用率明显下降，很多民族语言只停留在小学教育的阶段，对本民族语言的教育明显缺乏连续性，这就导致诸多少数民族的学生不会讲自己民族的语言，如土族、羌族等等[1]。基于藏族语言教育的调查发现，甘南藏族地区的藏语教育不完善，很多藏族学生对藏语一知半解，甘南地区的藏族文化保护迫在眉睫。因此，双语教育实践对于少数民族文化的传承具有极其重要的作用，这些研究的宗旨是维护少数民族长远的发展利益，这些研究均认为政府应当立即实行双语教育改革的探索和实践，这也是时代发展的规律。

其三，区域教育与文化适应[2]。基于苗族教育的研究表明，苗族学校教育的文化适应、文化变迁是区域教育重要的影响因素。学校发生的文化冲突、文化断裂的危机等是苗族青少年学业失败的主要影响因素。因此，在区域教育的过程中，苗族应当加强双文化适应的跨文化教育教学[3]。通过对傣族学生的区域教育的研究表明[4]，傣族学生的学习效率比较低，其原因是傣族学生与学校、社区、家庭等连接程度较低，文化差异较大。提升傣族学生的学习效率，应当重视傣族学生的学业水平和学业文化，提升傣族学生的学业文化，有助于提升傣族学生的民族文化的认同感并能继承和发展民族文化。也有研究认为，傣族学生所接受的学校教育与语言、教材、校园文化等差异有关，这些差异导致了文化断层和文化冲突的出现，这些文化冲突进一步影响着学生的学业成就，进而导致区域教育的效率比较低[5]。因此，跨文化适应存在于学校和少数民族家庭、社区文化冲突、文化断层、文化断裂之中，这些文化的问题都会

---

[1] 宝乐日：《土族、羌族语言及新创文字在学校教育领域使用发展研究——教育人类学的田野工作与文本阐释》，博士学位论文，中央民族大学，2007年，第99—101页。

[2] 金海英、任路：《中国民族教育研究述评》，《北方民族大学学报》（哲学社会科学版）2019年第4期。

[3] 张霜：《民族学校教育中的文化适应研究——贵州石门坎苗族百年学校教育人类学个案考察》，民族出版社2012年版。

[4] 陶格斯：《文化差异与民族学生学业质量——基于云南省德宏州那目傣族地区农村小学的田野调查与理论研究》，博士学位论文，中央民族大学，2011年，第155—168页。

[5] 陶格斯：《文化差异与民族学生学业质量——基于云南省德宏州那目傣族地区农村小学的田野调查与理论研究》，博士学位论文，中央民族大学，2011年，第155—168页。

影响学生未来的表现,且进一步会影响区域教育的质量。因此,学校不仅要培养少数民族学生的民族素养,更要注重培养家国情怀,这不仅有利于少数民族的教育的传承,而且有利于铸牢中华民族共同体意识。

其四,区域教育与校园文化的研究[①]。校园文化的氛围会影响学生的学习效果,进而影响整个区域的教育成就。有研究表明,民族地区的经济发展与校本课程有着密切的关系,民族文化的发展方向也与校本课程有关系。促进民族传统文化与现代科学的融合,这对于区域教育理论的实践有着重要的意义。也有研究表明,民族文化的延续性、生态性、多元性、和谐性的传承均与民族地区学校的教育有着密切的关系[②]。民族共融的过程中,学校在其中扮演着十分重要的角色,学校会教给学生语言、文化符号、服装选择等内容,这些内容决定着文化适应和文化认同的构建,如果这两者在融合的过程中达到一种动态的平衡,将最终促使民族共融[③]。区域教育与校园文化密切相关,校园文化是区域教育的缩影,区域教育的过程要通过校园实现,校园是民族文化的载体,区域教育也通过校园教育得以传承。因此,要加强区域校园文化的建设,从而实现区域文化与科学文化、传统与现代、个性与共性之间相互依存的多元文化和谐共生。

其五,社会因素与区域教育的相关研究[④]。区域教育与社会因素也密切相关,当注重民族教育问题,区域教育水平就会在短时间内得到提升,如果社会不注重区域教育,则区域教育水平有可能会停滞不前。当然,在这个过程中,区域教育会受到多方面的社会因素的影响。有关研究表明,学校教育的发展则受到很多社会因素的影响,比如政治、经济、文化等,政治主要表现在政策的扶持,好的政策会促使民族教育得到很快

---

① 金海英、任路:《中国民族教育研究述评》,《北方民族大学学报》(哲学社会科学版)2019年第4期。

② 赵淑岩:《以校本课程建构透视牧区教育的自由与多元——肃南二中(甘肃省肃南县皇城镇)教育人类学田野调查与民族志撰述》,博士学位论文,中央民族大学,2009年,第10—62页。

③ 井祥贵:《纳西族学校民族文化传承机制研究》,博士学位论文,西南大学,2011年,第59—66页。

④ 金海英、任路:《中国民族教育研究述评》,《北方民族大学学报》(哲学社会科学版)2019年第4期。

的发展,当地经济水平如果升高的话,区域教育就会得到很多的投资,这些因素都在潜移默化影响着区域教育的发展水平[1],因而苗族的区域教育应当注重文化的教育根基,进而在整个文化生态系统中进行区域教育的传承[2]。另外,区域教育也与村寨文化有关系,村寨文化是区域教育的另一个侧面的体现,在区域教育的过程中,村寨文化起着辅助性的作用[3]。比如侗族的村寨民族教育则与学校教育关系极其密切,但侗族的村寨教育存在着资源配置失衡、教师队伍不齐、文化适应不良、民族教育理念欠缺等不足。所以,侗族的民族教育应当在传统文化和现代文化的协调发展中来解决民族教育矛盾。因此,发生在学校场所中的民族教育与社会密不可分,你中有我、我中有你,二者相辅相成、缺一不可。同时,学校又是社会的一个缩影,也是社会的一个小场所,区域教育研究者在分析问题时,应当把学校放在整个社会的生态系统中加以分析,从而客观理性地对待民族教育问题。

其六,区域教材的研究[4]。教材是区域教育体现的直接方式,区域教育也只有通过教材才能得到传承和发展。好的教材可以将本区域的优秀文化传统发扬光大,差的教材则起不到教书育人的作用。目前,关于少数民族教材的研究大量涌现。研究认为,少数民族的教材主要反映的是民族意识和国家意识,国家意识高于民族意识,少数民族的学生首先要树立国家意识,其次是民族意识,国家意识永远高于民族意识。也有研究认为,乡土的民族教育教材是社会实践在文本中的反映[5],本民族的社会经验经过历史的沉淀,最后反映在本民族的教材之中,这使得本民族的优秀经验得以传承和继承。此外,朝鲜族小学汉语校本教材应当推广

---

[1] 吴鹤立:《人类学视野中的湘西苗族学校教育——以花垣县董马库乡为例》,硕士学位论文,中南大学,2006年,第66—68页。

[2] 杨莉:《侗族村寨小学教育的困境及其出路——黔东南占里村个案研究》,硕士学位论文,西南大学,2010年,第20—28页。

[3] 金海英、任路:《中国民族教育研究述评》,《北方民族大学学报》(哲学社会科学版)2019年第4期。

[4] 金海英、任路:《中国民族教育研究述评》,《北方民族大学学报》(哲学社会科学版)2019年第4期。

[5] 刘卓雯:《乡土意识变迁与乡土书写——黑龙江乡土教材的教育人类学研究》,博士学位论文,中央民族大学,2013年,第224—225页。

双语教育的模式，应当注重提高朝鲜族学生的汉语能力水平。对于朝鲜族学生而言，汉语与朝鲜语同等重要，这些都是朝鲜族学生课程改革的首要考虑因素[1]。综上，乡土或者校本教材不仅将乡土文化、区域文化、区域教育纳入课程中去，同时也将少数民族的双语能力纳入课程的范围，还提升了少数民族的国家意识和认同的程度。

第三，区域教育问题与民族文化传承。区域文化承载了一个民族最优秀的文化基因，区域文化的传承也需要多种途径才能得以实现。比如，撒拉族的社会变迁会对区域教育带来显著性的影响，撒拉族的区域教育应当将学校、家庭、社会这三方力量结合起来[2]，从而有效地实施区域教育，研究认为，高效的撒拉族的区域教育应当是民族传统文化与现代文明的相互结合，而非相互排斥。鄂伦春族的文化传承受到文化制度、文化经济条件等方面的制约，政府应当提供必要的基金和制度来保证鄂伦春族文化传承的有效性[3]。此外，也有研究认为，湘西苗族文化的形式应当通过家庭、学校、社会、隐形的权利等四种教育形式得以传承，这四种教育形式既是湘西苗族文化传承的保证，也是内生性文化创新的不竭动力[4]。因此，无论是区域教育还是区域文化的传承，都离不开学校的正式教育，也离不开家庭、社会等第三方的非正式教育，正是这种正式教育与非正式教育的相互结合，才会形成各方区域教育的向心力，从而培育出区域文化传承土壤，使区域文化得以生根发芽，并最终得到有效的传承。

第四，区域教育的非仪式化教育范式。仪式化教育是指通过举行一些特定仪式的方式对学生进行教育，仪式是隐性的教育知识，是组织化的社会结构，比如通过升国旗这种仪式化的教育，可以培养儿童的爱国意识。相对于仪式化的教育，非仪式化的教育则是通过一些非正式的方

---

[1] 高萍：《朝鲜族小学汉语教科书的教育人类学研究》，博士学位论文，中央民族大学，2012年，第41—45页。

[2] 朱燕雷：《民族学视野下的撒拉族教育研究》，硕士学位论文，青海民族大学，2013年，第50—55页。

[3] 张元卉：《人口较少民族文化传承的教育人类学研究——以鄂伦春族文化传承研究为个案》，博士学位论文，中央民族大学，2009年，第100—102页。

[4] 秦中应：《当代湘西苗族传统文化的教育传承研究——以湘西州凤凰县苗族为例》，博士学位论文，中央民族大学，2010年，第127—128页。

式进行教育,这些教育方式通常在少数民族地区比较常见。比如蒙古族的学生从小就教育要敬畏天地、敬畏生命、爱护自然、热爱祖国。学生在潜移默化中就会学习如何敬畏天地,这是一种非仪式化的教育。通常,非仪式化教育的效果和仪式化教育的效果是一样的,一些少数民族的优秀文化传统就是通过这种非仪式化的教育方式进行传承的,也就是说,非仪式化的区域教育的范式为少数民族优秀的文化传承提供了一种可行的方法,非仪式化的教育为个体提供了空间领域,为教育的有效实施进行了现场氛围的渲染,从而使被教育的个体得到了生长的空间,进而使民族文化得到延续和发展。

第五,少数民族弱势群体的区域教育。少数民族弱势群体的教育主要体现在学业成就上面,总体来说,少数民族儿童的学业成就普遍比较低下,学习成绩普遍不高。一些研究认为,少数民族学生的学业成就与家庭、社会、学校均有关系[1]。针对不同的儿童,要深入挖掘学业成就低下的原因,不同的学生有着不同的原因,不能一概而论,要一一进行分析,这样才能从整体上提升少数区域弱势群体的学业成就。此外,少数民族留守儿童的社会角色塑造能力不强,这就导致他们的自我约束力降低[2],从而使其行动水平急剧升高,留守儿童也是农村的边缘人,他们得不到社会和家庭的关爱,导致出现学业成就下降的现象。瑶族女性受文化影响的程度明显低于其他民族女性,这可能与瑶族的内外部文化的共同影响有关[3],比如,一些瑶族地区教育长期落后、性别歧视严重、应试教育、教育投资回报不确定性等,这些内外因素都是导致瑶族女性享受不到受教育权利的根本性因素。此外,也有一些研究从理论的角度对少数民族弱势群体的教育进行了解释,拉祜族学生的学业成就比较低,教师可以利用多元的文化教育理论对他们进行实践指导,多元文化教育理

---

[1] 杨红:《拉祜女童的教育选择——一项教育人类学的回访与再研究》,博士学位论文,中央民族大学,2010年,第205—211页。

[2] 武明芳:《贵州长角苗留守儿童教育问题的民族学研究》,硕士学位论文,中央民族大学,2016年,第51页。

[3] 玉时阶、胡牧君:《瑶族女性受教育程度的教育人类学分析》,《贵州民族研究》2010年第3期。

论可以从根本上改善拉祜族学生的学业成就①。综上，少数民族弱势群体的教育既有教育不公平的原因，也有文化制约的原因，少数民族学生的学业成就受到其所处环境的严重制约。我们应当充分认识到少数民族学生在区域教育过程中出现的各类教育问题，并针对这些问题进行帮扶机制以及从帮扶的过程中升华出相应的理论，进而更进一步地指导实践。

第六，区域教育与地方政府、社区的关系②。区域学校教育是随着历史的发展而发展的，在不同的历史阶段，其扮演的历史角色和历史定位也是不同的。最初的时候，区域教育是通过乡土绅士为权威的礼俗社会的教育，后期则发展到培育新型人才的世俗社会。学校教育的目的是随着社会的变迁而自觉变迁的，在此过程中会出现文化断裂的问题，以及市场经济背景下地方性文化日益功利化的问题，从而衍生出各类民族教育的问题③。此外，也有研究表明，随着乡村社区的无根化，乡村学校被置于"县乡村三不管"的尴尬境地，"如今的乡村学校更多扮演着'村落中的集市'形象。学校成为'资本''服务''商品'的集散地"④。因此，学校知识和乡村以及社区的地方性知识在社会不断变迁的过程中均在不断地发生着变化，一方面，地方性和社区性的知识由于形不成完整的知识体系和结构，其产生的知识有限，逐渐被学校知识所代替；另一方面，现代学校的知识在某种程度上却弥补不了乡村和社区知识的长处，这两者是一种此消彼长的矛盾。因此，应建立政府主导、乡民自觉的文化范式，同时还要进行乡村教育整改，重建学校价值体系⑤。

（三）中国区域教育研究的特征

中国区域教育经过多年的探索和发展，形成了独立的实践的理论体

---

① 滕星、杨红：《西方低学业成就归因理论的本土化阐释——山区拉祜族教育人类学田野工作》，《广西民族学院学报》（哲学社会科学版）2004年第3期。

② 金海英、任路：《中国民族教育研究述评》，《北方民族大学学报》（哲学社会科学版）2019年第4期。

③ 李红婷：《无根的社区 悬置的学校——大金村教育人类学考察》，博士学位论文，中央民族大学，2010年，第10—143页。

④ 李红婷：《无根的社区 悬置的学校——大金村教育人类学考察》，博士学位论文，中央民族大学，2010年，第10—143页。

⑤ 金海英、任路：《中国民族教育研究述评》，《北方民族大学学报》（哲学社会科学版）2019年第4期。

系，中国区域教育的实践场所不仅仅是在学校内，还可以在广阔的自然社会的文化背景当中，也可以是一些具有特色的非形式的教育方式等，这是具有中国特色的区域教育的特征。这些特征对未来其他区域教育实践具有较高的理论指导意义。具体来讲，中国区域教育研究的特征有如下几个方面。

其一，较高的区域传统文化教育意义。中国区域传统文化的教育意义，主要在于其传承的功能。一些优秀区域的文化传统的保存依赖于教育，教育不仅包含的是学校的教育，还在很大程度上依赖于非学校的教育功能。少数民族独特优秀的传统文化应当被加以保护、传承和开发，比如少数民族的游戏、彩绘、算法、唱诗班等等，这些少数民族的优秀文化传统，承载着少数民族发展的变迁史和兴亡史，承载了少数民族最优秀的文化基因，这些文化得以长存，对于少数民族而言具有较高的教育意义，这些教育意义包含了德智体美劳、意志力、情感、家庭、人生、礼仪、自然观等功能[1]。因此，对于区域传统文化的挖掘、保护和教育，对于少数民族的个体而言均有着较高的教育指导意义。

其二，区域教育可以通过正规的学习场所得以发扬光大。纵观以往所有的区域教育，其都经过正式和非正式的场所得以传承。政府设立的学校是民族教育得以传承的官方场所，也是区域文化得以广泛、科学、高效传承的最佳途径。这些学校都在不同程度上设立了双语教育，这保证了民族文化得以很好的传承。此外，一些双语学校设置的目的不仅是为了传承本民族的文化，也是为了帮助少数民族中的一些弱势群体的学生，帮助他们平等地享有受教育权利，帮助他们提升学业成绩、提高学业成就，帮助他们尽早地适应社会，进而为社会、为国家的经济和教育的发展做出应有的贡献。

其三，形成了完备的区域教育体系。在一些比较先进发达的民族地区，已经形成了相对完备的区域教育体系。区域教育体系的形成，也就标志着区域教育具有较好的质量保证。以蒙古族为例，蒙古族是目前我国的少数民族中率先完成区域教育体系的先驱。截至目前，内蒙古自治

---

[1] 金海英、任路：《中国民族教育研究述评》，《北方民族大学学报》（哲学社会科学版）2019年第4期。

区就有少数民族幼儿园 316 所、小学 286 所、初中 110 所、普通高中 50 所，且 24 所高等学校开设了 115 个民族语授课专业或者少数民族预科班。在接受民族语授课的少数民族学生中，幼儿园幼儿达到 5.18 万人；小学生 12.40 万人；初中生 5.29 万人；普通高中生 4.02 万人；接受高等教育的学生有 4.06 万人①。这与其他少数民族相比，无论是接受教育的少数民族学生的数量，还是接受学校教育的质量，都比其他少数民族要高，处于遥遥领先的地位②。多年来，内蒙古教育取得了显著的成就，其主要的原因是自治区人民政府不仅坚持了区域教育的方针，而且坚持了国家有关汉语推广的方针，这从根本上满足了蒙古族学生学习本民族语言的特性，也满足了他们学习国家通用语言文字的需求。

其四，民族地区的师资水平显著提升。多年来，国家为不同区域的师资投入制定了大量的政策，保证了民族地区师资水平的提升。师资水平是区域教育发展的有效保障，也是影响整个区域文化传承的关键因素。少数民族的师资水平主要体现在学历结构上，高学历的教师越多，该地区整体的师资水平也就越高。同样地，以内蒙古自治区为例，内蒙古少数民族的师资水平要高于整个自治区的师资水平。蒙汉双语教育是民族教育的重要组成部分，通过蒙汉的双语教育，民族地区的学生不仅学到了本民族的文化知识，还学到了国家要求的通用语言文字，是一举两得的事情。以蒙汉双语教师为例，2017 年年底，内蒙古自治区中小学的蒙汉教师一共约有 5.80 万人，占据全自治区教师数量的 29.30%，其中，使用蒙汉双语进行教学的专任教师有 2.20 万人，占全区中小学专任教师总数的 11.40%。全区普通高校少数民族专任教师有 0.81 万人，占普通高校专任教师总数 2.59 万人的 31.27%，其中，使用蒙汉双语进行教学的专任教师有 0.18 万人，占普通高校专任教师总数的 6.95%。从学历结构来看，幼儿园蒙汉双语教师学历合格率为 100%，其中专科毕业及以上学历教师比例为 89.45%；小学蒙汉双语教师学历合格率为 100%，其中

---

① 阿木古楞：《回顾与展望：改革开放四十年来内蒙古民族教育的发展》，《民族高等教育研究》2019 年第 2 期。

② 阿木古楞：《回顾与展望：改革开放四十年来内蒙古民族教育的发展》，《民族高等教育研究》2019 年第 2 期。

专科及以上学历教师比例为96.23%;普通初中双语教师学历合格率为99.93%,其中本科及以上学历教师比例为85.29%;普通高中学历合格率为98.32%;职业高中教师学历合格率为94.26%[1]。我们可以从这些数据中看出,民族地区教育师资的整体水平都比较高,这是民族地区教育发展的保障,也是民族地区教育发展和经济发展的基石。

(四)中国区域教育研究的展望

总体而言,我国区域教育研究的成果日益丰富多元,关于区域教育的理论实践也逐渐形成。我国的区域教育正处于蒸蒸日上的阶段,研究内容和研究方法也在不断推陈出新。但目前,我国的民族教育依然存在一定的问题,具体如下。

首先,我国未来的区域教育应当拓展相关的研究领域。就目前来看,我国的区域教育研究的范围略窄,对于一些切合民族地区群众的教育利益问题还没有进行研究,比如教育公平、家庭教育、学校和家庭协同教育、中国传统文化的教育研究等[2],这些研究对于学生、家庭和学校都是至关重要的。这些方面的研究将会具有极大的拓展空间,并且研究得出的结论对于未来有关民族教育的研究会具有普适性的意义。

其次,指导我国区域教育的理论大多来自西方国家研究得出的理论。依照西方国家研究得出的教育理论来指导东方国家的教育问题,是否具有文化差异?是否具有实践意义?这些有待商榷。况且,我国有着5000年的教育历史,但我国现存的教育理论很少,这是限制我国民族教育研究的一大鸿沟。因此,未来有关区域教育的理论不仅要立足于我国的教育理论的基础上,还要结合不同区域的实际情况,进而发展出适合不同区域群体的教育理论,构建一些具有较强指导意义的本土化的区域教育理论,从而提升我国不同区域的教育综合水平。

最后,我国区域教育的实证研究太少。按照目前教育研究的趋势来

---

[1] 阿木古楞:《回顾与展望:改革开放四十年来内蒙古民族教育的发展》,《民族高等教育研究》2019年第2期;内蒙古自治区教育厅民族教育处编:《内蒙古民族教育工作手册》,内蒙古教育出版社2004年版,第168页。

[2] 金海英、任路:《中国民族教育研究述评》,《北方民族大学学报》(哲学社会科学版)2019年第4期。

看，教育研究更趋向于自然科学，也就是说，教育研究未来将更愿意以数据支撑研究者的观点。但就目前国内的相关研究来看，教育学的研究大多都是以思辨的研究为主，也就是说质性的研究很少，关于量化的研究则更少。量化研究得不到长足的发展，这就会制约教育研究前进的步伐。因此，未来有关民族教育的研究应当以量化的研究为主，思辨的研究为辅，我们经常会看到许多教育的策略，但很少有行动者去执行这些教育策略，这就浪费了许多研究者的智慧。如果一些具有宏观指导意义的策略，可以用量化的方式进行验证，得到一定的数据支撑，那么这些宏观的指导策略完全是可以拿来指导有关的区域教育实践，如果得不到相关数据的支撑，那么这些教育策略则就没有必要再进行实施。未来民族教育按照这种研究的思路，将会引发区域教育研究的质变，这不仅会使我国区域教育问题在本土化的理论实践中走出一条属于自己的道路，而且在教育研究的国际舞台上也会有自己的声音。

三 "一带一路"与区域教育智库信息服务体系现状

区域教育智库的目标是为区域教育问题建言献策。从狭义上来讲，区域教育智库是指为不同区域的教育建言献策的机构；从广义上来讲，区域教育智库是指为国家建言献策的教育机构。目前，我国已经建成的教育智库主要包含两个指标，一级指标和二级指标。一级指标主要包括决策影响力、学术影响力、舆论影响力、协作沟通力和资源保障力；二级指标则是一级指标的拓展，包含的指标更多，这里不再做过多的介绍。这些指标是衡量一个智库建设的水平程度的关键。

（一）我国省级教育智库建设的现状

《关于加强中国特色新型智库建设的意见》指出："智库应当以服务党和政府为宗旨，以政策研究咨询为主攻方向。"[①] 该《意见》既体现了党和政府推进科学民主依法治国的决心，也明确了智库的决策建言的咨询功能。根据国家的发展规划，我国各个省级单位都在不同程度上建设

---

① 《中共中央关于全面深化改革若干重大问题的决定》（2013年11月12日中国共产党第十八届中央委员会第三次全体会议通过），《求是》2013年第22期。

或者规划建设一批相当数量的智库。智库的建设发展目标和定位，反映着该单位或者组织的真实水平和真实的建设实力，并且也反映着领导管理层对于智库建设的定位和发展目标，决定着未来智库的发展方向和发展程度。

此外，2013年10月，首届"中国特色心理学智库建设"高层论坛会在天津师范大学召开，围绕着教育学、心理学如何更好地服务国家战略、中国特色心理学智库建设的体制与机制、中国特色心理学智库的平台建设、中国特色心理学智库的人才会聚与团队建设和如何增强中国特色心理学智库的国际影响力这五个方面展开。2017年1月，第二届"中国特色心理学智库建设"高层论坛会依旧在天津隆重举行，这次会议研究了心理学争创一流学科、中国特色心理学科体系建设、国民心理健康基础研究、心理学与脑科学计划、展望2030年心理学等五个方面的议题。这两次会议的召开有利于引领和带动心理学和教育学智库在战略研究、政策建言、人才培养、舆论引导等方面发挥更强有力的功能，提升心理学科的资政能力和学科地位。然而，我国心理学智库的建设处于起步阶段，心理学智库的专业性不强、影响力不大，成果也少，对国家和社会的实际影响力不够，满足不了国家和国民对心理学的高度需求。为此，中国特色心理学智库的建设至关重要，应整合全国多方面力量，开展重大攻关，从而促进心理学及教育学智库的繁荣发展。

下面对我国和各省建设的教育智库和各自治区区域教育智库进行简单的归纳总结，以期为国家未来的总体教育智库的建设提供有价值的信息。[1]

（1）广西壮族自治区。广西教育科学研究所建立的区域教育智库总共是5所，其区域教育智库的主题词是"咨政建言、创新理论、指导实践、服务地方、繁荣科研"。

（2）内蒙古自治区。内蒙古教育科学研究院建立的区域教育智库总共是3所，其区域教育智库的主题词是"指导实践、服务地方、引导舆论"。

---

[1] 郝肖航：《地方省级教育智库建设现状与改进对策》，硕士学位论文，沈阳师范大学，2018年，第13—23页。

（3）福建省。福建省教育科学研究所建立的教育智库总共是 4 所，其教育智库的主题词是"咨政建言、繁荣理论、指导实践、舆论引导"。

（4）四川省。四川省教育科学研究所建立的教育智库总共是 4 所，其教育智库的主题词是"服务地方、咨政建言、指导实践、舆论引导"。

（5）云南省。云南省教育科学研究院建立的教育智库总共是 4 所，其教育智库的主题词是"服务地方、人才培养、繁荣科研、舆论引导"。

（6）北京市。北京市教育科学研究院建立的教育智库总共是 3 所，其教育智库的主题词是"咨政建言、指导实践、繁荣科研"。

（7）天津市。天津市教育科学研究院建立的教育智库总共是 3 所，其教育智库的主题词是"服务地方、咨政建言、贯彻国家"。

（8）河北省。河北省教育科学研究所建立的教育智库总共是 3 所，其教育智库的主题词是"咨政建言、理论创新、指导实践"。

（9）山西省。山西省教育科学研究院建立的教育智库总共是 3 所，其教育智库的主题词是"繁荣科研、咨政建言、指导实践"。

（10）黑龙江省。黑龙江省教育科学研究院建立的教育智库总共是 3 所，其教育智库的主题词是"咨政建言、服务地方、指导实践"。

（11）吉林省。吉林省教育科学研究院建立的教育智库总共是 3 所，其教育智库的主题词是"繁荣科研、服务地方、贯彻国家"。

（12）辽宁省。辽宁教育研究科学研究院建立的教育智库总共是 3 所，其教育智库的主题词是"繁荣科研、咨政建言、指导实践"。

（13）陕西省。陕西省教育科学研究所建立的教育智库总共是 3 所，其教育智库的主题词是"服务地方、咨政建言、指导实践"。

（14）甘肃省。甘肃省教育科学研究所建立的教育智库总共是 3 所，其教育智库的主题词是"服务地方、繁荣科研、指导实践"。

（15）上海市。上海市教育科学研究院建立的教育智库总共是 2 所，其教育智库的主题词是"决策咨询、指导实践"。

（16）江苏省。江苏省教育科学研究院建立的教育智库总共是 2 所，其教育智库的主题词是"服务地方、人才培养"。

（17）海南省。海南省教育科学研究院建立的教育智库总共是 2 所，其教育智库的主题词是"人才培养、指导实践"。

（18）浙江省。浙江省教育科学研究院建立的教育智库总共是 2 所，其教育智库的主题词是"决策咨询、指导实践"。

（19）湖南省。湖南省教育科学研究所建立的教育智库总共是2所，其教育智库的主题词是"决策咨询、科研管理"。

（20）江西省。江西省教育科学研究所建立的教育智库总共是1所，其教育智库的主题词是"服务地方"。

（21）青海省。青海省教育科学研究所建立的教育智库总共是1所，其教育智库的主题词是"服务地方"。

（22）重庆市。重庆市教育科学研究院建立的教育智库总共是1所，其教育智库的主题词是"服务地方"。

从以上我国省级教育智库建设的情况来看，我国省级教育智库的建设都把握住了教育智库的建设重点，即教育智库的目的是咨政建言，终极目标是服务于教育事业，并最终指导教育实践。通过对这些关键词的提取来看，各省市自治区对于自己教育智库的发展的目标定位不同，所以其关键词也不同。从收取的这些信息来看（安徽、山东、湖北、河南、贵州、西藏、新疆、宁夏等省份均未搜集到相关数据，故在此不再分析），在区域教育智库建设中，广西壮族自治区要建立的智库数量最多，共要建立5所区域教育智库，内蒙古自治区要建立3所区域教育智库，其他的各省市教育智库均在1—4所不等，这说明我国不同区域对于教育智库的建设的重视程度不同，区域教育智库不同于其他智库的本质的特点是其具有区域性，其根本目的是为区域的教育事业服务。因而不同区域对于民族教育的发展有着清晰的目标，有着准确的定位，并已规划好了未来要建立民族教育的智库类型，较好地贯彻了国家关于建立智库的政策，从而更切实地为本区域的教育事业做出更大贡献。

（二）区域教育智库信息服务体系的现状分析

我国区域教育智库在经历了一段时间的研究后，已初步形成若干所区域教育智库，现对区域教育智库信息服务体系的现状进行分析和归纳总结，具体来说，有如下几个方面。

第一，我国区域教育智库已初步形成体系。以内蒙古自治区为例，近几年来，内蒙古自治区高校成立了一批协同创新中心。比如，内蒙古大学成立了"蒙古族及北疆少数民族文化传承与发展协同创新培育中心""内蒙古草原生态畜牧业协同创新中心"以及"蒙古国研究中心"，这三个协同创新中心意味着将内蒙古自治区的特色教育与产业进行理论上的研究，促进内蒙古自治区经济文化和教育的发展；再比如，内蒙古农业大学"成立了绿色畜产品加工协同创新中心"，内蒙古财经大学成立了"中蒙经贸合作与草原丝绸之路构建研究协同创新中心"，内蒙古医科大学基于内蒙古自治区蒙医的优势产业，统合了蒙医、中医、西医等医学的特色，创建了"蒙医药协同创新中心"[1]。这些协同创新中心进一步保障了区域特色的有效传承，也保证了这些优势产业在未来的经济发展中的关键作用。同时，这些协同创新中心也能为内蒙古自治区的区域教育智库的建设提供一些具有参考价值的建设方法。事实上，区域教育智库的建设方案中有一部分就来自这些协同创新中心的建设方案。区域教育智库是以自治区和各地级以上的盟市教育局所属的教育科学研究院所、教育教学研究室、教育发展研究中心等为基础所成立的学术单位。区域教育智库是区域智库的核心组成部分，是区域学术影响力最强的学术单位，其成立标志着形成了自治区、各盟市教育智库的一体化，并通过一定的区域教育项目研究、民族教育理论、学术交流、科研探讨等形式的交流工作机制，在质量上提升了区域教育智库的工作效率，保证了区域教育智库的高效运转。目前，我国一些区域的教育智库已初步形成了较完善的工作体系，并开始为当地的教育实践服务。但从"中蒙俄经济走廊"建设需要和区域教育的发展来看，内蒙古地区的高校智库从广度和深度方面都还有发展的空间。[2]

第二，我国区域教育智库已具备为区域教育服务的能力。同国内地区相比，我国民族地区的教育智库有着不同的定位，也有着不同的服务目标，比如内蒙古自治区的区域教育智库的服务关键词是"指导实践、服务地方、引导舆论"，从这三方面建设区域教育智库，可以保证区域教育智库建设的轨道不会偏离，也能把握住教育智库建设的核心目标。此外，加强与其他先进的教育智库的合作交流也是建设和发展该地区教育

---

[1] 金志远：《"中蒙俄经济走廊"建设中内蒙古高校区域教育智库创建的思考》，《民族教育研究》2018年第4期。

[2] 金志远：《"中蒙俄经济走廊"建设中内蒙古高校区域教育智库创建的思考》，《民族教育研究》2018年第4期。

智库的有力手段。《国家创新驱动发展战略纲要》提出"跨区域整合创新资源","构建跨区域创新网络",这要求区域教育智库转变传统的"单兵作战"的研究方式,加强对外合作、协同创新。[①] 区域教育智库要紧紧把握这一点,我们在建设区域教育智库的过程中,要努力寻找自身存在的不足以及缺陷,从而在与其他教育智库的交流过程中获得建设本区域教育智库的灵感和建议,进而加强与其他地区甚至国外教育智库的友好合作关系。在区域教育研究的基础上,区域教育智库逐步开展与国际和区域的比较研究,借鉴国内外先进的区域教育智库的教育建设和教育改革的经验,然后与一些先进的教育智库加强合作,提升了本区域教育智库的协同创新能力。同时,区域教育智库也加强了与先进的教育智库的比较交流,与国外先进的教育智库加强交流对话,并积极运用大数据的技术,使自身的教育智库建设更加高效。

第三,区域教育智库与大数据进行了有效的结合。区域教育智库在建设的过程中,有效地与大数据进行了结合。大数据是海量数据的集合,这些数据的集合是无法通过一般的统计软件或计算机对其进行分析、管理和存储的超大规模的数据集合,必须通过更先进的软件或者云计算技术对其进行分析。大数据揭示的区域教育之间的因果逻辑关系,远比传统的数据揭示的能力要强得多。大数据时代要求智库以数据说话,基于大数据的区域教育智库的建设是目前区域教育智库的一大特色。在过去的若干年里,民族地区完成了各个盟市教育互联网的基础建设,这为教育智库的有效建设提供了设施基础。一些区域现在完全可以开展远程教学、慕课教学等网络的教学形式,大大提升了基础教育的效率和水平。因此,基于大数据的区域教育智库的建设也已相对成熟。目前,民族地区新型的教育智库科学的研究,已经形成了稳定的研究团队,对于区域教育智库建设过程中所需要的大数据技术,民族地区已经储备了稳定的计算机人才,而且区域教育智库可以随时与政府有关的统计数据库(如人口、社会发展、犯罪率、辍学率等)进行连接,然后对这些数据进行大数据的处理和分析,从而可以从跨学科、跨专业、跨行业等多角度的

---

① 耿丹青、刘慧婵、贺蓓蓓等:《广东新型教育智库建设:现状与发展路径》,《高教探索》2017年第12期。

形式进行分析，进而更科学、准确地预测民族地区教育改革发展的整体趋势，研制出更切合当地创新驱动发展的教育改革方案和改革措施，从而推动民族地区的教育发展。

第四，区域教育智库的研究方法需要进一步完善。就目前关于区域教育智库的研究成果来看，我国区域教育智库的研究大多集中于描述性的研究。虽然区域教育智库能以大数据作为技术支撑，但运用大数据得出更精确的结论却很少。许多研究者使用的是描述性的统计方法，或者是一些思辨性质的研究结论，抑或是综述一些国外教育智库的机制、模式等。虽然这些研究在一定程度上对我国区域教育智库的构建起到了一定的参考作用，但实际上，它们对我国的民族教育建设起到的实际作用并不大。我国教育智库较多采用理论研究的范式，研究者对相关的一些智库的文献进行了堆砌，然后从这些文献中寻找出国外智库研究的相同点和不同点，最后进行简单的描述；或者直接套用国外现成的教育智库的模式、方式等，机械地认为国外的教育智库的模式可以套用在中国的区域教育智库之上，并没有结合我国民族教育发展的实际情况。因此，我国区域教育智库目前所应用的研究方法太过于单一，导致研究者在教育研究的过程中采用的研究方法有限，进而只能通过简单地进行文献罗列描述。实际上，这是不可取的，我们既然可以运用大数据技术作为区域教育智库建设的支撑点和亮点，那么也可以用大数据的技术来研究民族教育的问题。基于大数据的优势，区域教育研究者可以轻易地发现区域教育的现状、特点，并基于现状特点预测未来的区域教育发展的趋势和走向。在某种程度上来讲，区域教育研究者可以凭借大数据的优势，对未来的区域教育过程中可能出现的风险问题进行把控、预测并及时制定相应的应对策略，进而减少错误的政策带来的教育损失。另外，区域教育研究者也可以基于我国区域的实际教育发展情况，研究出与之相适应的研究方法和研究理论，进而指导民族教育实践。

（三）"一带一路"与区域教育智库信息服务体系的功能

习近平总书记2013年9月和10月提出的"丝绸之路经济带"和"21世纪海上丝绸之路"重大倡议，既对我国西部少数民族地区教育智库的建设与发展起到了关键性的作用，也对带动这些地区的经济发展起到了决定性的推动作用。"一带一路"倡议是一个蕴含巨大发展能量的世界级战略，区域教育智库在这个世界级战略的覆盖下，对"中蒙俄经济走廊"等的建设起到了关键的作用。具体来讲，"一带一路"与区域教育智库信息服务体系的功能有如下几个方面。

1. 发挥为区域教育研究建言献策的决策服务功能

区域教育智库往往是集理论研究、实践指导和决策服务为一体的研究机构。以往的区域教育智库在建设的过程中不能很好地平衡这三者的关系，往往厚此薄彼，最终导致区域教育智库在建设完成之后就出现了部分功能缺失的现象。同时，以往的区域教育研究更偏向于思辨形式的研究，这就好像闭门造车，与区域教育的实际情况偏离太远，从而使其决策服务的部分功能缺失，这种情况就很难为区域教育的建设和发展做出贡献。此外，区域教育智库必须要有广阔的国际视野，能够站在全球高度来思考与观瞻区域教育问题，提出的区域教育问题建言必须具有宏观可操作性，并同时要积极开展与国际教育智库的交流与合作，进而完善满足教育智库在区域教育决策中起到的作用。具体来讲，区域教育研究的决策服务功能主要以诊断功能、论证功能、咨询功能、预测功能、反馈功能、干预功能等加以实现。[1] 诊断功能是指区域教育智库可以通过大数据的模拟，找出民族教育过程中出现的各类问题，从而诊断出民族教育的过程中在哪些地方应当需要一些实际的政策进行干预；论证功能是指基于大数据的模拟结果，专家对区域教育过程中出现问题的地方进行反复求证和论证，进而有助于相关意见的提出，一般以决策思想论证、决策目标论证、决策方案论证等形式进行[2]；咨询功能是指政府有关部门对民族教育过程中出现的问题进行咨询的过程，咨询过程包含了对问题的咨询和需要实施政策的意见的咨询，亦为区域教育决策及时提供决策信息，为区域教育决策的某一个问题进行必要咨询服务[3]；预测功能是指政府在颁布相关的民族教育政策之后，对可能出现的教育效益进行的模

---

[1] 金志远：《"中蒙俄经济走廊"建设中内蒙古高校区域教育智库创建的思考》，《民族教育研究》2018年第4期。

[2] 金志远：《"中蒙俄经济走廊"建设中内蒙古高校区域教育智库创建的思考》，《民族教育研究》2018年第4期。

[3] 金志远：《"中蒙俄经济走廊"建设中内蒙古高校区域教育智库创建的思考》，《民族教育研究》2018年第4期。

拟的结果，亦以民族教育现状为依据进行预见和推测民族教育发展趋势的功效和能力[①]；反馈功能是指区域教育智库可以针对政府颁布政策之后出现的结果进行报告的过程，从而有利于政府部门对有关民族教育工作的改进；干预功能是指区域教育智库在发现民族教育问题之后，可以进行干预，进而保证民族教育计划得以有效实施。区域教育智库之所以能将这些功能集中于一身，主要是因为其具有专业的人才队伍、具有专业的学科结构。这些专业人才完全可以通过跨学科、跨学院的形式进行区域教育智库的研究和论证，进而完成综合性的诊断、咨询、预测、反馈和干预等任务。区域教育智库的论证课题一般来自政府部门，政府部门每年可以从教育实施的结果来判断需要进行哪些教育政策的修正，或者教育过程中出现了哪些重大且现实的问题。区域教育智库的任务就是帮助政府论证亟须解决的民族教育问题，从而提升民族教育的质量和水平。

此外，创建区域教育智库，可以很好地为"中蒙俄经济走廊"的建设以及其他区域教育进行服务，充分发挥区域教育智库的诊断、决策、论证、咨询、预测、反馈和干预的功能，使区域教育更好地为国家、为社会、为群众服务。"中蒙俄经济走廊"是丝绸之路经济带的一部分。中蒙俄经济走廊有两个通道，一是华北通道，从京津冀到呼和浩特，再到蒙古和俄罗斯；二是东北通道，沿着原中东铁路从大连、沈阳、长春、哈尔滨到满洲里和俄罗斯赤塔。"中蒙俄经济走廊"的建立，对三国之间的交流有着里程碑式的意义。也就是说，区域教育智库的研究者完全可以利用大数据技术和手段，诊断在"中蒙俄经济走廊"建设过程中出现的一些问题，然后找出这些问题出现的原因，通过进一步的分析解决这些问题，然后基于政策方案的实施效果，对其进行更进一步的反馈和干预，从而达到预期的效果。也就是说，区域教育智库在"中蒙俄经济走廊"建设的过程中起到两方面的关键性作用，一方面，区域教育智库的这些功能不仅有利于对现有的教育方案进行修订，同时也为下一阶段的教育决策奠定良好的基础；另一方面，经过区域教育智库反复论证的课题，可以促使民族教育决策部门克服不足、改正缺点，争取发展和进一

---

① 金志远：《"中蒙俄经济走廊"建设中内蒙古高校区域教育智库创建的思考》，《民族教育研究》2018年第4期。

步地提升教育决策质量，同时更好地发挥区域教育智库在"中蒙俄经济走廊"建设过程中起到的关键性作用。

2. 发挥为"一带一路"建设过程中与有关国家的交流合作的支撑作用

创建区域教育智库，能够发挥区域教育在"一带一路"建设过程中与有关国家的交流合作的支撑作用，这主要表现在以下两个方面，现对其阐述如下。

第一，区域教育智库是与"一带一路"沿线国家文化交流的窗口。"一带一路"主要连接了中蒙俄等其他国家，在国内主要连接了我国的一些少数民族地区，"一带一路"无疑会对这些国家的经济发展具有拉动作用，对我国少数民族的经济发展和文化教育的发展也具有重要的意义。尤其是在全球化发展的今天，国际交流的合作日益密切，区域教育智库更要加强与其他国家的交流与合作。一方面，区域教育智库要广泛传播中国教育实践的结果，增强中国在国际舞台上的竞争力，抢夺国际舞台上的话语权，成为各国教育智库的引领者，也成为其他国家了解中国发展的世界窗口；另一方面，区域教育智库则是"一带一路"建设过程中与有关国家进行交流合作的主要窗口，这个窗口将向各个国家开放，这个窗口展示的是我国少数民族的教育、文化、经济等特色优势产业。同时也是向沿岸国家展示我国少数民族的风土人情和民族特色的窗口，是少数民族文化进行交流和传播的中心。这不仅有助于其他国家更快地了解中国和中国的少数民族，而且有助于少数民族与沿线的国家进行经济、文化、教育等方面的交流和合作，从而进一步促进我国少数民族经济和文化的发展，使其融入世界发展的潮流之中。

第二，区域教育智库是与"一带一路"沿线国家教育交流和合作的平台。区域教育智库同时承担了与"一带一路"沿线国家教育交流和合作的任务。从宏观上来讲，"一带一路"的建设得到了国家的支持，是我国经济发展的重要举措；从微观上来讲，"一带一路"对于我国少数民族的经济发展具有拉动作用，能将我国区域的特色产业输出到沿岸的国家，而在输出的过程中，区域教育智库则是我国区域居民与沿线国家合作交流的重要平台。这主要表现在两个方面。一方面，区域教育智库可以为与沿线国家的交流培养人才，这些培养的人才可以去了解相关国家的历史、文化、经济,并学习相关国家的语言文字等,从而达到与沿线国家的无障碍交流;另一方面,"一带一路"的建设必将是个长期的过程,并非一朝一夕就可以完成的,这是一个长久性的建设历程,这就要求区域教育智库一直加强与这些国家的交流合作,保证国家与国家、民族与民族之间的交流对话渠道畅通,双方之间互通有无,使我国与"一带一路"沿线国家的交流变得经常化,从而推动双方经济与文化持续良好的发展。近年来,区域教育智库在国家政策的支持下,积极与"一带一路"沿线国家加强了交流和合作,特别是内蒙古自治区,为了更好地落实《建设中蒙俄经济走廊规划纲要》,其与蒙古国、俄罗斯进行人才培养等多方面的交流,为区域教育智库的完善提供了智力的支撑和引领作用。依托"中蒙俄经济走廊"建设,内蒙古高校区域教育智库便是一条教育交流和合作最有效的途径之一[1]。这条途径经实践证明,是一条可行的道路,也是一条经得起检验的道路,为我国其他区域教育智库的建设和与"一带一路"沿线国家的合作交流提供了很好的例证。

3. 区域教育智库对人类主流价值的引导作用

区域教育智库源于民族教育的研究,其带来的价值本身不可估量。一方面,它可以引导个体形成正确的价值观,另一方面,它也可以引导社会舆论,形成正确的社会价值观,对社会的主流价值有着引导作用。在推进"一带一路"建设的过程中,我国的社会价值观必然会与沿线国家的一些价值观产生冲突,这种价值观的冲突如果处理不好,势必会影响到"一带一路"的整体建设。目前,全球经济文化、政治教育等方面的合作交流越来越多,合作越多,带来的效益就越大,国家发展也就越快,人民的生活水平也就越高。但我们不能因为价值观的不同而采取不合作的方式,这对国家间的发展是没有好处的。因此,区域教育智库应当充当研究各国文化教育价值观的先锋,强化自己的人类价值意识,引导各国对其他国家的文化价值观进行包容,在包容的基础上展开合作与交流,从而为人类的需要和人类的福祉做出贡献。因而,区域教育智库在主流价值观的引导作用中,主要表现在:唤醒共同价值观意识,增进

---

[1] 金志远:《"中蒙俄经济走廊"建设中内蒙古高校区域教育智库创建的思考》,《民族教育研究》2018年第4期。

国家间的相互理解。

一方面，区域教育智库要充当唤醒"人类意识"的作用，这里的"人类意识"是指要重新塑造这些国家的合作交流意识，要学习包容其他国家的价值观取向，致力于民族教育价值观的整体引导。区域教育智库期望的结果是在"一带一路"倡议下的国家公民都能维护"一带一路"国家的利益，能包容其他国家的不同价值观。学会包容不同的价值观，就能获得更多的经济效益，同时，这些国家可以相互学习彼此的先进文化，取长补短，进而使本国可以得到更好的发展。另一方面，区域教育智库还承担着如何增进人类相互理解、相互信任、相互包容、缔造和平的研究重任，区域教育智库要对影响这些"一带一路"建设的阻碍进行深入的研究。同时，区域教育智库要培育区域的学生具有包容的学习态度、爱国的学习态度，引导青年学生形成正确的价值观，引导各个国家学习主流的相互认同的价值观。努力缔造更新的"一带一路"国家间的关系，以史为鉴，面向未来，增进理解，和谐共生。

第二节 "一带一路"与区域教育智库信息服务体系的意义

一 面向"一带一路"倡议的智库需求

（一）国家战略需求

国家对民族教育事业发展的支持，是民族教育事业达到空前繁荣的重要条件。党和国家为实现全面建成小康社会的发展目标而有意识地引导和支持教育智库的建设，开展学术研究促进了我国民族特色教育智库的发展，进而助推"中国梦"的实现。"一带一路"倡议则在这个节点上被提了出来，"一带一路"是一种对于时代发展的适应，为了与时代的发展步调相一致，也为了更好地促进时代进步，"一带一路"会逐渐加大合作的深度与广度，一方面深化合作领域，为沿线国家提供发展的机遇，同时帮助沿线国家树立民族信心、增强民族力量；另一方面，直接给沿线各国带来了真实的经济利益。对于中国来说，"一带一路"倡议也是一剂良方，不但能够帮助中国解决长久以来区域发展不均衡的问题，带动西部少数民族地区的发展，而且对解决中国产能过剩的现实问题有着重大现实意义。"一带一路"将中国的优质产能推广到沿线其他国家，促进国内各业的大发展。除了经济的发展以外，"一带一路"还象征着一面旗帜，意味着和平发展的旗帜。我们与"一带一路"沿线国家共同打造经济、文化、教育、政治等方面的命运共同体，同时在增强外交信任与国际影响两方面，为中国在世界舞台上占据有利地位。

在这其中，中国智库的建立是重中之重的任务。智库代表着一个国家的软实力，是国家储备政策的重要一环。建设对国家发展有意义的、有着中华民族特色的、有创新意义的中国式高端智库，可以为响应国家发展需要而进行有前瞻性、针对性的政策部署。在"一带一路"倡议所进行的这几年时间中，虽然我们已在多个方面获得了许多丰硕的成果，然而，倡议推进的同时却面临着许多的矛盾，例如经济、法律、政策等。如果我们能够将中国特色智库运用到"一带一路"倡议中，利用智库寻求前瞻性政策思想的特点，就能够更好地处理对外合作过程中所面临的复杂多样的问题，降低合作过程中的错误决策，实现互利共赢。总的来说，建设中国特色的区域教育智库，既是建设创新型社会的需要、国家的战略性需要，也是培育积极健康国民心态的需要，更是实现"中国梦"的需要。

（二）中国企业走出去的现实需求

"一带一路"倡议的提出与运行有许多益处。一方面可以促进中国与沿线国家的贸易往来，将国外的先进技术或物质资源引进来；另一方面可以帮助中国企业实现走出去，借助"一带一路"倡议的优点与长处，将中国过剩产能与其他技术等方面相结合，以便帮助沿线国家的工业发展，进而实现合作双方的共同发展。然而，在此过程中存在许多的挑战。例如由于我国大多数企业对国际市场了解的欠缺与不足，无法全面了解所有沿线国家的政策法规与习俗偏好，这种信息的断层给双方的合作带来了重重阻力，严重阻滞了中国企业实现走出去的需求，使双方的合作陷入两难境地。面对这些挑战，推动"一带一路"倡议下的区域教育智库建设是帮助战胜挑战的重要方式。通过建设中国特色教育智库，发掘选拔与合作相关的高水平专业人才（例如选拔具有国际视野的专业人才等）。

总的来说，建立中国特色教育智库对于中国企业实现"走出去"是有重要意义的。在实现中国教育智库三化（职业化、产业化和专业化）的建设过程中，将"走出去"与跨国经营视为中国智库的特点。在"一带一路"倡议的推进过程中，建构信息化平台，以便将国内企业的信息与合作对象进行整合，摆正合作的大方向，进而发挥国内外企业合作的正确导向作用，打开海外市场，减少企业发展的风险程度，做到更好地"走出去"。中国特色教育智库在企业"走出去"的过程中，主要体现了其理论指导的意义，中国企业的"走出去"并不是随便走，而是要经过严密的科学论证和理论指导，在坚实的理论指导下"走出去"，这样才能实现经济效益的最大化。理论来自反复的科学论证和实践，理论的提出和实践则是由区域教育智库完成的。

二 区域教育智库信息服务体系的意义

随着世界格局的更迭变换和经济全球化的发展，世界各国都需要同舟共济、协调行动。"一带一路"倡议顺应历史的潮流，构建了"人类命运共同体"，中国积极与沿线国家展开了各方面的合作和交流，带动了沿线国家的经济文化的繁荣和发展，做出了应有的历史贡献。因而，在"一带一路"的背景下，建设区域教育智库有着非凡的现实意义和理论意义。"一带一路"是沿线国家政治互信、经济融合、文化包容的友好合作平台，智库合作在其间发挥着润滑剂和推进器的作用。特别的，对于区域教育智库，在研究民族问题中起到十分重要的作用，这对于"一带一路"的建设无疑有着理论指导的作用。因此，本节主要阐述"一带一路"与区域教育智库信息服务体系的意义，具体包含如下几个方面。

（一）促使中国与"一带一路"国家的合作生态日益成熟，人文交流更加深入

区域教育智库可以根据不同国家的发展需求，对该国家或该民族进行深入的研究，可以从政策、政治、经济、文化、社会生活等方方面面进行研究，从而提供给国家制定政策使用。区域教育智库还有着自治区政府、市场、社会等多重职能，它将各行业紧密地联系起来，并在其中扮演一个"知识中介"的角色。在国家与国家的交流之中，区域教育智库起到传播知识、架起不同文化沟通的桥梁的作用，加强了国家与国家的人文交流和政治互信。人文交流是国家之间合作交流的基石，也是各

国加强政治互信的前提。全球化高度发展的今天,不同国家的人文交流已经成为国际合作交流的有力抓手。中国与"一带一路"沿线国家建立友好合作的过程中,为避免外交、军事等不确定性的因素可能带来的各种不确定性和危险性,积极推进中国与"一带一路"沿岸国家的人文交流是中国与各国之间增进互信的有利窗口。因而,展开区域教育智库研究的意义就格外重要。建设区域教育智库是我国的智慧产物,同时也是中国带动沿线国家发展的一个历史机遇,这会促使中国和"一带一路"沿线国家之间加强合作,并能在现有的基础上拓展更多领域间的交流,从而以高端的智库合作作为引领的动力,真正助力人类命运共同体的构建、建设美好世界的新愿景。[1]

(二)促使人才集聚实现共赢

智库是现代国家治理体系的重要组成部分,也是一个国家软实力的象征,教育智库则是现代智库体系的一个分支,主要扮演着教育理论的研究、教育政策的制定等重要的角色。教育智库也是公共智力资源的集中体现。近年来,我国也出台了一系列关于智库建设和发展的政策,这给我国智库的发展提供了政策保障。比如,中央颁布了《关于加强中国特色新型智库建设的意见》,以及各省市也出台了一系列的智库政策,这些政策的目标明确,均指出智库是国家和民族的战略资源,必须从党和政府的发展全局出发,把中国特色新型智库建设作为一项重大而紧迫的任务,采取强有力的政治措施,切实抓紧落实好。区域教育智库要聚焦区域教育的亟待解决的问题,聚焦重大的区域教育问题,探索区域教育的发生和发展规律,谋划区域教育发展的宏伟蓝图,将教育决策作为区域教育智库建设的根本使命,从而使区域教育智库在区域教育的过程中起到重要的作用。[2] 国家也对智库进行了一定的资金的匹配,进而吸引相关人才的加入,强化不同学科的交流、互动,并设置专门的课程帮助智库的建设。其中,人才是智库的核心,也是最强有力的竞争选项,智库

---

[1] 秦丽璇、王子瑶:《"一带一路"沿线国家智库合作环境与发展对策——以中印智库为例》,《沈阳工业大学学报》(社会科学版)2020年第1期。

[2] 申国昌、程功群:《中国特色新型教育智库的角色定位及建设路径》,《华东师范大学学报》(教育科学版)2018年第6期。

想要得到长久的发展，高质量的人才资源是保障。人才与技术是区域教育智库建设的关键，是决定其发展水平和未来走向的重要因素。人才成长与技术研究是相互促进的，没有高水平的技术与科学研究，不可能培养出高水平的优秀人才。高水平的研究成果和技术应用既能提高区域教育智库的学术声誉和社会影响，同时也能促进优秀的区域教育智库人才的快速成长。区域教育智库在建设的过程中，首先要重视人才的培养和吸收，培养是一个漫长的过程，不利于刚建设不久的智库的运行，而利于未来智库的长久建设。因而，刚建设完成的区域教育智库，就要推动人才的吸收和接纳，给有关人才提供足够的保障和资金支持，从而保证区域教育智库的顺利运转。若要建设成熟的区域教育智库，我们就要着力培养智库的未来人才，这些培养可以从课程设置、专业素养等方面进行，特别地，还要结合当下的形势，培养一些专门的大数据人才，这些人才是未来智库建设的后备军和主力。举个例子，美国拥有全球较强的智库系统，他们的智库管理系统采用的是"旋转门"，也就是邀请政府退休的官员进入智库进行政策的研究，而智库中的一些研究人员也同时有机会进入政府部门担任官职，从而使智库的理论和实践相结合，很好地发挥了智库为国家政府建言献策的功能。根据数据统计，我国的智库中具有博士学位的人员占智库系统人员总数的一半以上，大约占54%，其中高校的智库人员占比最多，社会智库和社科院智库则以硕士研究生为主。[①] 这些数据均表明，区域教育智库在建设的过程中，不仅要注重人才的吸收，还要注重人才的培养，只有这种双管齐下的运作机制，才能保证智库在后续的发展中得以顺利进行，也更有利于促进区域教育智库间的平等对话，从而实现双赢的局面，进一步提升民族地区的教育竞争力。

（三）促使学术交流多元化，科研成果高端化

建设区域教育智库的另一个重要意义是可以促使学术交流多元化、促使科研成果高端化。一方面，区域教育智库可以促使学术交流多元化，学术交流的多元化是区域教育智库的主要特征之一。区域教育智库的研究领域可以与心理学、管理学、社会学等领域相结合，产生一个新的研

[①] 秦丽璇、王子瑶：《"一带一路"沿线国家智库合作环境与发展对策——以中印智库为例》，《沈阳工业大学学报》（社会科学版）2020年第1期。

究领域，新的研究领域的出现则会开辟一片新的研究天地，进而会出现新的研究问题，然后区域教育智库可以针对这些新的问题进行细化研究，提出新的教育理论、教育研究方法等，这就保证了区域教育智库的学术交流的多元化，从而提升了民族教育研究的理论和现实价值，也产生了新的知识，提高了区域教育智库的创新水平。

另一方面，区域教育智库的科研成果会面向高端化。高端化是指可以从宏观上调控政策，能对政策起到理论指导的作用，或者发表的科研成果更容易得到广大学者的认可，从根本上推动了民族教育的发展，抑或发表的论文可以在很短的时间内转化成教育产品，能提高学生的学习兴趣，进而提升教育质量等。区域教育智库的建设是一个由无到有、由缓慢到快速的过程，其科研实力的不断提升是通过一系列的科研成果而衡量的。区域教育智库的科研成果不仅包括一些专著、论文、获奖等，还包括承担的一些国家重大项目、教育部重点项目以及省哲社项目等等，承担课题的数量和质量也从侧面反映了区域教育智库整体的科研水平。此外，区域教育智库的科研成果不仅仅是为了发表一篇论文，还要注重论文发表之后带来的价值和效益，即能不能改善区域教育过程中出现的问题，能不能纠正区域教育过程中所犯的错误，或者能不能转化成先进的教育产品，进而对学生教育水平的提高产生促进作用。因而，区域教育智库科研成果的判定，要注重发表论文背后带来的各种教育效益。

(四) 促使政府决策更加智能化

面向"一带一路"服务的特色区域教育智库的研究成果在传播与推广的过程中不应该局限在传统的思维之中，应当结合大数据的思维，通过新媒体创新决策传播的方式。基于大数据得出的民族教育的研究成果，可以通过各种媒体的移动终端、新媒体及传统媒介等将可视化的决策优先传给政府企业。目前，各国政府越来越依赖人工智能做出的决策，并根据数据模拟的结果进行政策制定、政策发布、政策执行和政策结果控制等。人工智能逐步地取代人们的推理，并且基于大数据的结果，更能有效地帮助政府做出合理的决策。在每一项决策制定出来之前，大数据技术均可以呈现易懂的可视化预测，从而帮助政府筛选出最佳决策。举个例子，Palantir 等情报数据挖掘系统已经被广泛地应用于军事、金融、政治等工作领域之中，该系统可以通过大量的数据挖掘与综合研判进行军事决策，帮助企业优化企业管理，帮助警务工作人员进行犯罪追踪等，这些都是大数据的优势。从国内看，我国已经具备了成熟的智能决策服务技术，部分区域教育智库已经完全匹配了这种技术，这不仅为"一带一路"的建设提供了决策服务的可能性，而且为优化政府决策提供了参考。

当前，我国已开启全面建设社会主义现代化国家新征程，构建社会主义和谐社会，努力实现"中国梦"，党和国家提出了许多亟待研究和解决的民族教育问题。在此背景下，区域教育智库更要自觉主动地为我国经济建设、和谐社会发展以及人民的健康幸福而服务，使区域教育智库能够更快更好地发展。可以预期，中国特色的区域教育智库将会对我国的社会发展、对民族地区的教育发展以及人类的智慧、健康以及幸福做出更大的贡献。

第三节 "一带一路"与区域教育智库信息服务体系的建设

在教育国际化的大趋势下，区域教育智库在世界教育事业中占据着举足轻重的地位，俨然成了衡量国家教育综合实力的一个重要指标，得到世界各国政府的广泛重视。然而，目前我国教育智库仍处于起步阶段，存在着独立性不足、影响力不广、专业性不强、可操作性不够以及教育智库结构失衡等问题。我国区域教育的发展和建设在很大程度上还需要参考国外先进教育智库建设的经验，只有在借鉴先进国家智库经验的基础上，我国区域教育智库的建设和发展才能取得长足的进步。因此，本节主要探寻我国区域教育智库的不足和缺陷，并最终提出关于我国在"一带一路"背景下区域教育智库信息服务体系建设的策略和建议。

一 区域教育智库信息服务体系建设存在的问题

由于我国区域教育智库整体尚处在大力建设的阶段，因而在建设的过程中会出现各种问题，这些问题会在一定程度上影响区域教育智库的成效，一些比较严重的问题甚至会影响区域教育智库信息服务体系建设的成功与否。因而，本小节主要阐述我国区域教育智库信息服务体系建设过程中存在的问题,以期为未来的区域教育智库建设起到指导作用。

(一)区域教育智库对教育资源开发重视度不够

目前,我国区域教育智库整体对"一带一路"的信息资源开发和利用的重视度不够,一些智库的研究人员甚至不知道"一带一路"沿线的国家有哪些,地理位置在什么地方,这就更谈不上如何充分地利用这些国家周边的教育信息了。这说明一些区域教育智库研究者对于"一带一路"研究的不重视,从而影响区域教育智库建设的效率。一些教育智库虽然重视了大数据的应用,但对于教育智库的软实力并不重视,出现了重硬件、轻资源、轻软件应用的情况。这就导致智库的建设出现了软硬实力不匹配的现象,仅凭智库的硬件设施,便认为我国区域教育智库达到了国际水准,而对于其文化的软实力则还停留在原地。许多教育智库将资金都投入到硬件设备之中,出现了只购买较先进的仪器,或者购买大量的数据库,而对于教育智库本身的科研课题则投入资金较少,这就导致购买的大型设备放在智库之中,没有研究员使用,浪费了资金和设备,造成了资源供给与需求的不平衡。从"一带一路"沿线国家信息采集和开发利用的情况来看,目前"一带一路"信息资源开发的所有权、准入条件、数据标准、共享利用等方面还不够清晰,区域教育智库并没有制定出成形的标准,商业应用运作经验不足。

此外,"一带一路"智库信息资源开发的种类、范围有限,这些智库的资源信息远远未形成产业化、规模化,这就导致一些重要的信息会有所流失,一些有研究价值的信息不复存在,也就是说,我国"一带一路"区域智库信息资源开发的市场运行机制还未健全,供求机制、使用机制还有待完善。[①]另外,由于我国现代智库建设起步时间较晚,区域教育智库的建设更晚,这就导致教育智库很多方面的建设跟不上时代进步的要求,也就无法满足区域教育研究的需求。而且,区域教育智库还面临着信息资源开发存在不连续、不系统、碎片化等问题,以及信息资源建设质量不高等问题,这些问题都需要在未来的区域教育智库建设的过程中

---

① 赵豪迈:《"一带一路"新型智库信息资源开发问题及策略研究》,《智库理论与实践》2019年第5期。

去完善和解决。①

（二）区域教育智库对教育资源开发的整体规划缺失

虽然我国提出了"一带一路"倡议，国家也相继出台了《关于加强中国特色新型智库建设的意见》等，提出了智库建设的宏伟目标，但对如何建设、怎样建设等内容细则并没有进行详细说明，这就导致区域教育智库在建设过程中会出现一些细小的问题。这些细小的问题找不到相应的理论指导，只能依靠研究者的经验直觉进行解决，从而导致区域教育智库信息孤岛现象非常突出，区域教育智库的"区域性"难以体现和落实，平台和信息资源建设华而不实，规模和信息深度不足，专题数据库建设付之阙如。② 这些缺陷主要表现在两个方面：一方面，区域教育智库的资源信息会被重复建设，许多教育智库会对相同的信息进行重复性使用，这就导致出现许多无用功，建设的空白点增多，教育智库间的共享机制不完整不充分；另一方面，现有的一些教育智库的数据库明显不能满足一些研究者的研究需求，综合性的数据库较多，而对于一些比较稀缺的数据库则较少，比如面向企业的数据库、面向教师的数据库等，这些数据库的投入资金不足、建设经费不够，这就导致许多研究者在搜集文献的过程中不能做到全面。此外，"一带一路"区域教育智库建设过程中的数据信息采集不足，数据库尚未完全建立③，对于大数据分析系统、采集系统、决策支持系统等相对滞后研究需求，"一带一路"国际信息资源整合度较差，区域教育智库的信息资源标准尚未建立，开放合作的开发机制尚未建立起来。依目前建设的情况来看，我国区域教育智库的建设还不能满足研究实践的需要。

（三）区域教育智库对研究目标模糊

目前，我国区域教育智库的建设虽然有一定的成效，但存在的问题主要是对于要研究的问题并不明确，同时区域教育智库建立的职能与其本身具备的研究功能有所偏差。对我国已经建设好的教育智库的研究分

---

① 程佳：《"一带一路"信息资源建设路径探析》，《图书馆理论与实践》2017 年第 8 期。

② 丁波涛：《"一带一路"沿线国家信息资源整合模式——基于国际组织和跨国企业经验的研究》，《情报杂志》2017 年第 9 期。

③ 丁波涛：《"一带一路"沿线国家信息资源整合模式——基于国际组织和跨国企业经验的研究》，《情报杂志》2017 年第 9 期。

析发现，我国已经建设好的教育智库对于要研究的目标制定过于宽泛，没有细致的准则，研究者并不知道要从哪方面入手。实际上，最为常见的目标制定形式可以分为两种，第一种是直接扣上"一带一路"的大帽子，但并没有说明该智库的研究目标到底是服务于"一带一路"的什么内容，也不知道要研究"一带一路"的哪些目标，解决哪些问题；第二种是立足于国家服务战略基础之上的目标定位，这种目标定位从宏观来讲没有任何错误，但与犯的第一种错误类似，就是扣上国家制定的方针的帽子，但其实际要解决的问题并不明晰，甚至一些研究者根本不知道要研究什么，不知道该如何下手，也就无法进行深入的研究，这两种不足是目前我国较多的智库中或多或少都存在的问题。而且，我国诸多的智库并没有建立自己的网站，这是一个大问题。经检索，目前我国智库的网站数量不到总数的一半，绝大多数教育智库都没有自己的网站。众所周知，没有网站就无法对公众进行宣传，公众也无法知道所建立的智库到底研究了哪些内容，解决了哪些问题；一些智库虽然有自己的网站，但缺乏维护，智库里面展示的信息大多过时已久，有的智库的网站显示的最新内容竟是十年前的研究，并未跟上时代前进的步伐，与国家当下的发展战略丝毫看不出有什么联系。所以我们有理由怀疑，这些智库的建设到底是为国家政策服务，还是为了完成政府下达的任务而临时搭建的平台？

此外，一些区域教育智库建设成功之后，基本都属于综合性的研究院或者研究中心，这就出现了两个缺陷。第一，凸显不出区域特色，区域教育智库，顾名思义，首先是为区域的教育服务的，如果区域的教育智库没有区域特色，与其他地区的智库没有差别的话，那么其发挥的价值并不大；第二，凸显不出优势研究领域。几乎所有的智库均表明可以研究所有的关于教育的问题，甚至非教育的问题也能研究，显示不出自己的优势研究领域。这就导致这些智库在研究的过程中没有自己特定的研究特色，研究的结果也比较泛泛而谈，在市场化的过程中很快就会被淘汰。事实上，一个地区可以有综合性的智库，综合性的智库可以在资金、人才等投入上实现最优化。这样一来，综合性的智库可以去研究任何一方面的教育内容，研究的结果也并不会很差。这种综合性的智库是值得提倡的，但基于我国的国情，目前对这种综合性智库建设的支持并不会很多。其实，如果一个地区建设综合性智库有困难，那么完全可以建设一个小而精的模块化的教育智库，这个智库只需研究与教育有关的一个领域，将这个领域作为品牌特色进行建设，久而久之，这个小而精的小型智库也会在政府的决策中起到巨大的作用。在这方面，浙江工商大学就开了个好头，2016年，浙江工商大学就成立了致力于阿拉伯国家经济研究的小型智库，该智库后来在阿拉伯经济研究中起到了至关重要的作用，为"一带一路"的建设做出了巨大的贡献。因此，像这类小而精的教育智库要大大优于传统的综合性智库，事实上，边疆区域更容易也更适合建立这类小而精的教育智库，这会使这些区域在某些特色学科上有沉淀、有优势，而这些小而精的教育智库会把这种优势放大，进而将其应用于当地政府的战略和政策研究上，这将会起到事半功倍的作用。

（四）区域教育智库对政府需求的反应滞后

区域教育智库的建设最主要的目的有以下两个方面：一方面是为了解决当地区域亟须解决的教育问题而服务的，另一方面是为了响应政府号召，研究政府目前需要解决的政策问题，为政府建言献策。而就目前来看，我国的一些区域教育智库明显对于政府的需求反应较慢，甚至滞后，跟不上政府的步伐，不能实时地为政府服务。"一带一路"倡议和"中蒙俄经济走廊"建设的宏伟目标提出以后，区域教育智库，特别是内蒙古自治区的区域教育智库对于人才的需求特别巨大，有研究者指出："一带一路"建设的人才内容可分为三个方面，一是信息、交通和能源基础设施，投资与贸易、资源能源、货币金融的互联互通，可以理解为工程建设和经济贸易；二是区域性的生态环境保护、政策的互联互通、海上合作领域，可以理解为区域政治秩序；三是区域性的语言文化、科技人文、卫生等人文领域的互联互通，可以说是人文交流与合作。这些倡议所囊括的建设内容，包括基础设施建设、贸易、资本、文化、政策、民族、宗教等方面，都需要教育，尤其是高等教育提供人才方面的支持。[①] 对上述人才的培养，一些地区尚未做出有效的调整，区域教育智库的反应也不及时，对这些人才的需求不敏感，亦不改变人才招聘的策略。

---

① 葛剑雄、胡鞍钢、林毅夫等：《改变世界经济地理的"一带一路"》，上海交通大学出版社2015年版，第183—184页。

目前我国区域教育智库或者民族地区的高校的人才培养依旧是按照之前传统的培养模式进行的,根本无法满足"一带一路"和"中蒙俄经济走廊"建设所需要的人才。迄今为止,一些地区的教育专业对这种变化似乎还是不敏感,开展的一些区域教育问题的研究也似乎与这个课题并无太大关系,研究的成果也不及时,跟不上时代的需求。就目前来看,区域教育智库的研究制度也存在诸多的缺陷,专业设置也不尽合理,学术团体凝聚力不强,学术刊物、学术规范不统一等。此外,国家要求大力建设"一带一路"的宏伟目标,这其实已经指明了一条比较清晰的研究道路,即培养一些专业的"一带一路"沿线国家的外语人才,比如俄语人才、阿拉伯语人才等,这些专业的外语人才将是未来"一带一路"宏伟目标实现的基石,同时对"一带一路"沿线国家的国情、风土人情、文化、政治、经济等均要进一步的研究,但似乎目前对这些沿岸国家的研究很少。理论上来讲,这是极其不利于国家宏伟目标的实现的。因此,未来的区域教育智库要对政府的需求进行研究,加紧政策的解读和研究,从而根据政府的需求及时转变研究方向,更好地为政府排忧解难,为民族地区发展做出应有的贡献。

(五)区域教育智库需科学的评价体系

我国区域教育智库尚需科学的评价体系。科学的评价体系主要表现在两个方面。一方面,对区域教育智库建设结果的科学评价。区域教育智库在建设过程中得到的结果需要对每一部分进行评价,包括区域教育智库的师资、设备、实验平台、实验条件等,这些科学的评价是衡量区域教育智库是否能独立展开研究的主要因素。如果这些基本的研究条件都不能满足,那么区域教育智库的建设质量是无法达标的,研究得出的结论是很容易遭受别人的质疑的。但目前对我国区域教育智库建设结果的评价,往往是缺少这一部分的,所以我们并不知道我们所建设的区域教育智库的质量如何,到底在哪些方面有所欠缺,哪些方面比较突出,这些都需要一个科学的、系统的评价体系。另一方面,对区域教育智库的科学评价体系还表现在科研成果的评价上,区域教育智库能否在市场上立得住脚、能否得到公众和政府的认可,主要的指标就是科研成果,科研成果是否可以帮助解决政府需要解决的问题,能否促进区域教育的发展,这都不是区域教育智库的人员自己评价的,而是要经过严苛的同行评审,这也恰好是区域教育智库所欠缺的,未来需要补充完善的。区域教育智库建设研究成果的质量直接影响着社会对教育智库价值的评判。目前我国的区域教育智库建设研究却较多停留在对教育智库价值的肯定层面,甚至存在过度赞誉的倾向。[①] 但对区域教育智库价值的肯定,与其产出有效的科研成果,这两者之间是不能画等号的。我们在肯定区域教育智库价值的同时,也需要一个科学的科研成果的评价体系。在这方面,我们可以向先进的教育智库学习,比如科罗拉多大学的国家教育政策研究中心(National Education Policy Center)与亚利桑那州立大学教育政策研究部门共同创建的智库评估项目(Think Tank Review Project),这两个智库旨在通过第三方专家对智库出版的咨询报告进行点评。利用学术同行评审的标准,评估者对咨询报告的假设、方法、结果和建议进行评估。评估以非学术性的语言撰写,目的是帮助决策者和其他人员判断该咨询报告的社会价值。这种严苛的评估不仅仅是对科研成果的评价,而且是对智库研究人员在整个研究过程中的评价。同行对研究过程的每一个步骤的科学评价,以及研究成果最后的效益和真实性及外部效度的评价,这种同行评价机制采取打分的方式,当评价的分数达到某个及格线之后,才算评价结束。假如评价过程中有一项不及格,那么这项研究是不成功的,是无法进行成果转化的,也就无法体现其商业和学术价值。

(六)区域教育智库经费结构性短缺,人员构成不合理

我国区域教育智库的问题还表现在经费结构性短缺和人员构成不合理两个方面,这两个问题也是严重限制我国区域教育智库发展的主要问题。

毫无疑问,经费投入是区域高校智库实现更好更快发展的重要条件。然而,从目前的情况来看,国家、学校对区域教育智库建设的经费支持却比较薄弱,而且各级各类智库所得到的财政支持力度也各不相同。区域教育智库经费的结构性短缺主要表现在以下两点:其一,固定经费的短缺。虽然近几年国家加强了对区域高校或智库的财政支持,但这些经费实际上很大一部分划拨给具体的科研项目,对于区域教育智库建设的

[①] 赵慧臣、王玥:《我国教育智库建设研究:现状、问题与展望》,《江苏教育研究》2018年第13期。

经费却少有划拨,这就导致区域教育智库无法维持正常的运行。而且,区域教育智库的主要研究对象是少数民族,使用的研究方法一般是田野调查法或者访谈法,研究人员必须亲自到田野寻找被试进行研究,这又从侧面增大了科研经费的需求,往往研究者在使用科研经费时捉襟见肘。举个例子,某区域的N大学2016年颁布了《N大学科研平台管理办法》,对于新启动的校级科研平台,除第一年给予文科50万元、理科100万元的科研启动资金,从第二年开始,每年划拨文科10万元、理科20万元的实验平台管理经费之外,其他费用输出均需依靠所申报科研项目的科研经费,这就使区域教育智库的发展缺乏固定的经费来源。其二,区域教育智库的科研经费分配不均衡。一般来说,自然科学基金的经费会高于社会科学基金[①],有行政头衔或学术名望的申请者所获的科研经费远远高于没有行政头衔或者没有学术名望身份的申请者。因此,未来在区域教育智库的科研经费分配问题上,政府不仅要加大固定建设经费的投入,还需要改变这种科研经费分配不均衡的问题。

此外,我国区域教育智库的另一个问题是人员结构不合理。区域教育智库人员结构合理程度,直接关系到智库研究的准确性与全面性。相比国外先进的教育智库,我国区域教育智库的人员组成相对单一,学术精英较为紧缺。一些区域教育智库的研究人员的专业构成较为单一,部分研究团队专业领域较为相似,交叉性相对不足,从而导致智库内部缺乏学科或专业知识的互补性。智库的整体研究视角、研究广度难以拓展,不利于多学科、综合性研究的开展。因此,未来在区域教育人员结构安排的问题上,政府应当多引进复合型人才,引进多学科背景人才,从而形成多学科交叉研究,进而提高区域教育智库的研究实力和水平。

二 "一带一路"区域教育智库信息服务体系的建设路径启示

(一)推进区域教育智库体制改革

我国区域教育智库独立性不足、影响范围不广,究其原因是教育智库的体制机制不够成熟,高质量教育智库数量较少。目前,我国区域教

---

① 李海峰:《民族高校智库建设初探》,硕士学位论文,中央民族大学,2017年,第22—48页。

育智库的体制机制不够完善，存在着理论不切合实际，实际不能反映到理论层次的问题。有研究者建议在教育智库、政府教育部门和教育实践部门之间建立共商共研机制，即把有专业知识却没有实际操作的教育智库、有大量教育观测数据却没有专业知识的政府教育部门和有实践操作能力却没有合理依据的教育实践部门联系起来，三者互相商量、共同研究，进而完善区域教育智库的体制机制[1]；同时，区域教育智库也要借鉴国外优秀智库的发展经验，建立起以质量创新和实际贡献为导向的评价办法，形成政府评价、同行评价和社会评价相结合的评价体系。此外，国家还需运用大众传媒等手段传播教育智库的主流思想，要求各级党委和政府重视区域教育智库的发展改革，推进决策咨询制度的发展和完善，使教育智库的发展格局出现从"量变"到"质变"的转化，从而促进区域教育智库的发展。

（二）鼓励区域教育智库建立国际对标教育智库

目前，国外很多企业为了快速发展，建立了对标企业，学习同类企业当中最先进的管理经验和运营模式等。为了推进中国区域教育智库的快速发展，政府可以鼓励国内顶级教育智库建立世界对标智库，深入剖析和学习其先进的管理体制和运行机制。结合中国特色传统文化，形成独具中国特色的新型区域教育智库，争取早日建成一批具有较大影响力和国际知名度的高质量教育智库，在这方面，国内其实已有先例可以参考。赵春花[2]采用文献法和案例法，借助宾夕法尼亚大学智库评估指标，对联合国教科文组织下国际教育规划研究所的发展进行分析，通过资源、使用率、产出、影响力这四个指标并结合中国特色新型教育智库的实际需求，在资源利用、组织规划管理、国际合作交流等多方面提出具体措施，这有益于我国区域教育智库的建设发展。

（三）打造具有中国特色的新型区域教育智库

虽然中国教育智库的总量在世界排行第二，但是知名教育智库数量

---

[1] 秦瑾若、秦德增：《中国特色新型教育智库建设探析》，《广西民族大学学报》（哲学社会科学版）2016年第3期。

[2] 赵春花：《从TTCSP智库评估指标看国际教育智库的发展——以国际教育规划研究所为例》，硕士学位论文，上海师范大学，2016年，第56—65页。

较少。中国教育智库要注重内涵式发展，可以学习俄罗斯文化的"兼收并蓄"的模式，也要同时建立多元文化共存的教育环境。现今，俄罗斯在发展本民族文化的基础上也学习了其他民族的文化与历史，其教学已包括了70多种语言[①]。相对而言，中国教育智库的文化体现较差，大部分教育智库均建立在经济贸易繁华之地，能真正体现中国传统文化的边疆民族地区的教育智库少之又少。因此，我们必须加快区域教育智库在中国的建设发展，并构建相当一部分的教育智库实验室，同时深化科研管理的改革。此外，我国教育智库的发展可以结合各民族的文化特色，形成多元文化格局，建立起大范围、多样性、有影响力的高端区域教育智库，从根本上促进我国教育智库的进一步完善和提升。

三 "一带一路"区域教育智库信息服务体系建设的未来展望

（一）构建区域教育智库的法律保障体系

从国际发展趋势来看，经由法律制度规范后的智库更可能得到长期发展。然而，目前我国智库建设的法律制度尚未完善，对于新型智库管理规定的细则也未完全深化，区域教育智库的建设制度更是处于起步阶段。在《关于加强中国特色新型智库建设的意见》[②]中，虽然对新型智库的意义、原则以及目标等做出了详细规定，但仍旧缺乏法律约束，如果发生处于法律盲区的问题，就无法得到有效的法律保障。因此，有必要建设完善的区域教育智库的法律保障体系。一方面，要紧随新时代的发展，顺应新时代的需求，在《民法典》的统领下构建完整的法律体系，保障区域教育智库的良性发展，进而提升社会服务机构整体的治理水平。另一方面，应该完善各职权责任的归属问题，完善财务管理制度、人事管理制度以及监督检查制度等细则，在保障学术性的基础之上，增强其自主性和独立性，这样才更加贴合区域教育智库的发展需求。因此，未来应该结合不同区域的特点，深入了解区域教育智库建设过程之中可能存在的法律不足，并对其进行实际考察和反复论证，进一步推动智库法

---

① 乌仁高娃：《中美教育智库的对比分析》，《文化创新比较研究》2018年第36期。
② 中共中央办公厅、国务院办公厅：《关于加强中国特色新型智库建设的意见》，2015年1月20日，http://www.gov.cn/xinwen/2015-01/20/content_2807126.htm，2022年10月2日。

律体系的完善。

(二) 深化区域教育智库的评价体系

智库评价是指由评价主体来判定智库的竞争和整体水平的活动,探究智库评价体系有助于进一步提升智库服务能力。综观国内外智库评价研究,目前的评估体系尚存争议[1],如何从方法论的角度来解决智库评估非一致性、非完全性的问题是当下构建区域教育智库的首要问题之一。要卓有成效地建设"一带一路"区域教育智库信息服务体系,必须以坚实的理论支撑作为基础,遵循我国智库的发展规律,并结合教育智库的现实实践,站在宏观的角度建立区域教育智库的评价体系。目前,我国大多数的智库评价都是面向智库整体的,智库评价的指标过于单一,而单一的评判方式并没有解决不同智库的诉求差异。如果仍旧延用旧标准来评价,很可能会出现评价不客观的现象。所以,未来更应该深化评价的理论研究,以更为坚实的评价学理论作为评价基础,在摸准区域教育智库的发展规律的基础上,更科学地进行评价智库的理论实践。此外,在评价智库的主体方面,同样存在一定的问题。虽然国内部分智库的评价主体多元,但缺少相互合作,这很可能导致评价报告过于片面。未来在区域教育智库评价体系的构建中,应让多个评价主体加深彼此间的联系与合作,共享资源,避免重复评价,这样可以减少主观因素对评价结果带来的干扰。最后,区域教育智库评价体系的构建要贴合区域特色。区域教育智库的发展扎根于其独特的现实环境,要基于实践,服务于实践,最终反馈于实践,从而引导区域教育智库的健康发展。

(三) 重视培养复合型人才,提高区域教育智库信息服务体系建设的内涵

人才建设是智库建设的核心问题,智库人才的素质和规模影响智库成果的水平。因此,应重视区域教育智库的人才建设,以长远的眼光培养为"中华民族共同体"服务的复合型人才。此外,还要提高不同区域的教育合作水平,并发挥新型智库的特点,培养全方位人才,提升区域教育智库的综合实力。

---

[1] 梁丽、张学福、周密:《基于政策反馈理论的智库评价模型构建研究》,《情报杂志》2021年第8期,第201—207页。

在区域教育智库的创建与发展中，应因地制宜地培养符合中华民族共同体建设的主体专业性人才。首先，应重视和加强双语甚至多语人才的培养。随着区域间合作的不断深入，对掌握不同国家语言的专业人才的需求日益增加，因此，各区域需进一步加强外语人才的培养，这样才能更准确地把握不同国家智库内容的精华。其次，加强培养熟悉不同区域文化的人才，增进彼此的文化理解。熟悉区域文化的人才在区域教育中可以更好地将智库的成果实践应用，使得既有成果在尊重区域文化的前提下更容易推广。此外，不同区域之间应该进一步加强开展实质性的教育合作，提高教育合作水平。一方面，各个区域需培养较多的学习不同国家文化知识的学生，作为区域教育智库的储备人才。比如，当地政府可通过颁发奖学金鼓励学生去"一带一路"沿线国家学习交流。另一方面，各个区域需提高高等教育的培养层次，鼓励学生在硕士、博士阶段开展以探究"一带一路"沿线不同国家的文化特色、文化价值、文化内容的学习，切实提高培养的针对性。特别是，还需要培养自然科学与社会科学相结合的跨学科人才。这是因为在不同区域合作的过程中，跨学科人才会将不同区域的人文优势、地域优势，以及知识储备进行有效的结合，这不仅可以促使区域教育智库产品质量提升，还具有解决现实问题的实践意义，对于未来实现人类命运共同体发展目标同样有参考价值。

（四）区域教育智库信息服务体系建设的方向

构建区域教育智库信息服务体系，不应该只关注智库内容的建设重点，更要关注如何建设信息服务体系。信息服务体系的建设是一个全方位的概念，其前提是要建立智库群，没有足够数量的智库群，信息之间的互通也就谈不上，信息服务体系的建设也就如纸上谈兵。

因此，笔者对此有以下5点建设意见，这或许能为未来"一带一路"区域教育智库信息服务体系建设提供些许参考价值。

1. 打造以开放、包容、合作、创新为主题的区域教育智库

区域教育智库信息服务体系的建设必须要有明确的主题，没有主题的智库是不提倡的。笔者认为，未来要打造一批以开放、包容、合作、创新的区域教育智库。"开放"要求区域教育智库应具备全球化视野，能在教育问题上发出自己的声音，能为区域教育问题的解决提供可行的建

议。同时，区域教育智库的建设应在条件允许的情况下加强与"一带一路"沿线国家区域教育智库及国际知名智库的交流，借鉴世界一流智库的先进经验，提高智库的影响力。"包容"是指不同区域的教育智库应以互相理解和包容的心态对待彼此，区域教育智库间要在竞争中合作，合作中竞争，最终共同进步，从而营造教育红利。"合作"是指本着合作共赢的理念，共同打造具有区域特色的教育共同体。在"一带一路"区域教育智库信息服务体系建设中，不同区域要着眼共同的教育利益，互相尊重、平等协商，在交流互鉴中共同发展。"创新"是指要始终以创新作为区域教育智库存在和发展的生命力。区域教育智库应当以创新的原则作为发展的首选条件，而且，这种创新必须符合我国国情，立足于我国的现实情况，从而丰富创新的形式。

2. 打造彼此联结的高校型区域教育智库

高校型教育智库是在高校设立，依托于高校人才资源、学术氛围等，并将教育战略、教育法规、教育规划、教育政策等作为科研目标而搭建的研究机构。搭建高校型教育智库具有以下优点：其一，高校型智库具有特色学科体系和科研优势资源，能够集中精力给政府部门提供具体指导；其二，高校型教育智库具有传统智库所没有的运行机制和管理模式，能够依托高水平大学深入开展基础科研工作，因而具备从根源上解决问题的能力；其三，高校型教育智库具有其他科研机构所没有的中介功能，能够有效连接政府组织、社会公众、企事业团体等主体，所以是连接事物发展多方主体的有利平台[①]。在"一带一路"倡议提出后，高校参与的区域研究体系逐渐成为国家高端智库建设的重要力量。当然，高校型智库也有在管理工作上存在显著不足等问题。这就需要在搭建区域教育智库的过程中进行着重把握。高校型区域教育智库的建设可以凭借"一带一路"智库中的已有成果，充分吸收借鉴其他国家的先进管理经验，积极探索适合区域教育智库的管理体制机制，将"取其精华、去其糟粕"作为基本原则进行高校智库的建设。此外，还要利用我国多区域文化背景，在已有的区域教育智库基础之上，建立高校间彼此联结的教育智库，

---

① 陈妹、覃维彬、陈云：《国内高校智库建设成果、不足及未来研究趋势》，《智库理论与实践》2020 年第 6 期，第 4453 页。

促使协同创新，形成高效的新型智库管理模式。

3. 打造体育教育智库

习近平总书记在十九大报告中指出："人民健康是民族昌盛和国家富强的重要标志。"① "健康中国"已然处在了当下优先的发展位置。区域教育智库作为一种占据地域优势、文化优势的新型智库，更应首先在体育领域建设相应的体育教育智库。常规意义上的体育智库是指以体育核心领域和公共服务为研究对象，以体育治理为宗旨的咨询组织，主要为我国体育决策提供前瞻性、民主性、科学性和创新性指导，包含解决体育公共政策服务、全民营养健康指导服务、竞技体育战略服务以及各项体育文化传播交流和优秀中华体育文化继承和创新等内容。② 区域教育智库视野下的体育教育智库，则应该充分发挥区域的优势，搭建更具针对性的体育智库，例如利用各区域的特色来解决区域人民的营养健康指导服务问题等。在把握区域教育智库特色的基础上，关注体育健康的时代格局的同时，研究者也应寻找更具实践性的立足点，扎根区域人民体质提升的视角，将科技、理论、民族智慧以及大众的健康需求实际结合。同时，还要引领社会的发展方向，积极开展如利用线上电子竞技平台合作等新的竞技形式，进而为"一带一路"建设中提供中国特色的新型智库经验。

4. 打造兼顾产品推广及信息收集的出版智库

出版社一直都担任着个人知识社会化和社会知识个人化的重要使命，其本就是知识生产和舆论宣传的主要阵地。随着社会的进步发展，已有的智库服务已经不能完全满足出版业高质量发展以及社会发展的需求。为了更好地将区域教育智库成果进行宣传，未来可以在不同区域建设一类专职型的出版智库，用以辅助区域教育智库的决策咨询、舆论宣传等。建设专职型出版智库，要具有以下两个特点：第一，要从顶层进行整体性战略规划。就目前而言，尚无成熟的经验和模式借鉴，所以更要从宏观出发，这样才能保证在构建过程中，既不偏离中国特色新型出版智库

---

① 习近平：《决胜全面建成小康社会 夺取新时代中国特色社会主义伟大胜利——在中国共产党第十九次全国代表大会上的报告》，《党建》2017年第11期，第10—27页。

② 易剑东：《中国体育智库建设研究》，《武汉体育学院学报》2015年第7期，第49页。

的发展方向,也能贴合区域教育智库的实际需求。例如,推进区域数字图书馆资源的分享,并在各个区域的图书系统间建立相应的联系,并着力推进纸质资料电子化进程,拓宽获取资料的途径。通过各区域图书及电子资源的共享,加深对彼此的了解。这样更能避免各区域在智库成果的分享上不够及时迅速,造成很多研究重复、研究结果难以发挥自身特色。第二,要更具灵活性、互动性、实践性。为了更符合实践需求,需要将出版社智库与区域教育智库紧密相连,既不违反区域教育智库建设的原则,又不丧失出版社智库既有特色。同时利用好"互联网+"及大数据时代赋予的便利条件,建立区域教育智库成果的共享机制。

此外,在中共中央办公厅、国务院办公厅发布的《关于加强中国特色新型智库建设的意见》[①] 中,明确指出"快速准确获取信息是智库建设的立根之本"。这实际上正是对智库资源整合能力的要求。出版社智库可以根据自身新闻抓手的特点,基于大数据搭建信息库,发挥其资源储备能力及根据实际需求进行资源搜集、整理和挖掘的能力,这样可以将分散于不同研究人员、不同出版机构、不同研究机构的数据资源进行有效整合,为区域教育智库提供坚实的信息库后盾。

5. 打造一批网络智库

除了上述所说的几种区域教育智库的细化方向外,还有一种特殊的智库:网络智库。截至 2021 年 12 月,我国网民规模达 10.32 亿,互联网普及率达 73.0%。在这种新的时空境遇之下,互联网已经成了公众参与和民意汇集的重要场所。这上面不仅聚集了公众的情感偏好和利益诉求,也蕴含着民间的真知灼见和理性智慧。网络民意不仅仅贯穿于公众政策的过程始终,作用于公共政策的每一个环节,而且作用于不同类型的政策制定模式。依赖于网络民意主体的广泛性和多元性,开放性智库的合理性也得以体现。因此,在区域教育智库的建设过程中,要充分利用互联网的便利性,建立一批网络智库,从而整体把握网络民意,听取网民的意见,进一步开拓决策者的视野,使决策更加公平、权威、贴近事实。

---

① 中共中央办公厅、国务院办公厅:《关于加强中国特色新型智库建设的意见》,2015 年 1 月 20 日,http://www.gov.cn/xinwen/2015-01/20/content_2807126.htm,2022 年 10 月 2 日。

主要参考文献

一 著作

崔树义、杨金卫：《新型智库建设理论与实践》，人民出版社2015年版。

葛剑雄、胡鞍钢、林毅夫等：《改变世界经济地理的"一带一路"》，上海交通大学出版社2015年版。

顾明远主编：《教育大辞典（民族教育卷）》，上海教育出版社1992年版。

内蒙古自治区教育厅民族教育处编：《内蒙古民族教育工作手册》，内蒙古教育出版社2004年版。

钱再见：《基于公共权力的政策过程研究》，南京师范大学出版社2013年版。

上海社会科学院智库研究中心：《2015年中国智库报告——影响力排名与政策建议》，上海社会科学院出版社2016年版。

上海社会科学院智库研究中心：《2018年中国智库报告——影响力排名与政策建议》，上海社会科学院出版社2019年版。

涂子沛：《大数据：正在到来的数据革命》，广西师范大学出版社2012年版。

王莉丽：《旋转门：美国思想库研究》，国家行政学院出版社2010年版。

吴照云：《管理学》，中国社会科学出版社2011年版。

新玉言、李克：《大数据：政府治理新时代》，台海出版社2016年版。

杨东平：《2035：迈向教育治理现代化》，人民出版社2019年版。

张霜：《民族学校教育中的文化适应研究——贵州石门坎苗族百年学校教育人类学个案考察》，民族出版社2012年版。

郑琦：《中国民间智库发展研究》，中共中央党校出版社2017年版。

周洪宇、刘大伟:《中国教育智库评价 SFAI 研究报告（2019 年版）》,中国社会科学出版社 2019 年版。

［美］安德鲁·里奇:《智库、公共政策和专家治策的政治学》,潘羽辉译,上海社会科学院出版社 2010 年版。

［德］马克斯·韦伯:《学术与政治》,钱永祥等译,广西师范大学出版社 2010 年版。

［英］维克托·迈尔·舍恩伯格、肯尼思·库克耶:《大数据时代》,盛杨燕等译,浙江人民出版社 2012 年版。

Diane Stone and Andrew Denham, eds., *Think Tank Traditions*: *Policy Research and the Politics of Ideas*, Manchester: Manchester University Press, 2004.

Michael Wessler, *Big Data Analytics for Dummies*, New Jersey: John Wiley & Sons, Inc, 2013.

Paul Dickson, *Think Tanks*, New York: Athenaeum, 1971.

二 学位论文

郝肖航:《地方省级教育智库建设现状与改进对策》,硕士学位论文,沈阳师范大学,2018 年。

鞠昕蓉:《高校智库联盟成员选择的影响因素及运作机制研究》,硕士学位论文,吉林大学,2020 年。

李海峰:《民族高校智库建设初探》,硕士学位论文,中央民族大学,2017 年。

栗宁远:《我国官方智库影响力提升对策研究》,硕士学位论文,黑龙江大学,2018 年。

刘宏艳:《我国民间教育智库建设研究——以长江教育研究院为例》,硕士学位论文,沈阳师范大学,2018 年。

刘倩:《新疆新型智库建设研究》,硕士学位论文,新疆大学,2018 年。

青格乐:《扎鲁特旗民族教育政策实施及对策研究》,硕士学位论文,内蒙古农业大学,2019 年。

孙怡光:《美国大学教育智库研究——以教育政策研究联盟为例》,硕士学位论文,上海师范大学,2018 年。

王海峰：《大数据智库：中国特色新型智库建设途径研究》，硕士学位论文，华东政法大学，2016年。

吴鹤立：《人类学视野中的湘西苗族学校教育——以花垣县董马库乡为例》，硕士学位论文，中南大学，2006年。

吴宗哲：《中国特色新型智库建设问题研究》，硕士学位论文，大连理工大学，2015年。

武明芳：《贵州长角苗留守儿童教育问题的民族学研究》，硕士学位论文，中央民族大学，2016年。

杨莉：《侗族村寨小学教育的困境及其出路——黔东南占里村个案研究》，硕士学位论文，西南大学，2010年。

张瑞芳：《地方高校教育智库运行机制研究——以X教育研究机构为例》，硕士学位论文，西华师范大学，2017年。

赵春花：《从TTCSP智库评估指标看国际教育智库的发展——以国际教育规划研究所为例》，硕士学位论文，上海师范大学，2016年。

赵加英：《中国特色新型智库核心竞争力研究》，硕士学位论文，南京师范大学，2017年。

钟敏：《重庆高校教育智库建设现状及策略研究》，硕士学位论文，重庆大学，2016年。

朱燕雷：《民族学视野下的撒拉族教育研究》，硕士学位论文，青海民族大学，2013年。

宝乐日：《土族、羌族语言及新创文字在学校教育领域使用发展研究——教育人类学的田野工作与文本阐释》，博士学位论文，中央民族大学，2007年。

高萍：《朝鲜族小学汉语教科书的教育人类学研究》，博士学位论文，中央民族大学，2012年。

井祥贵：《纳西族学校民族文化传承机制研究》，博士学位论文，西南大学，2011年。

李红婷：《无根的社区 悬置的学校——大金村教育人类学考察》，博士学位论文，中央民族大学，2010年。

刘东：《中国智库建设中的意识形态安全研究》，博士学位论文，大连理工大学，2017年。

刘正发（阿里瓦萨）：《凉山彝族家支文化传承的教育人类学研究——以云南省宁蒗彝族自治县金古忍石家支为个案》，博士学位论文，中央民族大学，2007年。

刘卓雯：《乡土意识变迁与乡土书写——黑龙江乡土教材的教育人类学研究》，博士学位论文，中央民族大学，2013年。

秦中应：《当代湘西苗族传统文化的教育传承研究——以湘西州凤凰县苗族为例》，博士学位论文，中央民族大学，2010年。

权迎：《云南壮族"坡芽歌书"符号创生与传承的教育人类学阐释》，博士学位论文，西南大学，2013年。

陶格斯：《文化差异与民族学生学业质量——基于云南省德宏州那目傣族地区农村小学的田野调查与理论研究》，博士学位论文，中央民族大学，2011年。

王厚全：《智库演化论——历史、功能与动力的三维诠释》，博士学位论文，中共中央党校，2016年。

杨红：《拉祜女童的教育选择——一项教育人类学的回访与再研究》，博士学位论文，中央民族大学，2010年。

张元卉：《人口较少民族文化传承的教育人类学研究——以鄂伦春族文化传承研究为个案》，博士学位论文，中央民族大学，2009年。

赵博：《基于大数据的战略预见研究》，博士学位论文，中共中央党校，2016年。

赵淑岩：《以校本课程建构透视牧区教育的自由与多元——肃南二中（甘肃省肃南县皇城镇）教育人类学田野调查与民族志撰述》，博士学位论文，中央民族大学，2009年。

周芳检：《大数据时代城市公共危机跨部门协同治理研究》，博士学位论文，湘潭大学，2018年。

三　期刊论文

阿木古楞：《回顾与展望：改革开放四十年来内蒙古民族教育的发展》，《民族高等教育研究》2019年第2期。

安宝洋、翁建定：《大数据时代网络信息的伦理缺失及应对策略》，《自然辩证法研究》2015年第12期。

陈坤:《"民族团结"概念释义》,《西华师范大学学报》(哲学社会科学版) 2017 年第 5 期。

陈妹、覃维彬、陈云:《国内高校智库建设成果、不足及未来研究趋势》,《智库理论与实践》2020 年第 6 期。

陈潭:《从大数据到大智库:大数据时代的智库建设》,《中国行政管理》2017 年第 12 期。

陈颖:《大数据发展历程综述》,《当代经济》2015 年第 8 期。

程佳:《"一带一路"信息资源建设路径探析》,《图书馆理论与实践》2017 年第 8 期。

丁波涛:《"一带一路"沿线国家信息资源整合模式——基于国际组织和跨国企业经验的研究》,《情报杂志》2017 年第 9 期。

方芳:《区域基础教育治理现代化的路径探索与改革展望》,《天津市教科院学报》2020 年第 6 期。

付睿、周洪宇:《习近平推进创新重要论述与新时代教育智库转型发展》,《世界教育信息》2021 年第 1 期。

耿丹青、刘慧婵、贺蓓蓓等:《广东新型教育智库建设:现状与发展路径》,《高教探索》2017 年第 12 期。

关晓斌、伍聪:《大数据背景下的高校新型智库信息支持平台构建研究》,《高教探索》2017 年第 2 期。

郭华东:《大数据 大科学 大发现——大数据与科学发现国际研讨会综述》,《中国科学院院刊》2014 年第 4 期。

郭军、张涛:《大数据时代下的教育智库:特质、责任与未来》,《重庆文理学院学报》(社会科学版) 2018 年第 2 期。

韩玉梅、宋乃庆:《新型教育智库的组织形态和研究路径》,《教育研究》2019 年第 3 期。

郝亚明:《试论民族概念界定的困境与转向》,《民族研究》2011 年第 2 期。

何巧源:《中国特色新型智库研究全景——以 2013—2021 年 CSSCI 的论文为例》,《智库理论与实践》2022 年第 2 期。

胡潇文:《西方智库理论研究现状评析》,《学术论坛》2017 年第 2 期。

黄蓉生:《推进中国特色社会主义理论智库建设的现实路径》,《西南大学学报》（社会科学版）2016 年第 1 期。

金海英、任路：《中国民族教育研究述评》，《北方民族大学学报》（哲学社会科学版）2019 年第 4 期。

金志远：《民族教育定义辨析及判断标准》，《内蒙古师大学报》（哲学社会科学版）2000 年第 4 期。

金志远：《"中蒙俄经济走廊"建设中内蒙古高校区域教育智库创建的思考》，《民族教育研究》2018 年第 4 期。

李凌：《理解中国特色新型智库发展的 3 个维度》，《智库理论与实践》2019 年第 1 期。

李润洲：《教育定义多元的话语澄明》，《教育发展研究》2015 年第 8 期。

李悦鸣：《中国智库理论研究的热点主题及前沿解析——基于 CSSCI 数据库的结论》，《情报杂志》2018 年第 8 期。

梁丽、张学福、周密：《基于政策反馈理论的智库评价模型构建研究》，《情报杂志》2021 年第 8 期。

刘慧婵、耿丹青、蔡炜等：《新媒体环境下教育智库舆论引导功能的发挥》，《教育评论》2019 年第 7 期。

刘丽群、李汉学：《区域性推进高中阶段教育普及的战略定位与攻坚策略》，《中国教育学刊》2020 年第 10 期。

刘庆昌：《教育概念的个人认识史》，《当代教育与文化》2020 年第 3 期。

刘晶：《教育研究推动政府决策的问题及路径》，《大学教育科学》2016 年第 6 期。

刘妍：《国家智库区域教育改革实践：价值、路径和运行机制》，《教育理论与实践》2019 年第 19 期。

马骏：《现代智库及其功能分析》，《人民论坛》2012 年第 14 期。

明伟：《民族问题的特点》，《中国民族教育》2006 年第 6 期。

《内蒙古自治区教育科学研究所》，《内蒙古教育》2011 年第 13 期。

牛新春：《对"民族"概念的一些思考》，《现代国际关系》2019 年第 11 期。

庞丽娟：《我国新型教育智库若干重要问题的思考》，《教育研究》2015 年第 4 期。

秦瑾若、秦德增：《中国特色新型教育智库建设探析》，《广西民族大学学报》（哲学社会科学版）2016 年第 3 期。

秦丽璇、王子瑶：《"一带一路"沿线国家智库合作环境与发展对策——以中印智库为例》，《沈阳工业大学学报》（社会科学版）2020 年第 1 期。

邱均平、汤建民：《中国智库理论研究的最新进展与趋势》，《重庆大学学报》（社会科学版）2016 年第 2 期。

邱仁宗、黄雯、翟晓梅：《大数据技术的伦理问题》，《科学与社会》2014 年第 1 期。

曲中林、杨小秋：《地方教育智库"六教协同"建设模式——以广东省肇庆市为例》，《教育理论与实践》2019 年第 10 期。

任天舒、王琼、朴雪涛：《中国教育智库建设发展的问题及对策》，《内江师范学院学报》2018 年第 9 期。

上海社会科学院智库研究中心：《2013 年中国智库报告——影响力排名与政策建议》，《中国科技信息》2014 年第 12 期。

申国昌、程功群：《中国特色新型教育智库的角色定位及建设路径》，《华东师范大学学报》（教育科学版）2018 年第 6 期。

孙学玉：《担负起铸牢中华民族共同体意识的时代使命》，《政治学研究》2022 年第 2 期。

滕星、杨红：《西方低学业成就归因理论的本土化阐释——山区拉祜族教育人类学田野工作》，《广西民族学院学报》（哲学社会科学版）2004 年第 3 期。

田慧生：《加强新型教育智库建设，提升服务能力和水平》，《教育研究》2015 年第 4 期。

田继忠：《历史回顾与未来发展——宁夏教育科学研究所十年发展历程与教育科学研究前瞻》，《宁夏教育科研》2014 年第 4 期。

田继忠、支爱玲：《宁夏教育科研现状、问题与对策》，《宁夏教育科研》2009 年第 4 期。

万明钢：《新时代民族教育研究学者的使命与担当》，《民族高等教育研究》2019 年第 6 期。

万明钢、海路：《新中国成立 70 年少数民族教育发展的回顾、反思与展望——万明钢教授专访》，《民族教育研究》2019 年第 4 期。

王保华、胡羽：《教育智库转型：战略定位与发展理路》，《中国高等教育》2020年第11期。

王春江、陈振国：《地方教育智库建设：功能定位与运行机制——以地方教育教学研究机构为例》，《智库理论与实践》2018年第6期。

王方：《中国特色新型智库的内涵、建设实践及着力点研究》，《智库理论与实践》2021年第1期。

王科、桑学成：《中国特色新型智库建设的现实困境与路径构建》，《学海》2021年第3期。

王莉丽：《美国智库的"旋转门"机制》，《国际问题研究》2010年第2期。

王莉丽：《"多元公共外交"理论框架的建构》，《中国人民大学学报》2018年第2期。

王莉丽、戈敏、刘子赢：《智库全球治理能力：理论建构与实践分析》，《社会科学文摘》2022年第6期。

王宁江：《建设中国特色新型智库》，《浙江经济》2015年第3期。

王小飞：《迈向2035的区域教育现代化新路向》，《吉首大学学报》（社会科学版）2020年第3期。

王小飞、贺腾飞：《我国新型教育智库建设的现实困境与转型出路》，《中国高教研究》2021年第11期。

温勇、赵晨伊：《为中华民族复兴提供强大智力支持——学习习近平关于加强中国特色新型智库建设的重要论述》，《党的文献》2018年第4期。

乌仁高娃：《中美教育智库的对比分析》，《文化创新比较研究》2018年第36期。

乌仁高娃：《"一带一路"倡议下民族教育智库建设现状及发展研究》，《现代职业教育》2020年第45期。

乌云特娜、金童林：《中国特色民族教育智库建设：特质、责任及实践路径》，《教育科学》2020年第5期。

吴康宁：《教育改革需要什么样的国家智库》，《中国高等教育》2014年第6期。

习近平：《发展是第一要务，人才是第一资源，创新是第一动力》，《科协论坛》2018 年第 3 期。

习近平：《决胜全面建成小康社会 夺取新时代中国特色社会主义伟大胜利——在中国共产党第十九次全国代表大会上的报告》，《党建》2017 年第 11 期。

肖强、于升峰、张卓群等：《基于网络爬虫技术的青岛科技智库平台开发》，《中国科技信息》2019 年第 24 期。

徐晓虎、陈圻：《智库发展历程及前景展望》，《中国科技论坛》2012 年第 7 期。

徐增文：《西方智库发展的主要理论及其对中国的启示》，《社科纵横》2018 年第 11 期。

薛二勇：《我国高校建设中国特色新型智库的政策分析》，《高等教育研究》2015 年第 12 期。

薛澜、朱旭峰：《"中国思想库"：涵义、分类与研究展望》，《科学学研究》2006 年第 3 期。

阎光才：《中国学术制度建构的历史与现实境遇》，《北京师范大学学报》（社会科学版）2008 年第 6 期。

杨斌、石彪：《智库双螺旋法在智库研究实践应用中的理论思考》，《中国科学院院刊》2022 年第 6 期。

杨立红、巴登尼玛：《白族"绕三灵"的教育人类学分析》，《民族教育研究》2012 年第 3 期。

杨敏：《新型教育智库：特征、功能与建设策略》，《当代教育论坛》2015 年第 6 期。

易剑东：《中国体育智库建设研究》，《武汉体育学院学报》2015 年第 7 期。

余晖：《半官方教育智库如何服务政府决策——香港教育统筹委员会的经验及启示》，《现代教育管理》2015 年第 12 期。

玉时阶、胡牧君：《瑶族女性受教育程度的教育人类学分析》，《贵州民族研究》2010 年第 3 期。

负杰：《中国公共政策研究的现状分析》，《政治学研究》2001 年第 1 期。

负金兵：《民间教育智库建设：发展机遇与现实出路》，《西北成人教育学院学报》2017 年第 5 期。

张衡：《教育智库何以可能》，《教育发展研究》2014 年第 Z1 期。

张武升：《中国特色新型教育智库的本质特征》，《教育研究》2015 年第 4 期。

赵豪迈：《"一带一路"新型智库信息资源开发问题及策略研究》，《智库理论与实践》2019 年第 5 期。

赵慧臣、王玥：《我国教育智库建设研究：现状、问题与展望》，《江苏教育研究》2018 年第 13 期。

郅庭瑾、吴晶：《美国教育智库政策研究及其启示》，《教育发展研究》2014 年第 23 期。

《中共中央关于全面深化改革若干重大问题的决定（2013 年 11 月 12 日中国共产党第十八届中央委员会第三次全体会议通过）》，《求是》2013 年第 22 期。

周洪宇：《创新体制机制，建设中国特色新型教育智库》，《教育研究》2015 年第 4 期。

周洪宇：《加强教育科学研究 助力教育治理体系现代化》，《教育研究》2019 年第 11 期。

周洪宇、付睿：《以习近平智库论述为指导 加强教育智库建设》，《国家教育行政学院学报》2018 年第 4 期。

朱旭峰：《构建中国特色新型智库研究的理论框架》，《中国行政管理》2014 年第 5 期。

朱旭峰：《中国智库建设 10 大关键词》，《理论学习》2015 年第 3 期。

四　报刊

陈波：《提高中国特色新型智库建设质量》，《学习时报》2021 年 1 月 29 日第 A1 版。

郝平：《新型教育智库建设要有新思维》，《光明日报》2015 年 3 月 3 日第 16 版。

《我国已与 138 个国家、31 个国际组织签署 201 份共建"一带一路"合作文件》，《人民日报》2020 年 11 月 18 日第 2 版。

《中共中央关于全面深化改革若干重大问题的决定》，《人民日报》2013 年 11 月 16 日。

《中国智库：阔步创新发展》，《人民日报》2018年8月16日第17版。

周洪宇：《教育智库应把握好自己的定位与追求》，《中国青年报》2017年3月8日第10版。

五　网站

郭伟：《针对同一个话题，中国教育学会副会长又和我们谈了什么？》，2018年11月23日，https：//www.sohu.com/a/277369821_608848，2022年10月2日。

人民网—中国共产党新闻网：《习近平为何特别强调"新型智库建设"》，2014年10月29日，http：//theory.people.com.cn/n/2014/1029/c148980-25928251.html? from=groupmessage&isappinstalled=0，2022年10月2日。

王丹蕾：《中外46所高校成立"一带一路"高校联盟》，2015年10月17日，http：//m.cnr.cn/news/20151017/t20151017_520179123.html，2022年10月2日。

邬贺铨：《大数据时代的机遇与挑战》，2013年2月16日，http：//theory.people.com.cn/n/2013/0216/c40531-20495578-2.html，2022年10月2日。

央视网：《加快建设科技强国　总书记有最新部署》，2021年5月28日，https：//news.cctv.com/2021/05/28/

ARTI1VCUc211rQ4tu9u8t0sE210528.shtml，2022年10月2日。

中共中央办公厅、国务院办公厅：《关于加强中国特色新型智库建设的意见》，2015年1月20日，http：//www.gov.cn/xinwen/2015-01/20/content_2807126.htm，2022年10月2日。

中国经济网：《高德地图：交通大数据越来越"懂你"》，2017年4月1日，http：//www.ce.cn/xwzx/gnsz/gdxw/201704/01/t20170401_21671919.shtml，2022年10月2日。

中国新闻网：《习近平主持召开中央全面深化改革领导小组第六次会议》，2014年10月27日，https：//www.chinanews.com.cn/gn/2014/10-27/67021856.shtml，2022年10月2日。

中华人民共和国教育部：《教育部关于印发〈中国特色新型高校智库建设

推进计划〉的通知》，2014 年 2 月 12 日，http：//www. moe. gov. cn/srcsite/A13/s7061/201402/t20140212_164598. html，2022 年 10 月 2 日。

中华人民共和国教育部：《教育部关于加强新时代教育科学研究工作的意见》，2019 年 10 月 30 日，http：//www. moe. gov. cn/srcsite/A02/s7049/201911/t20191107_407332. html，2022 年 10 月 2 日。

周继凤：《建设新型智库 发挥智囊团作用》，2017 年 7 月 25 日，http：//www. moe. gov. cn/jyb_xwfb/xw_zt/moe_357/jyzt_2017nztzl/2017_zt03/2017_zt03_shh/17zt03_mtbd/201707/t20170727_310173. html，2022 年 10 月 2 日。

周湘智：《我国智库建设发展趋势前瞻》，2016 年 3 月 3 日，http：//theory. people. com. cn/n1/2016/0303/c40531 - 28167029. html，2022 年 10 月 2 日。

周仲高：《智库建设的理论框架与类型划分》，2022 年 3 月 3 日，http：//news. cssn. cn/zx/bwyc/202203/t20220303_5396516. shtml，2022 年 10 月 2 日。

James Manyika, Michael Chui, Brad Brown, Jacques Bughin, Richard Dobbs, Charles Roxburgh, and Angela Hung Byers. "Big data: The next frontier for innovation, competition, and productivity" Mckinsey Global Institute, (May 1, 2011), https：//www. mckinsey. com/business - fun ctions/mckinsey - digital/our - insights/big - data - the - next - frontier - for - innovation, (October 2, 2022).